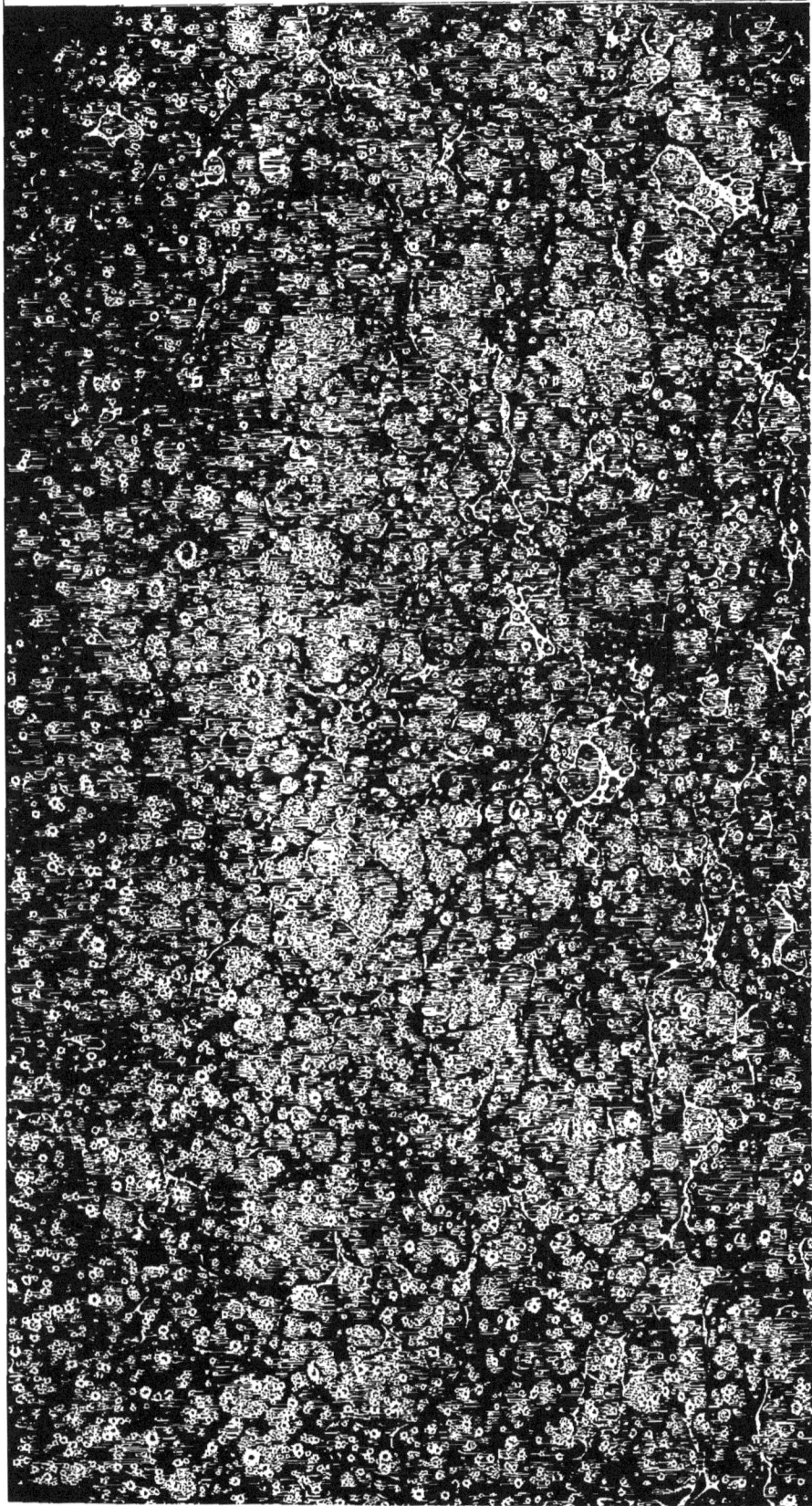

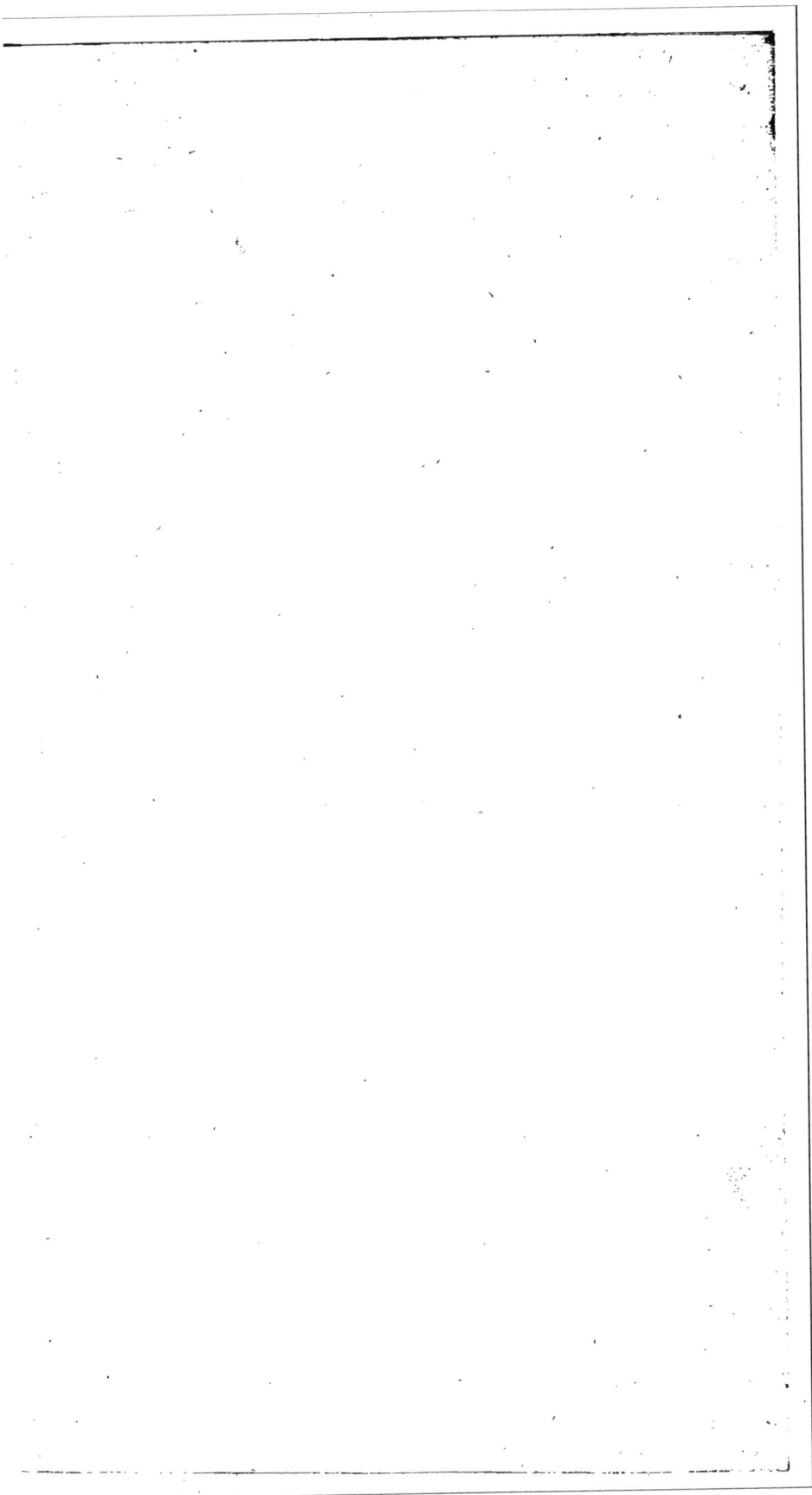

SCIENCE

DU PUBLICISTE.

Cet Ouvrage se trouve aussi chez les Libraires suivans :

A Paris,	BOSSANGE frères, rue de Seine, n° 12. REY et GRAVIER, quai des Augustins. J. DECLE, place du Palais de Justice, n° 1. J. P. AILLAUD, quai Voltaire. FANTIN, rue de Seine. ARTHUS-BERTRAND, r. Hautefeuille, n 23. DELAUNAY, au Palais-Royal.
Madrid,	JUAN PAZ. ALFONZO PEREZ. Veuve RAMOS.
Lisbonne,	PIERRE et GEORGE REY.
Coimbre,	J. P. AILLAUD. J. A. ORCEL.
Naples,	BOREL.
Amsterdam,	G. DUFOUR. DELACHAUX.
Genève,	PASCHOUD.
Vienne,	SCHALBACHER.
Berlin,	AD. M. SCHLESINGER.
Milan,	GIEGLER.
Florence,	PIATTI.
Livourne,	GLAUCUS MAZI.
Rome,	DE ROMANIS.
Turin,	PIC.
Manheim,	ARTARIA et FONTAINE.
S. Pétersbourg,	SAINT-FLORENT et comp. C. CERCLET.
Moscou,	JEAN GAUTIER.
Odessa,	ALPH. COLLIN.
Stokholm,	EM. BRUZELIUS.
Breslau,	G. THÉOPHILE KORN.
Wilna,	JOSEPH ZAWADSKI. FR. MORITZ.
Nouv. Orléans,	ROCHE frères.
Mont-Réal (Canada),	BOSSANGE et PAPINEAU.

DE L'IMPRIMERIE DE FIRMIN DIDOT,

IMPRIMEUR DU ROI ET DE L'INSTITUT.

SCIENCE
DU PUBLICISTE,

OU

TRAITÉ

DES PRINCIPES ÉLÉMENTAIRES

DU DROIT

CONSIDÉRÉ DANS SES PRINCIPALES DIVISIONS;

AVEC DES NOTES ET DES CITATIONS TIRÉES DES AUTEURS
LES PLUS CÉLÈBRES.

PAR M. ALB. FRITOT, AVOCAT.

TOME DIXIÈME.

C'est devant les Rois eux-mêmes que nous entreprenons
de plaider la cause de l'humanité, des peuples et
des Rois.
Puissions-nous parvenir à les éclairer tous sur leurs
véritables et communs intérêts !
« *Et loquebar de testimoniis tuis in conspectu Regum; et*
« *non confundebar.*» Ps. 118.

A PARIS,

CHEZ BOSSANGE PÈRE, LIBRAIRE,
rue de Richelieu, n° 60.

A LONDRES, CHEZ MARTIN BOSSANGE et Compagnie,
Libraires, 14 Great-Marlborough street.

1823.

SCIENCE DU PUBLICISTE.

SECONDE PARTIE.

LIVRE DEUXIÈME.

MONARCHIE CONSTITUTIONNELLE.

CHAPITRE DEUXIÈME.

Principes élémentaires d'Organisation.

TITRE DEUXIÈME.

POUVOIR EXÉCUTIF.

SUITE DU § II.

Nous avons dit qu'après les questions principales qui sont relatives à la Transmission
des droits du trône par voie d'hérédité, et
que nous avons développées dans la première
section de ce paragraphe, il reste encore plu-

sieurs questions importantes, quoique d'un ordre secondaire, qui se rattachent au même principe, qui en découlent essentiellement; telles sont celles qui concernent 1° la Durée de la minorité du Prince; 2° la Régence du Royaume dans les cas d'absence, la Régence du Royaume et la Garde du Prince dans les cas de démence, la Régence du Royaume et la Tutelle et Garde du Prince dans les cas de minorité : tel est aussi l'ordre dans lequel nous croyons devoir, pour plus de clarté, examiner successivement ces questions dans les deux sections suivantes, quoique, dans la table qui se trouve placée en tête de ce livre, elles aient été énumérées dans un ordre différent (a).

(a) *Voy*. ci-dessus, vol. v, pag. 456 et 457.

SECTION II.

Durée de la Minorité du Prince.

SOMMAIRE. Une disposition constitutionnelle et fondamentale doit fixer l'époque de la Majorité du Prince.

Cette disposition doit-elle déroger à celle du droit civil qui fixe en général l'époque de la Majorité de tous les citoyens.

Sous les Gouvernemens despotiques, ou imparfaits et mal constitués, on compte si peu sur l'observation des règles qui seraient établies d'avance relativement à la succession au Trône, ainsi qu'en toute autre matière, qu'on ne songe pas même à en adopter aucune; et, si par hasard il en est prescrit, elles n'ont rien de stable, et de fait rarement elles reçoivent leur exécution.

M. de Pastoret remarque que, sous l'ancienne législation des peuples de Syrie et de Phénicie, aucun âge n'était fixé pour la majorité de celui qui devait gouverner l'Empire. « Pygmalion, dit-il, n'avait pas neuf ans quand il devint roi. Abdastarte aussi était impubère,

Une disposition constitutionnelle doit fixer l'époque de la Majorité du Prince.

puisqu'il mourut après neuf ans de règne, à
peine âgé de vingt années » (a).

Chez les nations modernes de l'Europe,
particulièrement en France sous les deux premières races, et même sous la troisième, les
lois, règlemens ou ordonnances qui ont existé
sur ce point, n'ont guère eu jamais qu'une
exécution momentanée et précaire. « S'il arrivait, dit Louis-le-Débonnaire, dans la chartre
du partage de l'Empire entre ses enfans, que,
lors de notre décès, quelqu'un d'eux ne fût
pas parvenu à sa majorité, *suivant la loi des
Ripuaires*, nous voulons que son royaume
soit gouverné par son frère aîné, comme nous
le gouvernons nous-même ; et quand il aura
atteint sa majorité, il exercera sa puissance et
gouvernera lui-même ».

Or voici ce que disait la Loi des Ripuaires :
« Si un Ripuaire est mort, ou qu'il ait été tué,
et qu'il ait laissé un fils, ce fils ne pourra,
avant la quinzième année de son âge révolue,
poursuivre aucune cause ni être interpellé, ni

(a) Histoire de la Législation, tom. 1, pag. 352. —
Justin, xviii, ch. v. — Hist. univ. angl., t. ii, pag. 91.

obligé de répondre en jugement ; mais, *à l'âge de quinze ans*, il sera obligé de répondre lui-même, ou de choisir un défenseur » (*a*).

Il paraîtrait cependant, d'après d'autres dispositions d'un capitulaire du même roi, que la majorité des Ripuaires aurait été fixée, suivant quelques auteurs, à l'âge de vingt-quatre ans, et, suivant d'autres, à l'âge de douze ans. « Si un enfant *au-dessous de l'âge de douze ans*, dit ce capitulaire, usurpe injustement la chose d'autrui, il en paiera la composition ; mais on ne pourra pas exiger de lui le *fredum*. Il pourra pour des causes de cette espèce, être traduit en jugement ; mais on ne peut l'interpeller ni le traduire en jugement pour des contestations relatives à l'hérédité paternelle ou maternelle, avant qu'il soit parvenu *à l'âge de douze ans* ».

D'autres écrivains ont été jusqu'à avancer que, « au commencement de la Monarchie, *les enfans des rois étaient réputés majeurs dès le berceau* »; mais M. de Polverel, dans le Répertoire de jurisprudence, au mot *Régence*,

---

(*a*) Tit. 81.

fait judicieusement à ce sujet la réflexion suivante : « Sans doute les enfans des rois avaient
un droit certain à la Couronne après la mort
de leurs pères; mais ils ne pouvaient l'exercer
en leur nom que lorsqu'ils avaient atteint l'âge
de majorité. Jusqu'alors c'était le régent qui
gouvernait, et qui même gouvernait en son
nom propre.

« L'exemple des enfans de Clodomir prouve
qu'on ne les couronnait même pas pendant
leur minorité. Les rois mineurs qui sont venus
après eux, ont été, à la vérité, couronnés
dans leur enfance; mais ils n'ont régné qu'a-
près avoir atteint leur majorité. Charles-le-
Simple est le seul que je vois vers ces époques
régner sans tuteur et sans régent avant l'âge
de quatorze ans.

« Malgré le couronnement et le sacre des
rois mineurs, c'était toujours le régent qui
régnait jusqu'à la majorité du roi. C'était du
sceau du régent et en son nom que se scellaient
et s'expédiaient les actes, les chartres, et les
diplômes. Tous les monumens de l'histoire
l'attestent, et nous en avons vu la preuve, soit
dans la charte de Louis-le-Débonnaire, pour

le partage de l'empire entre ses enfans, soit dans le règlement du parlement de France pour la régence de Philippe-le-Long (*a*).

« Mais, continue le même auteur, quel était en effet l'âge de la majorité des Rois? Observait-on exactement la loi des Ripuaires? Trouvons-nous, dans les premiers siècles de la Monarchie, un véritable usage sur ce point?

« Clovis n'avait que quinze ans lorsqu'il monta sur le trône. C'est à quinze ans aussi que Gontran déclara majeur son neveu Childebert. Les enfans de Louis-le-Bègue, Philippe Ier et Philippe-Auguste, ont régné aussi

---

(*a*) Après la mort de Louis-le-Hutin, dont la veuve était enceinte, les seigneurs et le parlement de France déférèrent la Régence à Philippe-le-Long.

On régla que, si la reine accouchait d'un prince, Philippe aurait la Régence et la Tutelle pendant dix-huit ans: d'autres disent pendant vingt-quatre; «mais, observe toujours M. de Polverel, il serait d'autant plus étonnant que cette assemblée eût déclaré les rois mineurs jusqu'à vingt-quatre ans, qu'elle nommait un régent qui n'en avait que vingt-trois ».

On régla de plus, que le régent aurait un sceau particulier, sur lequel serait gravée cette inscription : *Philippe, fils du roi des Français, gouvernant les Royaumes de France et de Navarre.*

sans régent, quoiqu'ils ne fussent âgés que de quinze à seize ans.

« Voilà la loi des Ripuaires exécutée sous les deux premières races, et même sous la troisième.

« Mais, d'un autre côté, Charles-le-Simple règne sans régent avant l'âge de quatorze ans.

« Le royaume est mis sous la régence de la reine, mère de Louis, dit le Fainéant, quoique ce monarque fut âgé de dix-huit ou dix-neuf ans.

« Saint Louis n'est déclaré majeur et ne gouverne par lui-même qu'à l'âge de vingt et un ans (a).

« Philippe-le-Bel règne sans régence à l'âge de dix-sept ans.

« Et le parlement de France règle que, si la veuve de Louis Hutin accouche d'un prince,

---

(a) Il fut sacré aussitôt après la mort de son père, quoiqu'il ne fût alors âgé que de onze ans et six mois : mais le Royaume fut gouverné par la reine Blanche sa mère, que Louis VIII avait déclarée régente ; et il ne gouverna en effet par lui-même qu'à l'âge de vingt-un ans.

Philippe-le-Long aura la régence et la tutelle pendant dix-huit ans (*a*).

« Voilà des faits qui contredisent la loi des Ripuaires et le Capitulaire de Louis-le-Débonnaire, et qui se contredisent entre eux sur le terme de la minorité des rois, les uns en le raprochant, les autres en le reculant plus ou moins....

« Nous n'avions donc sur cette matière qu'une ancienne loi qui était mal observée, point d'usage uniforme, des faits qui se détruisaient mutuellement.

« Philippe-le-Hardi, fils de saint Louis, avait ordonné qu'en cas qu'il mourut avant que son fils eut quatorze ans accomplis, le prince, comte d'Alençon, gouvernerait le royaume pendant la minorité, et que sa régence cesse-

---

(*a*) Les rois de Danemarck, les Princes et les Electeurs d'Allemagne ne furent souvent réputés majeurs qu'à l'âge de dix-huit ans commencés.

Après la mort de Charles XII, les Suédois, dans une assemblée qui eut lieu le 24 décembre 1697, fixèrent à vingt-un ans la majorité des enfans du prince régnant, pour lesquels seuls ils avaient conservé le droit héréditaire.

rait aussitôt que le jeune prince entrerait dans sa quinzième année.

« Ce n'était point là une loi permanente; ce n'était qu'un acte d'administration momentanée. Charles V voulut en faire une loi perpétuelle pour tous les rois à venir, par l'ordonnance qu'il donna à Vincennes, au mois d'août 1374, et qui fut enregistrée le 20 mars 1375, en présence de l'université, du prévôt des marchands et des échevins de la ville de Paris.... (a).

« Cependant cette loi fut d'abord violée après la mort de Charles V; son fils, Charles VI, n'avait que onze ans et onze mois lorsqu'il fut sacré. Le duc d'Anjou cessa dès lors d'être régent.

« Charles VI confirma l'ordonnance de son père en 1392.

« Charles VIII est déclaré majeur par les

_____

(a) Cette ordonnance est rapportée dans Leibnitz, *Codex juris diplomat.*, tom. 1, pag. 231; dans Dupuy, Traité de la Majorité des rois de France, *aux Preuves*, pag. 155; et dans le Corps univ. diplom. du Droit des gens, tom. II, 1re part., pag. 94. — *Voy.* aussi Science du Gouvernement, tom. IV, chap. VIII, sect. 3, pag. 656.

États assemblés, le 12 février 1484; il n'avait pas encore quatorze ans.

« Pendant la minorité de Charles IX, le royaume est gouverné par Catherine de Médicis en qualité de régente (*a*), et par le roi

---

(*a*) « M. le président Henaut prétend que Catherine de Médicis n'eut point le titre de Régente sous Charles IX, mais il convient que tous les historiens avant lui, M. de Thou, Mézerai, Daniel et Légendre ont dit au contraire qu'elle avait été déclarée régente. Il aurait pu y joindre Belleforêt, auteur encore plus contemporain de Charles IX que M. de Thou. Le suffrage de ces deux auteurs paraît devoir être d'un plus grand poids que celui d'un historien du dix-huitième siècle. Mais un passage de Du Tillet peut les mettre tous d'accord. *La dernière régence, dit-il, est celle que le Roi Henri II, pour son voyage d'Allemagne, bailla à la reine sa femme, laquelle élection, jointe à ladite ordonnance (l'ordonnance de 1407), rendait son autorité principale indubitable durant la minorité du Roi Charles IX son fils.* Il serait donc vrai que Catherine de Médicis ne fut pas nommée régente après la mort de François II; mais qu'elle gouverna cependant en qualité de régente pendant la minorité de Charles IX, en vertu du choix de Henri II, qui lui avait autrefois déféré la régence, et de l'ordonnance de 1407, qui donna la principale administration à la reine-mère pendant la minorité du roi ».

— Le témoignage de Belleforêt, De Thou, Mezerai, Daniel et Legendre, est confirmé par la Relation de ce

de Navarre en qualité de lieutenant-général du royaume.

« Charles IX déclare sa majorité à treize ans et deux mois au parlement de Rouen. C'est à cette occasion que le chancelier de l'Hôpital, expliquant l'ordonnance de Charles V, dit que *l'esprit de la loi était que les rois fussent majeurs à quatorze ans commencés, et non pas accomplis, suivant la règle que dans les causes favorables* ANNUS INCEPTUS PRO PERFECTO HABETUR. Tel était en effet le véritable sens de l'ordonnance de Charles V; le texte latin dit : *eo ipso quòd.... quartum decimum annum suæ œtatis attigerint.*

« Nous avons trois minorités depuis Charles IX ; celles de Louis XIII, de Louis XIV et

---

qui s'est passé à Orléans le lendemain de la mort du roi François II, au commencement du règne du Roi Charles IX, le 6 décembre 1560, extraite du registre de Laubespine, secrétaire d'état. Cette relation est insérée dans le Traité de Dupuy. *Des Preuves*, pag. 347.

La même chose résulte de la lettre que le Roi écrivit au parlement de Paris, le 8 décembre 1560, et de celles que le parlement adressa le 12 du même mois, tant au jeune monarque qu'à la reine-mère. *Voy.* les Registres du Parlement, à la date du mardi, 10 décembre 1560.

de Louis XV. A ces trois époques, c'est le parlement de Paris qui a déféré la régence Sous les deux premières minorités, c'est la reine, mère du roi mineur, qui a été déclarée régente; sous la troisième, ce fut le duc d'Orléans, premier prince du sang. Les trois jeunes rois, à l'exemple de Charles IX, ont déclaré leur majorité au commencement de la quatorzième année de leur âge » (a).

Dans une Monarchie bien constituée, le pacte fondamental doit-il en quelque sorte abandonner ainsi au libre arbitre, à la volonté seule du prince, le soin et la faculté de déclarer lui-même sa majorité, sans que l'époque en ait été préalablement déterminée par cette loi?

On conçoit que, sous cette forme de Gouvernement, où l'autorité royale même se trouve renfermée dans ses justes limites, l'absence de toute disposition législative et constitutionnelle à cet égard pourrait avoir moins d'inconvéniens, des conséquences moins graves et moins

---

(a) *Voy.* l'ancien Répert. de Jurisp., par Guyot, au mot *Régence.*

fâcheuses qu'elle ne doit en avoir sous le Gouvernement despotique et absolu, où l'autorité
souveraine placée dans la main d'un seul
homme ne connaît pas de règles et de bornes.
Cependant on doit comprendre aussi qu'une
telle lacune, une semblable imprévoyance ou-
vrirait encore une large voie aux pernicieux
conseils des adulateurs et des courtisans : moins
le prince serait capable de gouverner avec sagesse, et plus il serait facile de lui persuader
qu'il a toute l'intelligence et la capacité, l'étendue de connaissances et d'instruction, la maturité de raison, la force de jugement nécessaires pour diriger habilement la marche de
l'administration et pour régner avec gloire.

Comprendra-t-on au nombre des attributions des deux Chambres représentatives nationales et même de la Haute-Cour de justice,
en cas de partage dans les résultats des délibérations respectives de ces deux Chambres,
le droit de déterminer et de déclarer, selon
l'occurrence, le moment où le prince devra
être considéré comme ayant réellement attein
sa majorité ?

A l'appui de cette opinion, on pourrait argumenter, entre autres choses, de ce que, parmi les princes appelés à occuper le trône, de même que chez les autres hommes, le développement des facultés intellectuelles et de la raison ne se fait pas toujours dans une égale période de temps ; qu'à l'égard des uns, il est lent et tardif, tandis que pour les autres, il est prompt et précoce : de telle sorte que, si la loi fixe et prescrit pour tous un terme semblable, il est probable que ce terme sera trop court relativement à quelques-uns, et trop éloigné relativement à plusieurs.

Mais d'abord il suffirait peut-être, pour réfuter cette argumentation, de remarquer qu'elle serait, à bien plus forte raison, applicable à la disposition du droit civil qui prescrit d'une manière uniforme et générale pour tous les membres de la société l'âge auquel chacun d'eux est réputé avoir atteint sa majorité, et que néanmoins cette considération n'est point jugée être d'un assez grand poids pour que le législateur doive s'en remettre sur la fixation de cette époque de la majorité au jugement et à la détermination particulière des familles.

Ensuite, si, relativement à la majorité du

prince, la loi s'en rapportait ainsi à la résolution que devraient prendre les Chambres à
chaque avènement, pour qu'elles pussent former à cet égard une résolution sage et éclairée, il faudrait donc que le prince, dont aucun acte public n'aurait encore pu établir et
prouver la sagesse et la capacité, fut tenu, afin
que par là elles devinssent notoires, de subir
une sorte de thèse et d'examen; et une semblable formalité ne serait-elle pas tout à la fois
impraticable et inconvenante?

D'ailleurs, il faut le dire aussi, les Assemblées elles - mêmes, quelque respectables et
bien constituées qu'elles puissent être, ne sont
pas toujours exemptes de faiblesse, et à l'abri
d'une sorte d'engouement et d'enthousiasme
qui a ses dangers, et dans une occurrence telle
que celle dont il est ici question, il serait surtout à craindre qu'elles ne sussent pas s'en
défendre et s'abstenir entièrement de se rendre
l'organe d'une adulation d'autant plus funeste,
qu'elle emprunterait des formes plus augustes
et plus solennelles.

Dans une Monarchie constitutionnelle, il est
donc nécessaire que la Constitution fixe et pre-

scrive d'avance l'âge auquel le prince sera réputé avoir atteint sa majorité pour gouverner
et régner par lui-même.

Ce premier point admis, il reste à décider
quel âge doit en effet être prescrit pour cette
époque de la majorité des rois, si elle doit
être la même que celle qui est indiquée par la
loi civile pour la majorité des autres membres
de la société, ou si au contraire elle doit être
anticipée, par l'effet d'une dérogation positive
et formelle.

La question est importante et l'on peut dire
que la paix et la prospérité de l'État en dépendent essentiellement.

Pour la décider, dira-t-on, ainsi que le fit
Charles V dans le préambule de l'ordonnance
des mois d'août 1374 et mars 1375, « que cette
Providence qui veille incessamment sur la conduite des États, répand ordinairement des lumières et un jugement prématuré dans l'ame
de ceux qui doivent gouverner les autres
hommes ; que les enfans des rois sont confiés,
dès leur plus tendre enfance, à des personnages éclairés et vertueux ; qu'on emploie l'attention la plus scrupuleuse à les instruire, et

L'époque de la majorité du Prince doit-elle déroger à la disposition du droit civil, qui détermine la majorité des autres citoyens ?

qu'il n'est donc pas étonnant que les princes
fassent des progrès plus rapides que le commun de leurs sujets »?

Ces raisons sont loin d'être péremptoires et
décisives : car on peut répondre avec fondement que, si, sous certains rapports, les princes
sont en effet placés dans une position plus favorable que celle de leurs sujets pour acquérir des lumières précoces et une instruction
prématurée, il existe aussi autour d'eux, ainsi
que nous avons déja eu quelque occasion de
le faire observer, une foule de causes propres
à agir en sens contraire et capables de paralyser, comme cela n'arrive que trop souvent,
les efforts des hommes vertueux et sages auxquels leur éducation peut avoir été confiée.

D'ailleurs il y a encore ici quelque différence
à faire entre l'ornement de l'esprit et la maturité de la raison, la solidité du jugement.

On voit souvent le premier de ces deux
avantages exister sans l'autre, et cela plus particulièrement peut-être chez les hommes d'un
rang élevé et que la fortune favorise. C'est à
l'égard du premier de ces deux avantages que
ceux-ci sont en effet placés dans une position

favorable ; c'est cet avantage qu'une telle position peut mettre à même d'acquérir en quelque sorte prématurément.

Mais il n'en est pas de même du second ; dans
quelque place que l'homme occupe, cet autre
avantage ne s'acquiert guère qu'insensiblement et par degrés ; la solidité du jugement,
la maturité de la raison demandent avant tout
la maturité de l'âge, et ne marchent habituellement qu'avec elle. C'est alors seulement et
lorsque cette première condition existe, que
les connaissances précédemment acquises deviennent réellement fructueuses en tous points
et tournent au profit de la sagesse ; jusque-là,
et bien souvent même à un âge déja avancé, il
n'est pas rare de voir, ainsi qu'on le dit vul-
gairement, l'esprit exclure le bon sens.

Et pourtant c'est bien plutôt de cette dernière qualité que de la première que les rois
et tous ceux qui gouvernent auraient surtout
besoin.

Et quand on supposerait qu'ils en sont pourvus et plus tôt et plus abondamment que les
autres hommes, il ne faudrait pas non plus
oublier que la tâche qui leur est confiée en

exige aussi plus que toute autre ; qu'il s'agit de l'administration d'un royaume.

Il est encore une autre remarque essentielle et qu'il importe de faire ; c'est qu'à moins qu'il n'existe des motifs d'exception puissans, évidens, péremptoires, il ne convient pas, il est tout-à-fait contraire à la raison, à l'intérêt du trône et de la société, de créer pour le monarque et sa famille une législation, des règles différentes et en quelque sorte destructives de celles qui existent pour la société tout entière.

En thèse générale, nous l'avons déja prouvé (a), plus il existe d'uniformité, d'analogie, de simplicité, dans les mœurs, les lois, les usages d'une nation, quelque nombreuse et étendue qu'elle soit, depuis le chef du Gouvernement et sa famille jusqu'aux dernières classes, plus il doit exister et plus il existe en effet d'harmonie, d'ordre, de concorde, d'union et de fraternité dans l'État.

En particulier et par les mêmes motifs, c'est de cette analogie, de cette identité de mœurs,

_____

(a) *Voy.*, entre autres, ci-dessus, 1.ᵉ **Part.**, vol. 11 pag. 58 *et suiv.*

de coutumes ou de lois, que doit aussi naître principalement l'affection réciproque des princes et de leurs sujets.

Les hommes d'un même pays, des concitoyens ont naturellement un attachement plus prononcé et plus vif les uns pour les autres, que pour les membres des nations étrangères; pourquoi cela? c'est parce qu'ils ont des intérêts plus rapprochés, plus uniformes, c'est précisément à cause de cette similitude de mœurs, de coutumes, d'usages, de règles, de principes et de lois.

De même aussi, plus les dispositions constitutionnelles et civiles qui concernent le prince et sa famille se rapprochent des dispositions du droit que sont tenus d'observer les autres citoyens, plus le peuple apercevra de conformité entre ses mœurs, ses lois, et celles de la famille royale, relativement aux naissances, aux tutelles, à la majorité, aux mariages, aux adoptions, aux testamens, aux décès et autres rapports de droit civil, et plus il concevra d'estime, d'attachement et d'amour pour les membres de cette famille : car ce n'est en effet que par cette identité de règles et de principes que ceux-ci lui appartiennent, qu'ils se trouvent unis et liés à lui, qu'il peut les connaître, et apprécier à leur juste valeur leurs caractères, leurs mérites et leurs vertus; tandis qu'au contraire si ces principes et ces lois prescrites pour le prince et sa famille s'éloignent et diffèrent des principes et des règles qui servent de base à la législation civile, qu'il est ordonné au peuple d'observer, son dévouement et son affection diminuent, et pour ainsi dire, en proportion. Dans le premier cas, l'idée qu'on se fait du prince, l'amour que chaque citoyen conçoit pour lui et pour sa famille s'unissent, se confondent et s'identifient en quelque sorte avec l'idée et l'amour même de la patrie; quelque nombreuse que soit la société, quelque étendu que soit son territoire, le monarque y est toujours considéré comme le chef et le père d'une seule et grande famille. Dans le second cas, au contraire (ainsi que cela arrive dans les Gouvernemens despotiques), par le défaut de ces rapports essentiels entre le Souverain, l'État et la patrie, par cette divergence et cette opposition d'intérêts, de lois, d'habitudes, les principaux liens sont déjà af-

faiblis ou rompus; le despote reste dans l'isolement et comme à l'écart au sein même de la
société dont il ignore ou méconnaît bientôt
lui-même les besoins et les intérêts véritables.

Chez les anciens peuples des Gaules et de
la Germanie, il paraît que les rois étaient à la
vérité réputés majeurs dès l'âge de quinze ans,
c'est-à-dire, lorsqu'ils étaient en état de combattre et de porter leurs armes; mais cette loi
n'était pas spéciale et uniquement relative au
Prince héritier de la Couronne, elle était générale et commune pour tous les guerriers; or,
à cette époque tous les membres de la société
ou presque tous étaient soldats. Cette loi était
d'ailleurs fondée aussi sur ce que la guerre était
la plus importante, et, pour ainsi dire, l'unique
affaire de ces peuples encore barbares. « Les
peuples barbares qui ne cultivent point les terres, dit Montesquieu, n'ont point proprement
de territoire, et sont, comme nous avons dit,
plutôt gouvernés par le droit des gens (*a*) que

(*a*) Cette distinction est-elle d'une grande exactitude,
et ne se ressent-elle pas du vice de la définition que l'auteur de l'Esprit des Lois a adoptée? *Voy.*, *ci-des.*, entre
autres, Préface, tom. 1, pag. xxxi; vol. ii, pag. 311;
vol. iii, pag. 231, 334.

par le droit civil. Ils sont presque toujours armés. Aussi Tacite dit-il que les Germains ne faisaient aucune affaire publique ni particulière sans être armés (*a*). Ils donnaient leurs avis (*b*) par un signe qu'ils faisaient avec leurs armes (*c*). Sitôt qu'ils pouvaient les porter, ils étaient présentés à l'assemblée; on leur mettait dans les mains un javelot (*d*) : dès ce moment, ils sortaient de l'enfance (*e*); ils étaient jusque-là une partie de la famille, ils en devenaient une de la république.

« Les aigles, disait le roi des Ostrogoths, cessent de donner la nourriture à leurs petits, sitôt que leurs plumes et leurs ongles sont formés; ceux-ci n'ont plus besoin du secours

---

(*a*) *Nihil, neque publicæ, neque privatæ rei, nisi armati agunt.* (Tacit. *De Morib. Germ.* xvi, § xiii).

(*b*) *Si displicuit sententia, aspernantur; sin placuit, frameas concutiunt.* (Ibid., xxi).

(*c*) *Sed arma sumere non antè cuiquam moris quàm civitas suffecturum probaverit.* (Ibid., xiii).

(*d*) *Tum in ipso concilio, vel principum aliquis, ve pater, vel propinquus, scuto frameáque juvenem ornant.* (Ibid.)

(*e*) *Hæc apud illos toga, hic primus juventæ honos; ante hoc domús pars videntur, mox reipublicæ.* (Ibid.)

d'autrui, quand ils vont eux-mêmes chercher une proie : il serait indigne que nos jeunes gens qui sont dans nos armées fussent censés être dans un âge trop faible pour régir leur bien, et pour régler la conduite de leur vie. C'est la vertu (c'est-à-dire le courage); qui fait la majorité chez les Goths (*a*) ».

« Childebert II avait quinze ans, lorsque Gontran son oncle le déclara majeur, et capable de gouverner par lui-même (*b*). On voit, dans la loi des Ripuaires, cet âge de quinze ans, la capacité de porter les armes, et la majorité marcher ensemble (*c*).... Chez les Bourguignons, qui avaient aussi l'usage du combat dans les actions judiciaires, la majorité était encore à quinze ans (*d*).

« Agathias nous dit que les armes des Francs étaient légères : ils pouvaient donc être majeurs à quinze ans. Dans la suite, les armes devinrent

---

(*a*) Théodoric, dans Cassiodore, liv. 1 , lett. 38.

(*b*) Il avait à peine cinq ans, dit Grégoire de Tours, liv. v, chap. 1, lorsqu'il succéda à son père, en l'an 575. Gontran le déclara majeur en l'an 585 : il avait donc quinze ans.

(*c*) *Voy.* ci-dessus, pag. 8 et 9.

(*d*) Tit. 87.

pesantes, et elles l'étaient déja beaucoup du
temps de Charlemagne, comme il paraît par
nos capitulaires et par nos romans. Ceux qui
avaient des fiefs (*a*), et qui par conséquent
devaient faire le service militaire, ne furent
plus majeurs qu'à vingt et un ans » (*b*).

Mais s'il est surtout une inconséquence évidente, une contradiction vraiment étrange et
choquante, dans la volonté du législateur, c'est
celle qui le porte à avancer l'époque de la majorité des rois d'autant plus qu'il croit nécessaire d'éloigner davantage celle de la majorité
des autres citoyens. Avant la loi du 20 septembre 1790, la minorité durait, en France,
sur presque tous les points du territoire, à
l'exception de quelques provinces telles que
le Maine et l'Anjou, jusqu'à l'âge de vingt-cinq
ans, et cependant nous venons de voir que
Louis XIII, Louis XIV et Louis XV, à l'exemple de Charles IX, avaient déclaré leur majorité au commencement de la quatorzième année de leur âge (*c*).

(*a*) Il n'y eut point de changement pour les roturiers.

(*b*) Esprit des Lois, liv. xviii, chap. xxvi.

(*c*) *Voy.* ci-dessus, pag. 16 et 17.

Cette loi du mois de septembre 1790, la Constitution du 22 frimaire an VIII, le Code civil, art. 488, en donnant, à vingt et un ans, l'exercice des droits politiques et l'exercice des droits civils, et la Constitution du 3 septembre 1791, les Senatus-Consultes organiques du 28 floréal an XII et du 5 février 1813, en fixant l'âge de la majorité du chef du Gouvernement, à l'âge de dix-huit ans accomplis, ont rapproché la distance, effacé jusqu'à un certain point cette incohérence, sans cependant admettre le principe dans son intégrité.

Quant à la Charte du mois de juin 1814, elle est entièrement muette sur ce point.

Cependant, et en définitive, pour parvenir à une solution véritable et facile de la question, tout se réduit et l'on doit se borner à mettre en parallèle les inconvéniens et les dangers qui peuvent naturellement résulter de l'une et de l'autre des deux hypothèses opposées que nous avons d'abord énoncées pour les soumettre à l'examen.

Dans la seconde de ces deux hypothèses, c'est-à-dire, dans le cas où il serait apporté, par la loi constitutionnelle et fondamentale,

relativement à la fixation de la durée de la
minorité du prince, dérogation et restriction
au principe généralement admis et reconnu
nécessaire, eu égard à l'état de la civilisation,
et aux progrès des lumières, pour la majorité
de tous les autres membres de la société, ces
inconvéniens et ces dangers sont immenses
et imminens. Ce sera néanmoins les signaler
en peu de mots que de dire que l'on s'expose
ainsi, par une précipitation inconsidérée et
non motivée, par une confiance en des mains
trop faibles encore, à dénaturer, à changer
un règne qui eût pu devenir heureux et pros-
père, en un règne de désordres, d'abus et de
calamités. Nous avons vu précédemment que
l'Écriture menace les peuples de les punir en
les soumettant au gouvernement des femmes
ou des enfans (a) : pour éviter ce malheur, les
Lombards, pendant la minorité d'Autharis,
fils de leur roi, formèrent une sorte d'aristocratie (b), et semblable cause a plus d'une

(a) *Voy.* ci-dessus, vol. IX, pag. 542 et 543.
(b) *Voy.*, entre autres, le Répertoire de Jurisprudence,
par Guyot, au mot *Roi*, vol. XVI, pag. 13.

fois occasioné cet autre désordre, ce dangereux changement dans la forme du Gouvernement (*a*).

Dans la seconde de ces mêmes hypothèses,
au contraire, et en supposant que d'heureuses
dispositions naturelles, les effets d'une sage
constitution sociale, les soins d'une vigilante
éducation, aient hâté dans le prince le développement de la raison, et que chez lui la force et
la solidité du jugement aient dévancé de quelques années la maturité de l'âge et l'époque
prescrite pour sa majorité; si l'on cherche à
connaître les inconvéniens qui peuvent alors
résulter de la prudente circonspection que le
législateur aura mise dans son ouvrage, on ne
rencontre, au contraire, en approfondissant
les conséquences que cette circonspection, en
elle-même, peut avoir, qu'avantages et nouveaux motifs de sécurité : car le prince, ainsi
favorisé de la nature, saura encore faire tour-
ner cet intervalle utile au profit de l'instruction et de la sagesse dont il a tant de besoin

---

(*a*) *Voy.* ci-dessus, vol. IV. pag. 179 *et suiv.*

pour prendre en main les rênes du Gouvernement.

Si l'on y fait attention, on voit que les discordes, les scandales, et autres grands inconvéniens et détrimens, ainsi que s'exprimait Charles V, qui signalèrent autrefois le temps des régences, furent les principaux motifs qui provoquèrent les rois à abréger la durée de la minorité de leurs enfans; mais, il faut le dire, c'était là prendre complètement le change, et agir en sens inverse de ce qu'il aurait fallu faire. Ce qui eût été convenable et vraiment efficace, c'eût été de régler pareillement par des dispositions sages les principes et les règles relatives à la régence, et c'est encore ce que l'on avait négligé de faire ou du moins ce qu'on n'avait fait que très-imparfaitement. Mais prétendre abréger le temps de la minorité et en limiter le terme avant l'époque fixée par la nature pour le développement complet de l'intelligence, même dans les climats tempérés, c'était ne remédier à rien; disons plus, c'était aggraver le mal, au lieu de l'éloigner : car, quelque puissans et élevés que soient les rois, la nature ne soumet pas sa marche uniforme et régulière au gré de leur caprice et de leurs aveugles volontés ; aussi une déclaration de majorité anticipée n'empêchait pas que le roi mineur ne restât encore soumis au régent, à la reine, aux ministres. Quoi qu'en pussent dire les déclarations et les ordonnances, il ne devenait toujours majeur que de nom, et ceux qui avaient en main l'autorité ne continuaient pas moins de régner comme si la minorité légale eût encore subsisté. C'est là ce qui arriva même après la mort de Charles V, et à l'égard de Louis XIII et de Louis XIV, qui ne régnèrent dans la réalité que plusieurs années après qu'ils se furent déclarés majeurs. Et si, en pareille circonstance, le roi, par suite de sa déclaration de majorité légale, se fût soustrait à la direction de l'autorité établie et reconnue jusque-là pour n'écouter que lui et ne suivre que ses idées propres, qu'en pouvait-il résulter, si ce n'est qu'il ne tombât aussitôt sous la conduite et la puissance bien plus fatale encore des favoris et des courtisans.

Ce que nous venons d'exposer renferme des vérités que des publicistes et quelques historiens ont entrevues et senties.

3.

M. l'abbé de Saint-Pierre, entre autres, dit :
« La reine Anne d'Autriche continua de gouverner après la majorité du roi, arrivée au
mois de septembre 1651, parce que la majorité qui se donne à nos rois à treize ans et un
jour, depuis l'ordonnance de Charles V, n'est
qu'une pure cérémonie ; et effectivement un roi
de treize ans et un jour n'est toujours qu'un
enfant, qui ne peut conséquemment avoir que
la connaissance et la fermeté d'un enfant.
Ainsi, elle ne cessa proprement de gouverner
qu'à la mort du cardinal Mazarin, son favori
et son ministre général, arrivée en 1661 » (a).

L'annotateur de Burlamaqui, le professeur
Felice, s'exprime ainsi : « Aux maux qui dé-
solent souvent les Monarchies, il faut ajouter
les interrègnes dans les Monarchies électives,
et les minorités dans les Monarchies héréditaires : ces temps sont fertiles en troubles.
Quoiqu'un prince occupe la régence, il n'a pas
ce caractère de souverain qui impose par la
seule habitude. Si c'est un Conseil, le Gouvernement devient une oligarchie. De quelque

---

(a) Annales politiques, tom. 1, pag. 172.

manière qu'il en soit, l'autorité se relâche : c'est un combat des peuples qui cherchent à respirer, et des régences qui veulent maintenir le joug. Les tuteurs peuvent abuser de leur autorité pour augmenter leurs fortunes aux dépens des sujets, comme pour s'emparer du trône de leur pupille. Dieu menace les peuples de leur donner, pour les punir, des enfans pour rois.

« Ces dangers ont fait hâter la majorité des rois. L'État ne s'en trouve pas mieux. A l'âge où le prince sort de la tutelle, quelque heureusement qu'il soit né, il n'a ni la maturité, ni la fermeté, ni le développement de l'esprit, que demande le gouvernement d'un État, ni la pénétration qu'exige le choix d'un bon Conseil » (a).

— « Le régent avait tout pouvoir, dit l'auteur du Traité des mœurs et coutumes des Français, dans les premiers temps de la Monarchie : il touchait sans en rendre compte les revenus de la Couronne; il recevait la foi et

_____

(a) Princ. du Droit de la nature et des gens, tom. vi, 2ᵉ part., chap. 11. note 42, pag. 210.

hommage; il donnait à son gré les charges et
les emplois; il faisait la paix et la guerre; la
justice se rendait en son nom; on scellait de
son sceau, quand il était du sang royal; et
quand il n'en était pas, il y avait un sceau particulier pour la régence. Cette autorité parut
si énorme à Charles V, surnommé le Sage, que,
de peur qu'on n'en abusât, il voulut du moins
abréger le temps qu'elle devait durer. Pour
cela, par son ordonnance du 20 mai 1374, il
fixa la majorité des rois de France à quatorze
ans. Avant cette loi, nos rois n'étaient majeurs
au plus qu'à vingt et un ans accomplis. Philippe-Auguste en avait vingt, qu'il était encore en tutelle; Saint-Louis n'en sortit qu'à
vingt-deux ans; et, depuis cette même loi,
Charles VI, à plus de vingt ans, était encore
en la puissance de ses oncles » (a).

Enfin, l'auteur d'un ouvrage récent dit :
« L'art de régner est de tous les arts le plus
difficile; toutefois on veut arriver au trône
sans préparation. Quelques flatteurs aussi sont

(a) Le Gendre. Mœurs et Coutumes des Français, dans
les premiers temps de la Monarchie, pag. 115.

allés jusqu'à prétendre que la minorité des
rois devait être de courte durée, et qu'il va-
lait mieux placer le sceptre dans les mains
d'un enfant, que de laisser trop long-temps
languir l'État dans les liens d'une administration nécessairement relâchée.

« Charles V, en adoptant cette doctrine,
avait déclaré que les rois atteignaient leur majorité le dernier jour de la quatorzième année
de leur âge (*a*).

« De nos jours, le terme de la majorité avait
été fixé à dix-huit ans accomplis.

« De tels principes sont absurdes. Eh quoi!
la classe ordinaire des citoyens est frappée
d'incapacité, à moins d'émancipation expresse
pour l'exercice de ses droits, jusqu'à l'âge de
vingt et un ans, époque où la raison concourt
avec la force physique pour constituer l'homme ; et les rois, délivrés prématurément des
liens de l'enfance, sont admis à signer des
traités de paix ou des manifestes, de la même
main qui soutient des hochets !

_____

(*a*) Nous avons vu, pag. 16, que, suivant le chancelier de Lhôpital, l'esprit de cette ordonnance était que
les rois fussent majeurs à quatorze ans *commencés.*

« Le fils d'un artisan ne pourra, sans l'autorisation d'un conseil de famille, s'opposer à
l'usurpation qu'on aurait faite de ses biens ;
tandis qu'un roi enfant, au nom de l'utilité
publique, pourrait, au gré de ses caprices,
dépouiller la veuve et l'orphelin ! (*a*).

« L'un ne pourrait disposer de sa personne
sans le consentement de son tuteur, tandis
que l'autre pourrait lever une puissante armée, et disposer de la vie d'un million de
soldats !

« L'un sera placé sous la férule d'un péda-
gogue, tandis que l'autre, au sein des gran-
deurs, boirait le poison funeste de la flatterie,
et distribuerait sans choix, d'après l'impul-
sion donnée par sa nourrice, les récompenses
et les dignités !

« Tous ces motifs me déterminent à penser
que la raison n'étant pas plus précoce chez
les rois que chez le commun des hommes,
ils ne doivent être réputés majeurs qu'au jour

(*a*) Avec un Gouvernement bien constitué, cette faculté
n'est donnée ni à un Roi mineur, ni à un Roi majeur.

fixé par les lois pour la masse des citoyens » (*a*).

Cette conclusion est tellement sage et fondée, qu'il y a lieu de penser qu'elle sera définitivement adoptée par le législateur, lorsqu'il statuera.

(*a*) Principes de politiq. constit., tom. II, liv. I, ch. II, sect. 7, pag. 26 et 27.

SECTION III.

Régence du Royaume. — Tutelle et Garde du Prince.

Dans une Monarchie que, suivant les anta-
gonistes de toute idée nouvelle, de toute amélioration, on devait considérer comme étant
(sans doute dès son origine) d'une organisation si entière et si parfaite, que ce dût être
un sacrilége irrémissible que de songer, *en
mil sept cent quatre-vingt-neuf*, à y apporter
quelques modifications; dans un royaume où le
Principe de la Légitimité, ou, pour parler plus
exactement, le Principe de l'Hérédité, était du
moins reconnu depuis des siècles comme l'une
des bases fondamentales de la constitution de
l'État, n'est-ce pas une chose étrange que,
comme nous venons de le dire dans la section qui précède, la prévoyance du législateur
n'ait pas été jusqu'à régler d'une manière
claire et positive les divers points de droit relatifs à la régence du royaume, à la minorité,

à la tutelle et garde du prince héritier de la Couronne, et qu'il en ait ainsi abandonné presque entièrement la décision au vague, à l'incertitude, à l'arbitraire des circonstances.

Qu'importe, répondent ces optimistes du temps passé ; malgré ce peu de prévoyance, ce défaut de loi fondamentale, cette lacune (et tant d'autres), la Monarchie ne subsistait-elle pas depuis quatorze cents ans ! cela est vrai ; mais comment subsistait-elle ? en proie à l'anarchie, déchirée par des ligues et des factions, écrasée et souvent chancelante sous le poids de ses maux, jusqu'à ce qu'enfin, la mesure étant comblée, elle se vît tout à coup entraînée, sans ressource et sans moyen de salut, au fond de l'abîme. Cet argument n'est donc bon tout au plus que pour ceux qui n'ont jamais ouvert l'histoire : car, pour peu qu'on la consulte, on sait bientôt à quoi s'en tenir ; on reconnaît à quoi se réduit cet état prétendu de stabilité, de durée, de prospérité. Nous avons déjà eu lieu de parler de la situation déplorable dans laquelle se trouva la France, par cette absence de la loi fondamentale relativement à la régence, du temps de

Charles VI et de la reine Isabeau de Bavière (*a*), et nous aurons encore lieu de signaler, à ce sujet, des crimes, des désastres de plus d'un genre.

Toutefois, s'il existe encore aujourd'hui de ces esprits aveugles ou peu instruits qui s'obstinent à regarder la prudence, l'ordre et les lois constitutionnelles comme inutiles et sans efficacité pour le bien-être des peuples et des rois eux-mêmes, nous avons déja vu que même avant mil sept cent quatre-vingt-neuf, il se rencontrait des hommes éclairés et judicieux qui en ressentaient et qui s'appliquaient à en faire reconnaître la nécessité.

On lit, entre autres, dans l'ancien Répertoire de jurisprudence, au mot *Régence*, les réflexions suivantes de M. de Polverel, avocat au parlement, jurisconsulte d'un grand savoir et d'une saine érudition : « Il y a treize siècles que la Monarchie française existe. Dans cette longue suite de siècles, il y a eu plus de vingt rois mineurs, et l'on devait prévoir que cet inconvénient était inévitable dans un royaume héréditaire. Les rois majeurs pouvaient être

_____

(*a*) *Voy.* ci-dessus, vol. v, pag. 159; vol. ix, pag. 536.

forcés de s'absenter de leur royaume. Ils étaient exposés, comme les autres hommes, à toutes les infirmités du corps et de l'esprit. Il fallait que le royaume fut gouverné pendant la minorité, pendant l'absence, ou pendant la maladie du roi. Comment se peut-il qu'on n'ait pensé qu'au bout de neuf siècles à faire une loi pour fixer l'âge de la majorité du roi, et une autre loi pour mettre des bornes à la puissance des régens? Mais quatre siècles se sont écoulés encore, et nous n'avons pas de loi sur des points bien plus importans. Y a-t-il quelqu'un dans le royaume à qui la régence appartienne de droit? Quel est celui à qui elle appartient de droit? Si elle n'appartient de droit à personne, il n'y aura de régent que par nomination, par choix : mais à qui appartiendra ce droit de nommer le régent? Nous n'avons pas même d'usage pour résoudre ces grandes questions; nous n'avons que des faits qui se détruisent réciproquement. On pense bien, continue l'auteur, que je n'entreprendrai pas de les décider. Je croirai avoir rempli ma tâche de citoyen, si je prouve qu'il est nécessaire, pour la tranquillité de nos descendans, que nous ayons enfin une loi fondamentale sur cette matière » (a).

(a) (*Voy*. Répertoire de Jurisprudence, par Guyot, tom. IV, pag. 573 et 574).

On trouve aussi dans le nouveau Répertoire, par M. Merlin, au mot *Régence*, les remarques qui suivent : « Le titre de Régent a été fort long-temps inconnu en France.

« Les historiens de la première race de nos Rois, appelent gouverneurs du royaume, *gubernatores regni*, ceux qui, pendant la minorité des nouveaux monarques, prenaient en main les rênes de l'État. (DUPUY. Traité de la Majorité des Rois, tom. I, pag. 16 et 17).

« Baudouin de Lille, comte de Flandre, qui était Régent sous Philippe I, se faisait qualifier *Philippi Francorum regis ejusque regni procurator et bajulus*, c'est-à-dire, *tuteur représentant*, et *gardien du roi Philippe et de son royaume*. (VIGNIER. Sommaire de l'Histoire de France, *Vie de Philippe I*, au commencement).

« Saint Louis, en nommant l'abbé de Saint-Denis et Simon de Nesle régens du Royaume, pendant sa deuxième croisade, déclare, par ses lettres datées de l'an 1269, qu'il leur donne *custodiam*, *administrationem*, *defensionem et curam regni*; et ces deux personnages prennent, dans les actes qu'ils expédient en conséquence, le titre de *Lieutenans du Roi des Français* (*locum tenentes domini regis Francorum*).

« Nangis les appelle simplement *gardiens du Royaume* (*custodes regni*).

« Philippe-le-Hardi, par ses deux ordonnances de 1270

Ce que n'a point entrepris M. de Polverel, nous croyons devoir le tenter; et pour le faire avec ordre et méthode, nous traiterons distinctement et successivement, dans cette troi-

---

et 1271, nomme celui qu'il désigne pour Régent, *principal tuteur, défenseur et garde du Royaume.*

« En 1294 et 1300, Philippe-le-Bel, appelant sa femme à la Régence, pendant la minorité de son successeur, veut qu'elle ait *le gouvernement, l'administration et la cure du Royaume, et la garde de l'aîné fils dessus dit.*

« Le jugement du mois de juillet 1316, qui a précédé la nomination de Philippe-le-Long à la Régence, qualifie de *gouverneur*, celui qui devra *gouverner le Royaume de France*, en attendant les couches de la Reine, que le Roi Louis-Hutin avait laissée enceinte.

« Mais, dès le 17 du même mois, Philippe-le-Long prenait le titre de *Régent.* C'est ce qu'annonce le traité fait à cette date, entre ce prince et Eudes IV, duc de Bourgogne. Il débute en ces termes : *Philippe, fils de Roi de France, Régent les Royaumes de France et de Navarre.* (Dupuy. Traité de la majorité des Rois ; *aux Preuves*, tom. 1, pag. 16 et 17).

« L'on remarque, dit à ce sujet Dupuy, que ce prince est le premier qui s'est fait appeler *Régent.* (*Ibid*, tom. 1, pag. 18).

« Et c'est cette qualité qu'ont presque toujours prise ceux qui, après lui, ont eu le gouvernement de l'État pendant l'absence, la maladie ou la minorité de nos anciens rois ».

sième section du paragraphe deux du titre
deuxième : 1° de la Régence du royaume dans
les cas d'absence ; 2° de la Régence du royaume, et de la Garde du prince dans les cas de
démence, ou autre empêchement pour cause
de maladie; 3° de la Régence du royaume, de
la Tutelle et Garde du prince dans les cas de
minorité.

I°.

Régence du Royaume dans le cas de simple absence.

SOMMAIRE. La Constitution doit prévoir ce cas.
Quelle règle doit alors être adoptée?

Dans ces temps anciens d'une civilisation
qui parfois encore nous est tant vantée, les
guerres soit intestines, soit étrangères, étaient
cependant plus longues ou du moins plus multipliées, plus fréquentes qu'elles ne le seront
sans doute désormais. Les rois étaient dans
l'usage de commander les armées et de combattre en personne; leur liberté, ainsi que
leur vie, était donc souvent exposée.

Charles de France, comte d'Anjou, frère de

St. Louis, ayant livré bataille, en 1268, dans le champ du Lys, près du lac Fucin, au jeune Conrad, communément nommé Conradin, duc de Souabe, fils de l'empereur Frédéric II, son compétiteur au royaume de Sicile ; et ayant été vainqueur, fit son ennemi prisonnier, et, le 26 octobre 1269, il le fit périr sur un échafaud avec Frédéric, duc d'Autriche, et plusieurs autres de ses compagnons d'infortune.

Jean, roi de France, ayant été vaincu, le 19 septembre 1356, à la bataille de Poitiers, par le jeune prince de Galles, surnommé le *Prince noir*, fut pris avec l'un de ses fils, Philippe, âgé seulement de quatorze ans, depuis Duc de Bourgogne, et fut conduit en Angleterre où il mourut.

Plus tard, Jean, duc de Bourgogne et fils de Philippe-le-Hardi, envoyé par Charles VI au secours de Sigismond, roi de Hongrie et empereur d'Occident, fut pris par les Turcs, près de la ville de Nicopolis, en Bulgarie. Il fut renvoyé en France par le sultan Bajazet, vainqueur de Sigismond et de Manuel Paléologue, empereur de Constantinople (bientôt après vaincu lui-même à la bataille de Césarée et d'Ancire par Timour ou Tamerlan). Mais il fallut payer pour la rançon de ce prince deux cents mille écus d'or, somme énorme dans ce temps-là.

A la bataille de Pavie, François Ier fut fait prisonnier par les Impériaux. Et malgré la résolution ferme qu'il avait d'abord prise de ne pas consentir au démembrement du royaume, Charles-Quint sut bien profiter de la conjoncture et l'amener à d'immenses concessions : pour recouvrer sa liberté, François Ier fut contraint d'abandonner, par le traité de Madrid, le duché de Bourgogne, et de céder la souveraineté de Flandre et d'Artois (a).

En 1563, le Vaïvode de Transylvanie, ayant donné dans une embuscade, mourut de chagrin dans sa captivité.

Charles XII, surnommé l'Alexandre du Nord, défait à la bataille de Pultava par le czar Pierre, fut forcé de se remettre entre les mains du pacha de Bender pour éviter de tomber entre celles de son vainqueur, sur les bords du Borysthène.

_____

(a) *Voy.* ci-dessus, entre autres, vol. II, pag. 137; et vol. VII, pag. 14.

En des temps plus éloignés, Bituites, roi des Avernes, peuple gaulois, dont les troupes venaient d'être battues par le proconsul Fabius, fut sollicité à une entrevue par Domitius, ancien proconsul, et ne fut pas plutôt passé dans sa tente qu'il y fut arrêté et chargé de chaînes (a).

Sapor, roi de Perse, proposa aussi une entrevue à l'empereur Valérien pour traiter de la paix. L'empereur, sans défiance, se trouva au lieu du rendez-vous avec un petit nombre de gens; mais Sapor le fit retenir prisonnier et le traita avec indignité, s'en servant comme de marchepied toutes les fois qu'il voulait monter à cheval.

Persée, défait par Paul-Émile, fut emmené captif à Rome, et servit d'ornement au triomphe de son vainqueur.

Après la bataille d'Arbelles, Darius et toute sa famille se trouvèrent au pouvoir d'Alexandre.

En temps de paix même, les rois autrefois ne pouvaient pas voyager, soit au-dedans, soit

_____

(a) Vell. Paterc., lib. ix, cap. vi.

au-dehors de leurs États, sans courir les plus grands dangers, sans s'exposer à perdre ou la vie ou tout au moins la liberté.

Charles-Quint fut menacé et sur le point de se voir privé de la liberté en France, à la cour de ce même François 1er, à qui il avait voulu faire payer si chèrement sa rançon. Il ne dut son salut en cette circonstance qu'à la noblesse, à la générosité naturelle et distinctive du caractère de ce roi, qui eut assez de force pour résister aux conseils de ces individus qui ne manquent jamais au cortége des rois, et qui ne connaissent pour principes et pour règles de la politique que l'intérêt apparent, fugitif et précaire du moment.

On peut encore citer cet autre exemple d'une loyauté semblable, mais il est de Henri IV. En 1599, Charles-Emmanuel, duc de Savoie, aprés avoir, suivant quelques historiens, ourdi en France des trames secrètes, vint lui-même à la cour du roi, sous prétexte de traiter de la restitution du marquisat de Saluces, et dans le fait, selon les plus fortes apparences, pour avancer ses intrigues par sa présence, et d'accord avec Charles Gontault de Biron, maréchal de France ; le roi en eut connaissance, et plusieurs membres de son conseil même l'engagèrent à retenir le duc jusqu'à ce qu'il eût restitué le marquisat de Saluces. Le roi, peut-être plus grand et plus généreux encore que François Ier, répondit : « *Qu'on voulait le déshonorer et qu'il aimerait mieux perdre sa Couronne que de tomber dans le moindre soupçon d'avoir manqué de foi même au plus grand de ses ennemis* » (a).

A ces époques de l'histoire, de semblables faits sont rares et forment exception ; tandis qu'on en peut rencontrer un grand nombre d'autres diamétralement opposés.

Telle fut, par exemple, la conduite du cardinal de Richelieu, lorsque l'électeur Palatin Charles-Louis entreprit de traverser la France *incognito.* Le cardinal, en ayant été instruit, s'empressa de le faire arrêter (b).

Le 26 juin 1675, le roi de Danemarck alla

(a) (Science du Gouvern. , tom. v , chap. 1. sect. 8 , § 11 , pag. 174.—PEREFIXE. Histoire de Henri-le-Grand, ann. 1600.

(b) Histoire de Westphalie, par le Bougant, tom. 1ᵉ , pag. 88. (*Édit.* in-12).

plus loin; il fit arrêter le duc de Holstein, à
Rensbourg, où il l'avait invité à une confé-
rence, et il le força de donner ordre aux com-
mandans de ses places de les lui remettre. Le
duc parvint quelques temps après, à se sauver, et le roi de Danemarck fut obligé, en
1689, par les préparatifs de guerre de la Suède,
de lui rendre ses États, après les avoir toutefois gardés pendant plus de treize ans, et après
avoir levé dans le pays des sommes immenses
qu'il ne restitua jamais.

Richard Cœur-de-Lion, roi d'Angleterre,
revenant, en 1193, des guerres de la Terre-
Sainte, fut arrêté en Autriche où il passait dé-
guisé en pelerin; et il y demeura renfermé
pendant quinze mois dans les prisons de Léo-
pold, duc de cette province, et dans celles de
Charles VI, empereur d'Allemagne, à qui Léo-
pold le livra.

Marie Stuart, reine d'Écosse, étant entrée
en Angleterre, en 1567, cherchant un asile
contre ses sujets révoltés, fut retenue pri-
sonnière pendant vingt années par Élisabeth,
reine de ce dernier royaume, qui la fit enfin
mourir sur un échafaud, en 1587.

Mahomad Alhamar, surnommé Léroux, roi maure de Grenade, eut l'imprudence d'aller se livrer entre les mains de Pierre-*le-Cruel*, roi de Castille, conduit à cette démarche par le désir de faire la paix et par une sorte d'affectation de franchise et de confiance, dont il crut que le prince serait touché; mais, arrivé en Castille, il y fut arrêté et y périt par la main du bourreau (*a*).

Philippe IV, roi d'Espagne, fit arrêter à Bruxelles le duc Charles de Lorraine, et on le transféra par ses ordres à Tolède, où il languit prisonnier jusqu'à la paix des Pyrénées (*b*).

Dans l'intérêt de l'État et du prince, peut-être eût-il été convenable d'apporter dans ces anciens temps à l'égard du prince quelque restriction à la liberté naturelle qui appartient en général à tout homme de voyager, de se transporter, à sa volonté, d'un lieu, d'un pays dans un autre (*c*).

Mais aujourd'hui, quoi qu'on en puisse dire,

(*a*) Dorléans. Révol. d'Espagne. *Ann.* 1362.

(*b*) Mémoires d'Avrigny, pour servir à l'Histoire univ. de l'Europe, depuis 1600, jusqu'en 1716. — *A la date du 25 février* 1654.

(*c*) *Voy.* ci-dessus, vol. 1, pag. 65.

l'état de la civilisation est déja un peu différent, et ses progrès sont assez frappans, du moins sous ce rapport. Les rois peuvent voyager sans les mêmes inconvéniens, sans crainte, et aussi librement que tous autres citoyens, à l'intérieur comme à l'extérieur de leurs royaumes; et depuis quelques années surtout, nous les voyons presque tous user amplement et comme à l'envi de cette précieuse faculté.

Cependant il ne serait pas sans utilité qu'un roi, sur le point de quitter le territoire national, songeât à prévenir les lenteurs et les interruptions que pourrait occasioner son absence, à assurer la marche active et régulière du Gouvernement, en désignant un administrateur, un régent provisoire, qui puisse momentanément le remplacer.

C'est ainsi que jadis les rois en usèrent en effet quelquefois.

Chez les anciens Perses, il n'était pas permis à un prince d'aller à la guerre, qu'il n'eût nommé celui qui devait monter sur le trône après lui.

D'après les constitutions de l'Empire germanique, lorsque l'empereur sortait des terres de l'Empire et que son absence pouvait être longue, c'était le cas d'élire un *Roi des Romains,* qui, pour succéder à l'empereur, n'avait pas besoin, après sa mort, ni d'une nouvelle élection ni d'aucune autre confirmation (*a*).

En 1147, Louis VII, dit *le Jeune,* prêt à partir pour la Palestine, remit les rênes du Gouvernement à Suger, abbé de Saint-Denis, et à Raoul, comte de Vermandois. (*b*).

Au mois de septembre 1180, Philippe-Auguste étant aussi sur son départ pour la Terre-Sainte, confia la régence du royaume, suivant Meyer dans ses Annales, et l'abbé Vély dans son Histoire de France, à Philippe comte de Flandre, et suivant Dutillet, à la reine-mère Alix de Champagne et au cardinal de Sainte-Babine, son frère (*c*).

_____

(*a*) Science du Gouvernement. *Gouvernement germanique*, tom. II, chap. VII, sect. 4, pag. 158.

(*b*) *Voy.* l'Histoire de Suger, par Gervaise, vol. III, pag. 144, 246. *Édit. in-12, Paris,* 1721. — Et l'Histoire des Minist. d'Etat, par Auteuil, pag. 231 à 235. *Édition in-fol., Paris,* 1642.

(*c*) Pour concilier cette différence, Belleforêt dit que

En 1248, lors de sa première croisade, saint Louis confia le Gouvernement à la reine Blanche, sa mère, par un acte fait à l'Hôpital près de Corbeil, au mois de juin.

Quelques années après, par lettres-patentes datées du mois de mai 1269, il nomma pour l'administration du royaume Mathieu de Vendôme, abbé de Saint-Denis, et Simon de Clermont, sire de Nesle, auxquels il substitua par la suite Philippe, évêque d'Évreux, et Jean, comte de Ponthieu.

En 1285, Philippe-le-Hardi partant pour l'Arragon, déclara régens les mêmes Mathieu de Vendôme et Simon de Nesle.

En 1362, avant de partir pour l'Angleterre, le roi Jean institua Charles V, son fils, gouverneur de l'État.

François Ier disposa de la régence à plusieurs reprises. Ses lettres-patentes du 5 juillet 1515, du 1er août et 17 octobre 1524, son édit du mois de novembre 1525 et son arrêt du 24 juillet 1527, sont des monumens historiques sur ce point.

---

le comte de Flandre eut la régence, et que la reine et son frère eurent la tutelle.

En 1551, le 12 février, Henri II se disposant à aller en Allemagne, vint tenir au Parlement son lit de justice, et y déclara que, s'il était forcé de s'absenter, il laisserait le gouvernement de l'État à la reine, à son fils et à son conseil, voulant qu'il leur fut obéi comme à lui-même.

Henri II exerça encore ce droit, en réglant par ses lettres-patentes du mois d'août 1553, la forme qui serait observée dans le Gouvernement pendant le voyage qu'il avait à faire hors du royaume.

En la première de ces deux occasions, le premier président Le Maître répondit : « Cette compagnie, sire, m'a chargé de vous promettre que vous y trouveriez toujours obéissance et bonne volonté de satisfaire à tout ce qu'il vous plaira ordonner et commander, et non-seulement à vous, sire, mais à la Reine, à Monseigneur le Dauphin, et à Messieurs de votre Conseil, auxquels vous donnerez pouvoir en votre absence de nous commander » (*a*). Et le nouveau Répertoire de jurisprudence fait à ce sujet la

---

(*a*) Extrait des Registres du Parlement de Paris.

remarque suivante : « Le Parlement reconnaissait donc alors que le droit de nommer à la
régence (dans ce cas) résidait souverainement dans la main du Roi » (*a*).

Mais ce qui importe essentiellement, c'est
que dans le cas où le roi se serait éloigné sans
avoir eu la prévoyance d'user de la faculté,
qui doit en effet lui être reconnue, de choisir
dans cette occurrence celui qui doit le représenter et le suppléer pendant son absence, une
disposition formelle de l'acte constitutionnel
doit régler de quelle manière il y sera pourvu :
car quelque juste confiance que l'on puisse
avoir à l'avenir, dans le triomphe de l'équité,
dans les progrès sensibles de la civilisation,
du moment néanmoins où le prince a quitté
le sol et franchi les frontières du royaume;
du moment où il ne se trouve plus dans le
sein de la famille, mais environné d'un autre
peuple, dont les intérêts peuvent être fort
différens et quelquefois diamétralement opposés à ceux de son pays, de la nation à la-

---

(*a*) Répert. de Jurisprud., par M. Merlin, au mot *Régence.*

quelle il appartient, la liberté de son choix tardif ou de ses décisions ultérieures ne peut plus être considérée comme entière, son indépendance morale devient problématique et douteuse; et par suite son autorité royale, en tant qu'il pourrait prétendre à l'exercer encore directement et par lui-même, des terres étrangères, doit être paralysée et suspendue.

Or, à quel moyen plus naturel, plus simple et plus prompt, pourrait-on alors recourir, si ce n'est à celui que nous avons précédemment indiqué pour la dévolution même de la Couronne par voie d'élection à défaut de parens successibles ou d'adoption ; c'est-à-dire, le concours de la volonté des deux Chambres représentatives, et l'intervention de la Haute-Cour de justice, à défaut d'unanimité dans leur choix.

Nous verrons plus loin que, sous la seconde et même sous la troisième race, ce droit fut exercé par les grands du royaume, par les barons, par les princes, prélats, nobles gens des bonnes villes et autres notables clercs, faisant et représentant les trois États-généraux du royaume, et par les parlemens. Il existe

même une loi qui reconnaissait manifestement
l'existence de ce droit dans les États-généraux.
Cette loi, ce sont les lettres-patentes données
par Charles IX, le 30 mai 1574. Voici ce qu'elles
portent à ce sujet : « Nous ne saurions faire
élection de personne sur laquelle nous nous
puissions plus reposer que sur la Reine, notre
très-honorée dame et mère, et qui, avec plus
de zèle et d'affection, embrasse ce qui nous
touche et cet État, tant pour l'amitié maternelle qu'elle nous porte, que pour la longue
expérience qu'elle a eue de la direction et maniement des affaires de ce royaume, depuis
notre minorité jusqu'à présent, *qu'elle y a été
appelée du consentement et réquisition de l'assemblée générale des États, qui fut faite après
le décès du feu roi François, notre très-cher
sieur et frère* » (a).

_____

(a) *Voy. encore*, entre autres, le Rép. de Jurisp., par
Merlin, au mot *Régence.*

11°.

Régence du Royaume ; Garde du Prince ; dans les cas de démence ou autre empêchement par cause de maladie.

SOMMAIRE. La Constitution doit aussi prévoir cet autre cas ; et pour déterminer les dispositions qu'elle doit renfermer à cet égard, il convient, en raison de l'analogie, de rechercher et de régler celles qui doivent être admises pour la Régence et la Tutelle dans les cas de minorité.

Les rois sont hommes et comme tels soumis aux maladies, aux infirmités dont la nature humaine est quelquefois affligée. Leur puissance, quelque étendue qu'elle soit, ne les en garantit pas ; peut-être même elle les provoque.

Quoi qu'il en soit, on pourrait citer plusieurs princes dont elle n'a pas préservé la raison ; et peut-être même il ne serait pas impossible que quelques-uns de ceux que l'histoire a rangés au nombre des tyrans en supputant leurs fautes, leurs crimes, leurs cruautés, n'eussent été jugés plus impartialement, si elle les eût simplement placés dans la classe des insensés. On sait que Charles VI, lorsqu'il

éprouva des accès de fureur aux premières
attaques de sa maladie, tua de sa propre main
plusieurs de ses officiers.

Dans la première section de ce paragraphe,
nous avons vu qu'en Angleterre si l'héritier
apparent de la Couronne, avant l'époque de
son avènement, est atteint d'une affection
mentale, le droit d'élire un autre roi appartient au parlement (*a*). Mais, s'il n'en est frappé
qu'après être monté sur le trône, il en est autrement sans doute, et le droit de l'en déclarer
déchu est hors de la sphère des attributions
des deux Chambres.

En France, les publicistes ont fait aussi cette
remarque ; et les auteurs des Maximes du
Droit public français disent : « Lorsque l'incapacité survient dans le cours du règne, ce
peut être le cas d'établir une régence ; mais il
n'en doit pas être ainsi lorsque, dans l'instant
de l'ouverture de la succession à la Couronne,
l'héritier présomptif se trouve incapable » (*b*).

Cette distinction n'est pas en effet dépour-

(*a*) *Voy.* ci-dessus, vol. VIII, pag. 584 *et suiv.*

(*b*) Maxim. du Droit publ. franç., tom. III, chap. IV,
pag. 219.

vue de tout fondement. La maladie dont le monarque est atteint dans le cours de son règne peut n'être qu'accidentelle et passagère ; et, dans ce cas, c'est encore la bonté des institutions et la sagesse du choix précédemment fait des ministres et autres agens de l'autorité royale, qui préserveront l'État d'inconvéniens graves. Et lors même que l'aliénation du roi serait plus durable, autre chose est assurément d'arracher en quelque sorte du trône un prince qui, depuis quelques années déja, depuis long-temps peut-être, sera saisi du gouvernail et aura dirigé sagement le vaisseau de l'État, ou d'y appeler celui dont une démence antérieurement reconnue et encore subsistante atteste d'avance l'incapacité.

C'est à l'égard de celui-ci surtout qu'on a droit de s'étonner, avec Mézerai, « de voir des nations célèbres aimer mieux devenir la proie des factions les plus sanglantes et de l'anarchie la plus affreuse, que de priver des princes en démence du droit de régler le sort des humains » (*a*).

(*a*) Hist. de France. *Règne de Charles VI.*

A l'égard du premier, l'Acte constitutionnel
et fondamental doit prescrire, par une disposition formelle, de lui donner un représentant
pour la régence et l'administration du royaume,
et un tuteur quant à la garde de sa personne;
et comme la désignation qui pourrait être faite
de ces représentans, par lui-même dans un
moment de lucidité, ne peut offrir une garantie assez rassurante d'un retour certain à
cet état de santé, et conséquemment de la
sagesse, non plus que de l'entière liberté du
choix, il est évident que le grand-œuvre du
Législateur ne doit pas accorder au roi une
telle latitude, et doit recourir à des préser-
vatifs plus assurés.

Par ce que nous avons déja exposé dans la
première section de ce paragraphe, on peut
dès actuellement reconnaître qu'indépendamment du mode de dévolution de la régence et
de la tutelle *dative*, il existe deux autres modes possibles de déférer cette régence et cette
tutelle dans le cas de minorité, la *légitimaire*
ou *héréditaire* et l'*élective*; et comme il existe,
au sujet de cette distinction et autres règles
qui en découlent, une analogie assez grande

entre l'incapacité qui a pour cause l'aliénation et celle qui résulte de l'état de minorité, nous remettons à en traiter, ou plutôt nous renvoyons ce sujet à l'examen et au développement que nous devons faire dans l'article suivant.

III.

Régence du Royaume, Tutelle et Garde du Prince dans le cas de minorité.

Sommaire. La Régence et la Tutelle doivent-elles être réunies dans les mêmes mains ?

Nature et objet, étendue et exercice, force et conséquences, forme, durée de la Régence et de la Tutelle.

Age et qualités du Régent et du principal dépositaire de la Tutelle et Garde du Roi mineur.

De quelle manière, à qui, par qui la Régence et la Tutelle doivent-elles être déférées ?

Distinction de la Régence du Royaume et de la Tutelle du Prince.

Nous venons de voir que si l'élévation des rois sur le trône ne les garantit pas des maladies du corps et de l'esprit, elle ne les préserve pas non plus de la corruption du cœur. Jusqu'ici du moins, ils ont sous ce rapport vécu, ainsi qu'on l'a dit souvent, dans un air empoisonné et contagieux.

5.

En général, plus la puissance et l'autorité de l'homme s'accroissent, et plus aussi sa position à cet égard devient dangereuse, sa conduite difficile et embarrassée, sa marche, dans le droit chemin de la justice et de la vertu, glissante et pénible; plus il monte, et plus les nuages qui l'environnent étendent leur sphère et s'épaississent autour de lui. Une foule de prestiges se présentent à ses yeux, l'accompagnent, l'assiégent, le poursuivent, se multiplient et se reproduisent devant lui, et l'entraînent dans de fausses directions où les précipices sont à chaque instant ouverts sous ses pas. Éloigné de sa route, perdant de vue son but, effrayé du péril, craignant de retourner en arrière, ne sachant quelles voies suivre; dans sa perplexité, les mauvais conseils ou de l'orgueil ou de la honte, les suggestions perfides, les calculs faux et trompeurs de la mauvaise foi et de la ruse, tour à tour le découragent et l'agitent, le troublent et l'accablent, jusqu'à ce qu'enfin les résolutions subites et désespérées de la crainte finissent par l'égarer et le perdre sans retour. De futiles considérations, de vains motifs, d'absur-

des sophismes chassent et effacent peu à peu
de son ame les saines et simples notions du
vrai, de l'utile, du droit et de l'équité, anéan-
tissent insensiblement et détruisent enfin en
lui jusqu'aux sentimens les plus sacrés de la
nature. Et voilà ce qui explique déja en partie pourquoi l'on pense assez généralement,
même parmi les observateurs les plus judicieux, que les vices, la perversité, la cruauté
vont presque toujours croissant et s'enveni-
mant en raison de l'élévation des rangs; que
ces vices, et les crimes qui les accompagnent
ou les suivent, ne sont pas proportionnelle-
ment à beaucoup près aussi fréquens dans les
dernières et les plus misérables classes de la
société que parmi celles qui furent jusqu'ici
placées près du trône ou même destinées à
l'occuper.

Non-seulement ces vices sont alors provo-
qués et produits par l'intérêt personnel, par
l'égoïsme stupide; mais de plus l'ombre trom-
peuse, le fantôme imposteur du bien public
leur sert de prétexte, devient leur excuse, et
ne parvient même que trop souvent à les couvrir d'un voile magique qui, dérobant en quel-

que sorte leur affreux aspect aux regards de la multitude abusée, les lui fait ainsi apercevoir, pour quelque temps du moins, sous des formes brillantes et mensongères, sous l'apparence de la fermeté, du courage, ou d'autres héroïques et sublimes vertus.

Un fleuve de sang semble avoir pris naissance avec les premiers Gouvernemens des sociétés humaines, et presque tous les trônes en ont été tachés et rougis, presque toutes les familles appelées à la souveraine puissance l'ont successivement gonflé de leur odieux tribut. Si l'on remonte d'âge en âge, si l'on jette un coup d'œil rapide sur les annales politiques du monde, quelle énumération de crimes n'y voit-on pas tracée! L'histoire des temps réputés fabuleux, l'histoire sainte, les histoires anciennes et modernes, toutes offrent, auprès des trônes, un horrible tableau, un amas effroyable de meurtres, d'empoisonnemens, de forfaits détestables, dont l'éclat de toutes les couronnes ne doit pas et ne saurait détourner nos yeux.

La fiction dont les historiens-poètes ont enveloppé le récit des faits qui remontent aux temps les plus reculés, laisse souvent entrevoir, ainsi que ceux qui suivent, un fond de vérité.

Médée met son frère en pièces; Méléagre tue les oncles de sa femme; Idoménée sacrifie son propre fils; Laïus ordonne à sa femme le meurtre de ses enfans; Atrée immole les enfans de son frère, et lui fait boire leur sang; Agamemnon livre sa fille au couteau de Calchas; sa femme Clytemnestre l'assassine; et le fils de cette femme venge sur elle la mort de son père, etc., etc.

Si nous ouvrons la Bible même, une suite d'actions non moins effrayantes s'offrent à nos yeux épouvantés.

Abraham lève le glaive sur la tête de son fils; et l'on nous dit que ce fut pour obéir à la volonté de Dieu lui-même : comme si un ordre semblable pouvait jamais émaner du bienfaisant arbitre, du divin régulateur de l'univers (*a*).

(*a*) La manière la moins dangereuse d'interpréter ce trait de l'Écriture est de le considérer comme une mauvaise et fausse allégorie, dont le but serait cependant de faire comprendre à l'enfance tout ce qu'elle doit de déférence et

Moab, fils de Loth et de sa fille aînée, et cousin d'Isaac, accomplit en effet le sacrifice de son fils aîné.

Pour satisfaire à un vœu qu'il avait imprudemment fait, Jephté, prince et juge des Israélites, immole aussi sa propre fille.

Le saint roi David fait massacrer Urie, afin d'assouvir la passion criminelle qu'il avait conçue pour Betzabée.

Amnon viole sa propre sœur Thamar; et sous le prétexte de venger cet outrage, Absalon son frère lui fait couper la tête.

Mais, peu de temps après, ce même Absalon se révolte contre David son père; et, après l'avoir vaincu, le poursuit à outrance, et l'oblige à se refugier au-delà du torrent de Cédron.

Joram, autre roi de la race de Juda, et fils de Josaphat, fils d'Aza, ayant appelé à la Couronne son fils Ochosias, celui-ci est tué par Jehu avec cent douze de ses frères.

---

de soumission à la puissance paternelle; et surtout d'enseigner aux Princes qu'ils ne doivent jamais hésiter à sacrifier ce qu'ils ont de plus cher, si le salut public l'exige.

Athalie, fille d'Achab et mère d'Ochosias, pour venger la mort de ce dernier, extermine la race entière de David ; le seul Joas, son petit-fils est sauvé par sa tante Josaba, sœur de son père Ochosias et femme du grand sacrificateur Joaïda, et il parvient lui-même à faire périr Athalie son aïeule.

Dans la race des rois d'Israël ou de Samarie, Simon est tué par son gendre Ptolomée, fils d'Abobi.

Seleucus, fils de Grippus attaque Cizizène son oncle, le prend et le fait mourir.

Vers le même temps, l'an du monde 3979, de Rome 691, soixante-dix-neuf ans avant Jésus-Christ, Hircan souverain pontife est dépouillé du pontificat par Aristobule son frère. Il est rétabli une première fois dans ces fonctions par Pompée ; Antigone, son neveu, l'en chasse de nouveau, le fait prisonnier, lui fait couper les oreilles, et l'emmene captif à Babylone.

Dans le siècle suivant, Hérodes fait étouffer dans un bain chaud un autre Aristobule, petit-fils du premier et frère de Marianne, femme de cet Hérodes surnommé le Grand, lequel,

sur un simple soupçon, la condamne aussi à
mort, fait étrangler sa belle-mère et ses propres enfans, après les avoir infructueusement
accusés devant Auguste....

Quels tableaux offrent encore à nos yeux
les pages ensanglantées de l'histoire profane
ancienne et moderne !

Comme nous venons de le voir, Hérodes fit
mourir ses enfans; mais, en l'an du monde
3326, sept cent trente-deux ans avant la naissance de Jésus-Christ, Sennachérib, roi d'As-
syrie, fut au contraire impitoyablement égorgé
par les siens, Sennazar ou Sarassar et Adra-
meleck.

Vers la même époque, l'an 529 avant Jésus-
Christ, Cambyse, roi des Perses, fait tuer son
frère Mergis ou Smerdis.

Xerxès est mis à mort par Secumdian ou
Sogdinus, fils naturel de son père.

Les cinquante enfans d'Artaxerxès sont soup-
çonnés de conspirer contre lui, et il les fait
tous périr.

Cyrus-le-Jeune se révolte contre son frère.

La mère de Pausanias apporte la première
pierre qui doit fermer la porte du Temple où

il s'est réfugié, afin de contribuer ainsi à le faire mourir de faim.

Romulus tue par trahison Titius Sabinus, et son frère Rémus, vers l'an du monde 3212.

Brutus, fils naturel de César, conjure contre lui, et de sa propre main le frappe du coup mortel, vers l'an de Rome 710.

Cléopâtre séduit, trahit et fait périr Marc-Antoine devenu son amant; et bientôt après, poussée par les remords et par le désespoir, elle-même s'arrache la vie.

Une autre reine du même nom, voyant que la majorité de Seleucus va la forcer d'abandonner les rênes de l'État, plonge un poignard dans le sein de cet aîné de ses fils. Dans le même temps, elle prépare pour le second une coupe empoisonnée; mais l'attentat est soupçonné, et elle meurt par le poison même qui devait lui servir à commettre le crime.

Agrippine empoisonne Claude son mari; et Néron assassine Agrippine sa mère, Britannicus son frère, Octavie sa femme, Burrhus, Sénèque, Lucain, Pétrone, et Poppée sa maîtresse.

Géta, fils de l'empereur Sévère, est assassiné dans les bras de Mœsa sa mère, par Antoine Besséranus Caracalla, son frère, qui déja avait tenté infructueusement de détrôner son père, et qui fit ensuite mourir Papinien, chef du Prétoire et jurisconsulte célèbre, parce que celui-ci ne voulut pas prostituer son talent et son éloquence pour justifier ce parricide.

Numérianus, fils de Corus, est tué par son beau-père.

Constantin, dit le Pieux, empereur d'Orient et d'Occident, vers l'an 312 de l'ère chrétienne, fait créver les yeux à Nicéphore, son oncle; il avait un beau-père, il l'oblige de se pendre; il avait un beau-frère, il le fait étrangler; il avait un neveu de douze à treize ans (Licinius), il le fait égorger; il avait un fils aîné (Grippus), il lui fait couper la tête; il avait une femme (Fausta), il la fait étouffer dans un bain : un viel auteur gaulois dit *qu'il aimait à faire maison nette* (a).

(a) (*Voy.* VOLTAIRE. Mélanges de philosophie, de littérature et d'histoire, tom. VII, chap. II, pag. 47. *Édition in-12, 1757*).

En parlant de l'Empire aux VIIIe et IXe siècles, Vol-

Vers l'an 530, Bélisaire venait de sauver l'Empire de l'invasion des Gépides et des Bulgares, des Alains, des Goths, des Vandales et des Huns; et Justinien lui fait subir le supplice le plus barbare.

Roxane et Bajazet meurent par les ordres d'Acomat; il faudrait des volumes pour citer tous les traits pareils des empires asiatiques.

Dans le neuvième siècle, Bérenger, prince de Lombardie, fait aussi crever les yeux à l'empereur Louis III.

En 912, Luitholde conspire contre l'empereur Othon, son père, parce que celui-ci avait épousé, en secondes noces, la princesse Adélaïde.

En 1242, l'empereur Frédéric II meurt empoisonné ou étouffé, suivant plusieurs écrivains, par Mainfroi, son fils naturel.

En 1298, Albert, duc d'Autriche et empereur d'Allemagne, est tué par ses parens.

En 1485, Richard III, roi d'Angleterre, est

---

taire dit encore : « Quelle histoire de brigands obscurs, punis en place publique pour leurs crimes, est plus horrible et plus dégoûtante. » (Essai sur l'histoire générale et sur les mœurs et l'esprit des nations, chap. xiv).

soupçonné d'avoir fait mourir ses neveux pour usurper leur Couronne (*a*).

Vers l'an 1535, Henri VIII fait tomber sur l'échafaud la tête de Anne de Boulen sa femme; et en 1542, il fait subir le même sort à Catherine Howard, sa quatrième femme.

Après avoir retenu en prison pendant dix-huit années, Marie Stuard, sa cousine et son héritière présomptive, reine d'Écosse, veuve de François II, dauphine et reine de France, la reine Élisabeth la fait de même périr par la main du bourreau, le 28 février 1587.

Jacques II, par les intrigues de Guillaume, prince d'Orange, son gendre et son neveu, est chassé du trône. Pour sauver sa vie, à peine

---

(*a*) «Édouard IV, dit Blackstone, laissa deux fils et une fille. Edouard V, l'aîné de ses fils, jouit peu de temps de la Royauté. Il fut déposé par un oncle dénaturé, Richard, qui usurpa le trône immédiatement. Pour avoir une apparence de quelque titre héréditaire, il avait fait semer, dans la populace, le soupçon d'illégitimité des enfans d'Edouard IV. Il fit ensuite massacrer ses neveux, si l'on en croit l'opinion générale. Par leur mort, le droit de là couronne passait à leur sœur Elisabeth». (Commentaires, tom. 1, liv. 1, ch. III, pag. 383. *Trad. de M. Chompré*).

eut-il le temps de venir chercher un asile en France, en 1688.

Au commencement du même siècle, en 1602, Philippe II, roi d'Espagne, met à prix la tête du prince d'Orange, et ose promettre publiquement à celui qui le tuera, pour lui et pour ses enfans, une récompense pécuniaire et la *Noblesse.*

En France, vers le cinquième siècle, on voit Clovis assommer avec une masse d'armes Regnacaire et Richemer, ses parens.

Près de lui, en 550, Clotaire, roi de Soissons, et Childebert, roi de Paris, massacrent aussi de leurs propres mains les enfans de Clodomir, roi d'Orléans, leur frère.

En 595, le même Clotaire fait brûler son fils Cramme avec sa femme et ses enfans; et croit ensuite, dit entre autres M. de Montesquieu, expier son crime en faisant des dons immenses aux Églises (*a*).

En 813, Louis dit le Débonnaire, troisième roi de la seconde race, fait crever les yeux à Bernard, roi d'Italie, son neveu, lequel meurt

_____

(*a*) Esprit des Lois, liv. xxxi, chap. 11.

trois jours après des suites de cette affreuse exécution.

Ce même roi avait associé à l'empire Lothaire, son fils; mais cela n'empêcha pas celui-ci, d'accord avec Charles et Louis, ses frères, et avec plusieurs évêques du royaume, de le forcer à abdiquer et à se réfugier dans un cloître.

En 840, Charles-le-Chauve meurt empoisonné.

Hugues, chef de la troisième race, usurpe la Couronne sur Charles de Lorraine, frère du roi Lothaire et oncle de Louis V; il ménage des intelligences secrètes avec Ascelin, évêque de Laon, où, après l'avoir vaincu en bataille rangée, Charles s'était retiré et s'abandonnait à trop de sécurité. Ascelin ouvre les portes de la ville pendant la nuit, et par cette perfidie livre entre les mains de Hugues, le roi et sa famille. Ainsi trahi, le malheureux Charles est envoyé à Orléans, et renfermé dans une tour, où bientôt après, vers l'an 987, il meurt de désespoir ou par le poison.

Le véridique pinceau de l'histoire ne nous représente pas de long-temps encore les descendans de cette troisième race sous un jour beaucoup plus favorable et comme étant exempts de crimes et de perfidies, si l'on parcourt le tableau de leurs règnes, les yeux sont encore frappés des mêmes scènes d'horreurs et de cruautés.

Au commencement du treizième siècle, Marguerite de Bourgogne, femme de Louis, surnommé le Hutin, est étranglée dans une prison sur un soupçon d'adultère.

En 1350, Charles-le-Mauvais, roi de Navarre, tente de faire assassiner le roi Jean, son beau-père, et fait massacrer dans son lit Charles d'Espagne, connétable de France.

Jean, fils de Philippe-le-Hardi, duc de Bourgogne, fait assassiner le duc d'Orléans, en 1407; et il est assassiné à son tour, en 1419, sur le pont de Montereau, en présence du dauphin, par Tannegui Duchastel, de la faction dite des Armagnacs.

Charles VII, en 1453, se vit en quelque sorte réduit à se laisser mourir de faim, par la persuasion où il était que le dauphin cherchait à l'empoisonner.

N'arrêtons pas nos regards sur la Saint-Barthèlemî, sur les nombreux massacres du règne de Charles IX ; abrégeons et hâtons-nous d'achever.

En 1588, par les ordres de Henri III, le cardinal de Lorraine, frère de François de Guise et oncle du Balafré, est poignardé.

Sous le ministère du cardinal de Richelieu, à la suite de la guerre civile qui éclata entre Louis XIII et Gaston, duc d'Orléans, son frère, la reine-mère, Marie de Médicis, est obligée, pour mettre sa vie en sûreté, de se retirer, en 1633, dans les Pays-Bas, et Gaston, en Lorraine.

Enfin, observerons-nous, en terminant, qu'au rapport de plusieurs historiens, des soupçons se sont élevés au sujet de la mort des enfans de Louis XIV et de Louis XV, et que l'on a cru pouvoir l'attribuer au poison.

Ainsi, comme on le voit, dans tous les pays, dans tous les siècles, les palais, les familles, les mains mêmes des hommes qui étaient appelés par leur rang à donner aux peuples, à la terre, l'utile exemple de la bienfaisance et de la vertu, ont été souillés par les crimes les plus propres à soulever l'indignation et à révolter la nature.

Et cette nomenclature, quelque longue qu'elle soit, n'est cependant, on le présume bien, qu'une esquisse imparfaite et rapide de quelques traits d'un si déplorable tableau. Si l'on voulait s'arrêter à les y rappeler en plus grand nombre, il faudrait y consacrer des volumes, et peut-être aurait-on peine à découvrir dans toutes les annales du monde, nous ne disons pas, un seul siècle, une seule dynastie, mais même un seul règne dont la mémoire et l'éclat n'en fussent ternis.

A la vérité (et sans doute on ne sera pas tenté de le méconnaître), les progrès de la civilisation et des lumières, la nature, la bonté, le perfectionnement progressif des institutions nouvelles, doivent faire concevoir l'espérance que l'histoire du siècle qui commence ne révélera à la postérité aucun des crimes que retrace à chaque page l'histoire de tous les siècles antérieurement écoulés.

Mais nous sommes aussi arrivés à l'époque caractéristique et mémorable où les nations doivent enfin profiter de l'expérience de ces siècles passés et de l'instruction des souvenirs. Or elles leur démontrent clairement qu'il

6.

suffit que le mal soit possible pour que l'on doive en chercher le remède; que c'est principalement lorsque d'immenses intérêts liés véritablement à l'intérêt public, ou se masquant facilement pour se produire à sa place, peuvent séduire, corrompre, égarer les hommes, qu'il importe de ne pas les mettre, par un système vicieux d'organisation sociale et de lois fondamentales, dans une position où ils seraient exposés à la tentation du mal et trop en butte au danger d'être vaincus et subjugués par les sophismes funestes d'une politique arriérée, peu éclairée, et en opposition manifeste avec les principes de la morale et du droit.

Il est maintenant reconnu, et il doit être désormais tenu pour constant, que les institutions ne seront jamais utiles et favorables à ceux qui gouvernent, ainsi qu'à la société, qu'autant qu'elles seront conçues, méditées, réglées et établies dans la crainte salutaire des désordres, des malheurs qui peuvent arriver; et que c'est en les prévoyant, en les présumant, que le législateur peut les éloigner ou les combattre avec succès.

En ce sens, la remarque suivante de M. de Montesquieu sur les lois de Rome, peut trouver ici son application. Voici comment il s'exprime : « Dans le temps où l'on fit la loi des Douze Tables, les mœurs de Rome étaient admirables. On déféra la tutelle au plus proche parent du pupille, pensant que celui-là devait avoir la charge de la tutelle, qui pouvait avoir l'avantage de la succession. On ne crut point la vie du pupille en danger, quoiqu'elle fut mise entre les mains de celui à qui sa mort devait être utile. Mais, lorsque les mœurs changèrent à Rome, on vit les législateurs changer aussi de façon de penser. *Si dans la substitution pupillaire,* disent Caïus (a) et Justinien (b), *le testateur craint que le substitué ne dresse des embûches au pupille, il peut laisser à découvert la substitution vulgaire (c), et mettre la pupillaire dans une partie du testament qu'on*

(a) Inst., liv. II, tit. VI, § 2. Compilation d'Ozel, à Leyde, 1658.

(b) Instit., liv. II. *De Pupil. substit.,* § 3.

(c) La Substitution vulgaire est : *Si un tel ne prend pas l'hérédité, je lui substitue,* etc. ; la pupillaire est : *Si un tel meurt avant sa puberté, je lui substitue,* etc.

ne pourra ouvrir qu'après un certain temps.
Voilà des précautions inconnues aux premiers
Romains » (*a*).

Mais, sans nous occuper encore, quant à
présent, d'approfondir la question de savoir si,
relativement à l'héritier du trône, la régence
et la tutelle, garde et éducation du prince mineur, doivent aujourd'hui être déférées ou non
au plus proche parent du prince; quelle est
la précaution, la règle qui se présente naturellement et la première à la pensée? c'est de
ne pas réunir dans la même main ces deux
fonctions bien distinctes et de nature toute
différente.

Et ici l'expérience est assez d'accord avec ce
que prescrivent la prudence et le bon sens :
car c'est surtout à des époques, chez des peuples soumis au Gouvernement despotique et
absolu, conséquemment sans lois fixes et fondamentales, et où par conséquent aussi ces
deux fonctions n'étaient pas distinctes et se
trouvaient confondues, que les crimes et les
désastres de la nature de ceux que nous venons

(*a*) Esprit des Lois, liv. xix, chap. xxiv.

de signaler s'aperçoivent davantage et se sont le plus souvent renouvelés. Dans l'histoire de Syrie, sous le règne des Seleucides, par exemple, les associations de régence et de tutelle étaient fréquentes (*a*).

Chez les Francs, au contraire, il y eût dans les fiefs une différence entre la tutelle et la baillie (*b*), et, relativement à la famille royale, une double administration; l'une qui regardait le gouvernement du royaume, et l'autre qui regardait la personne du pupille (*c*).

On serait tenté d'abord de croire, avec quelques auteurs, que cette séparation de la Régence du royaume et de la Tutelle et Garde du prince pût être une précaution que suggéra le massacre des enfans de Clodomir, inhumainement égorgés par Clotaire et Childebert,

---

(*a*) *Voy.*, entre autres, l'histoire de la Législation, par M. de Pastoret, tom. 1, pag. 352, 353.

(*b*) Il paraîtrait donc que la Baillie qui s'appelait aussi Garde-noble, ne concernait que la personne du mineur, tandis que la Tutelle concernait ses revenus et ses biens. *Voy.* au surplus, à ce sujet, le Répertoire de Jurisprudence, par Guyot, aux mots *Garde-noble* et *Tutelle*.

(*c*) *Voy.*, entre autres, l'Esprit des Lois, liv. xviii, chap. xxvii.

leurs oncles, avides de se partager le royaume
d'Orléans, échu en partage à Clodomir après
la mort de Clovis, leur père commun; et,
par ce qu'il dit à ce sujet, M. de Montesquieu même semble en effet l'attribuer à cette
cause (a).

Cependant il est vrai de dire qu'à cette époque même la Régence n'était pas accompagnée
de la Tutelle, qu'elles étaient l'une et l'autre
en des mains différentes; et que depuis, si
cette règle fut quelquefois observée, elle fut
aussi enfreinte souvent, et pour ainsi dire,
mise en oubli.

Il est d'abord certain, par le témoignage de
Grégoire de Tours et d'Aimoin, que les enfans de Clodomir ne résidaient pas dans le
royaume qui devait leur appartenir. C'était à
Paris, auprès de Clotilde, leur aïeule, qu'ils
étaient élevés; et le royaume d'Orléans, qui
avait été le partage de leur père, était gouverné
par Childebert et Clotaire, leurs oncles.

Cependant, après la mort de Sigebert, roi
d'Austrasie, on craint en effet pour Childe-

___

(a) *Voy.*, entre autres, Esprit des lois, liv. xviii,
chap. xxvii.

bert, son fils, le même sort qu'avaient eu les enfans de Clodomir; on l'enlève de Paris où Chilpéric le faisait garder à vue. Il est couronné roi d'Austrasie à Metz, quoiqu'il ne fût âgé que de cinq ou six ans; mais cela n'empêcha pas, toujours suivant Grégoire de Tours, qu'il fut d'abord sous la garde de Vandelin, son tuteur et régent du royaume d'Austrasie, puis sous celle de Brunehault sa mère, enfin sous celle de Gontran, son oncle, qui ne le déclara majeur qu'à l'âge de quinze ans.

Clotaire II est reconnu roi de Soissons à l'âge de quatre mois. Gontran, son oncle, est son tuteur, et régent de son royaume. On reçoit le serment de fidélité au nom du jeune roi et du régent. Gontran dispose ensuite de la Régence et de la Tutelle en faveur de Landri (*a*).

(*a*) Quelques historiens, entre autres, M. l'abbé Velly, ont dit que Frédégonde fut déclarée régente. Aimoin dit, au contraire, *Principes.... Clotarium per civitates regni circumduxerunt, et sacramenta ex ejus nomine atque Gontramni susceperunt.* Il fait prendre à Gontran le titre de *Clotarii nutritor et regni rector.* Il dit que *Landericus tutor à Gontramno Clotario datus fuerat; que Landericus vicem regis habebat.*

Dagobert fait couronner Sigebert, roi d'Austrasie, dès sa plus tendre enfance; mais il lui donne pour régens Cunibert, évêque de Cologne, et Adalgise, duc du Palais d'Austrasie.

Au contraire, Clovis II, encore enfant, succédant au royaume de Neustrie, après la mort de Dagobert son père, est mis sous la tutelle de Nantilde sa mère, et le royaume a successivement pour régens Éga et Erchinoald, maires du Palais.

Clotaire III et Childéric II étaient aussi dans l'enfance lorsqu'ils furent couronnés rois, l'un de Neustrie et de Bourgogne, et l'autre d'Austrasie; ils furent tous deux sous la tutelle, l'un de Batilde sa mère; et l'autre, de Wlfoald, maire du Palais d'Austrasie. Les deux royaumes sont, pendant la minorité, sous la régence, l'un d'Ébrouin, maire du Palais de Neustrie, et l'autre, de Wlfoald.

Charlemagne, envoyant son fils, Louis-le-Débonnaire, dans l'Aquitaine, lui donna des tuteurs et un Conseil de régence, à la tête desquels était un seigneur de sa Cour, nommé Arnold.

Après la mort des deux enfans de Louis-le

Bègue, la régence du royaume fut déférée à Charles-le-Gros, à cause de l'enfance de Charles-le-Simple, qui n'avait encore que six ans, et la tutelle du jeune prince fut conférée à Hugues l'abbé. Après la mort de Hugues l'abbé et la déposition de Charles-le-Gros, Eudes fut élu tuteur du pupille et régent du royaume.

Lothaire, fils de Louis d'Outremer, est sacré à l'âge de treize ou quatorze ans; mais c'est Hugues-le-Grand qui gouverne le royaume sous le titre de *Duc des Français.*

Louis dit le Fainéant avait dix-huit ou dix-neuf ans lorsqu'il succéda à Lothaire son père; il fut mis sous la tutelle de Hugues Capet; et le royaume, sous la régence de la reine-mère.

Philippe Ier n'avait que huit ans lorsque son père mourut; sa mère vivait, et elle ne fut point régente. Baudouin, comte de Flandre, fut nommé marquis de France, tuteur du jeune Philippe, et régent du royaume.

Philippe-Auguste n'avait que quinze ans, lorsque Louis-le-Jeune son père mourut. Il eut, pour tuteur et pour gouverneur, Philippe d'Alsace, comte de Flandre, qui fut aussi son premier ministre; et le royaume n'eut point d'autre régent.

Saint-Louis ayant été sacré aussitôt après la mort de son père, quoiqu'il ne fût alors âgé que de onze ans et six mois, le royaume fut gouverné par la reine Blanche sa mère, que Louis VIII avait déclarée régente.

Nous avons déja vu qu'après la mort de Louis-le-Hutin, dont la veuve était enceinte, les seigneurs et le parlement de France réglèrent que, si la reine accouchait d'un prince, Philippe-le-Long aurait la régence et la tutelle pendant dix-huit ans.

Après la mort de Charles-le-Bel, Philippe de Valois fut nommé régent du royaume.

Charles V conféra la qualité de régent au duc d'Anjou, l'aîné de ses frères; lui substitua en cas de mort ou d'absence, le duc de Bourgogne, son troisième frère, et donna la tutelle de ses enfans et le gouvernement des finances de l'État à la reine son épouse, assistée des ducs de Bourgogne et de Bourbon, substituant même ces deux princes à la reine, s'il arrivait que par la mort de cette princesse sa tutelle n'eût pas lieu.

Après la mort de Charles V, des contestations s'élevèrent entre les ducs d'Anjou, de

Berri, de Bourgogne et de Bourbon, oncles du roi mineur, lesquels assemblèrent au Palais, par suite de ces contestations, un Conseil dans lequel le duc d'Anjou déclara qu'il prétendait réunir la qualité de Régent à celle de Tuteur. Cependant on finit par s'en rapporter à des arbitres, qui déférèrent au duc d'Anjou la régence et la présidence au Conseil, qui déclarèrent que les ducs de Bourgogne et de Bourbon auraient l'éducation du roi avec la surintendance de sa maison, et qui arrêtèrent que l'on préviendrait l'âge auquel le roi aurait dû être sacré.

On le prévint en effet, et le duc d'Anjou cessa d'être régent dès le mois de novembre de la même année. Mais de nouvelles discordes entre les quatre oncles du roi donnèrent lieu à un nouvel arrangement, par lequel, entre autres articles, il fut encore arrêté que le duc d'Anjou aurait la présidence au Conseil, et que la garde de la personne du roi serait donnée aux ducs de Bourgogne et de Bourbon (*a*).

(*a*) Mézerai. Histoire de Charles VI. — Le Laboureur. Introduction à l'histoire de France, ch. i et iii. — Maximes

Au mois de janvier 1392, il parut deux ordonnances de Charles VI sur la tutelle et la
régence pendant la minorité du dauphin. Par
l'une, ce prince déférait la première à la reine
son épouse, aux ducs de Berri, de Bourgogne,
de Bourbon, ses oncles, et au duc de Bavière,
son beau-frère (a). Par l'autre, il nommait à
la régence son frère Louis, duc d'Orléans et
comte de Valois, et déclarait en général que
si ce dernier venait à décéder avant la majorité
du dauphin, celui qui serait mis en son lieu,
serait tenu de se conformer à tout ce qu'il avait
prescrit touchant l'ordre et l'administration du
royaume (b).

Le 26 décembre 1407 est une époque remarquable dans l'histoire des Régences. Il fut
tenu, ce jour-là, un lit de justice, dans lequel
le roi fit publier un édit *perpétuel et irrévocable* que les publicistes ont appelé l'*Édit de
suppression des Régences*. Il porte « qu'à l'a-
venir les rois mineurs gouverneront par les

---

du Dr. publ. fr., tom. II, chap. IV, pag. 402. — Science
du Gouvern., tom. IV, chap. VIII, sect. 4.

(a) DUPUY. Traité de la Majorité des Rois, pag. 262.
(b) *Ibid*, pag. 111 et 112.

bons avis, délibération et conseil des reines leurs mères, si elles vivent, et des plus prochains du lignage et sang royal, qui lors seraient; et aussi par les avis, délibération et conseil des connétable et chancelier de France, des sages hommes du Conseil, qui seraient lors.... »; et, entre autres dispositions, le législateur ajoute : « Voulons et ordonnons que toutes les délibérations, appointemens et conclusions qui, par la manière dessus déclarée, seront faites et prises es faits, affaires et besongnes dessus touchés, soient advisées, prises et concluses, selon les voix et opinions de la greigneur et plus saine partie des plus prouchains et principaux des dits du sang royal et conseil, et selon ce qui sera dit et advisé pour et aux bien et prouffit de notre dit et autres ainsnés fils des susdits, dudit royaume, et des faits, affaires et besongnes devant dites ».

Nous avons vu aussi comment, pendant la minorité de Charles IX, le royaume fut gouverné par Catherine de Médicis en qualité de régente, et par le roi de Navarre en qualité de lieutenant-général du royaume (a).

***

(a) *Voy.* ci-dessus, vol. x, pag. 15 et 16.

Après la mort de Henri IV, le parlement de Paris, sur les conclusions de M. l'avocat-général Servin, déclare Marie de Médicis régente en France, « pour avoir l'administration des affaires du royaume pendant le bas-âge du roi son fils, *avec toute puissance et autorité* ».

Le lendemain, le roi, séant en son lit de justice, « proclame, conformément à l'arrêt du parlement, la reine sa mère, régente en France, pour avoir soin de l'éducation et nourriture de sa personne, et l'administration des affaires de son royaume pendant son bas-âge ».

Après la mort de Louis XIII, la reine Anne d'Autriche est aussi déclarée régente du royaume, dans un lit de justice tenu au parlement de Paris, pour avoir le soin de l'éducation et nourriture de la personne du roi, et l'*administration absolue, pleine et entière* des affaires du royaume, durant sa minorité.

Le testament de Louis XIV ne déférait pas la régence au duc d'Orléans ; il formait un Conseil de régence, et mettait le duc d'Orléans à la tête de ce Conseil : il déférait la tutelle à ce Conseil de régence, et cependant il chargeait le duc du Maine de l'éducation du jeune roi, et lui confiait le commandement des troupes de la maison du roi.

Le parlement, en modifiant les dispositions de ce testament, déclara le duc d'Orléans régent en France pour avoir l'administration du royaume pendant la minorité du roi, dont il lui déféra aussi la tutelle, en laissant seulement le soin de son éducation au duc du Maine. En cette occasion, cependant, après la prononciation de l'arrêt qui statuait sur la régence, les gens du roi dirent, entre autres choses : « qu'il n'était ni nouveau ni singulier de voir dans les familles particulières, l'éducation des mineurs séparée de la régie et administration des biens, et que les histoires étaient pleines d'exemples dans lesquels la régence du royaume et l'éducation des rois mineurs avaient été confiées à des personnes différentes; que c'était sans doute ces exemples qui avaient inspiré au roi défunt la pensée de remettre l'éducation du roi, son petit-fils, entre les mains de M. le duc du Maine ; que le vœu d'un père et d'un roi, qui était présumé mieux instruit que tout autre de ce qui pouvait être plus convenable à l'éducation de ses enfans, est

d'un si grand poids que, sans de puissantes raisons, il était difficile de ne pas se soumettre à la sagesse de ses dispositions » (a).

Ainsi nous voyons en effet la tutelle des rois mineurs, tantôt séparée de la régence, tantôt unie à elle.

En résumé, les enfans de Clodomir sont sous la tutelle de Clotilde leur aïeule, et leur royaume est gouverné par leurs oncles.

Clovis II est sous la tutelle de Nantilde sa mère, et son royaume a successivement pour régent Éga et Erchinoald.

La tutelle est encore séparée de la régence pendant la minorité de Clotaire III.

Elle l'est pareillement pendant les minorités de Charles-le-Simple et de Louis-le-Fainéant.

Charles V avait aussi séparé la régence de la tutelle dans le règlement qu'il avait fait pour la minorité de son fils.

Au contraire, la régence et la tutelle sont

(a) *Voy.* le Recueil général des pièces touchant l'affaire des Princes légitimes et des Princes légitimés, tom. 1, pag. 66. — GROTIUS. Droit de la guerre et de la paix, liv. 1, chap. III, § 15, note 2. — Répertoire de Jurisprudence, par Merlin, au mot *Régence.*

unies pendant les minorités de Childebert II,
de Clotaire II, de Sigebert, de Louis-le-Débonnaire, de Charles-le-Simple (après la mort
de Hugues l'abbé et la déposition de Charles-
le-Gros), de Lothaire, de Philippe Ier, de Philippe-Auguste, de Saint-Louis, de Charles IX,
de Louis XIII, de Louis XIV et de Louis XV
(le duc du Maine n'ayant été chargé que de
l'éducation du roi mineur).

La Constitution du 3 septembre 1791, et le
Sénatus-consulte organique du 28 floréal an XII
(18 mai 1804), reconnaissaient le principe de
la séparation de la régence et de la tutelle ou
garde et éducation du roi mineur. Voici quelles
étaient à cet égard leurs dispositions.

La Constitution du 3 septembre 1791 porte:
« Tit. III, chap. II, sect. 2, *art.* XVI. La régence du royaume ne confère aucun droit sur
la personne du roi mineur.

« *Art.* XVII. La garde du roi mineur sera
confiée à sa mère; et s'il n'a pas de mère, ou
si elle est remariée au temps de l'avènement
de son fils au trône, ou si elle se remarie pendant la minorité, la garde est déférée par le
Corps législatif.

7.

« Ne peuvent être élus pour la garde du roi mineur, ni le régent et ses descendans, ni les femmes ».

Le Sénatus-consulte organique du 28 floréal an XII porte :

« Tit. iv, *art.* 28. La régence ne confère aucun droit sur la personne de l'empereur mineur....

« *Art.* 30. La garde de l'empereur mineur est confiée à sa mère et à son défaut au prince désigné à cet effet par le prédécesseur de l'empereur mineur.

« Ne peuvent être élus pour la garde de l'empereur mineur, ni le régent et ses descendans, ni les femmes ».

Mais le Sénatus-consulte organique du 5 février 1813 apporta à ces dispositions des modifications et changemens importans. Il contient, entre autres choses, ce qui suit :

« Tit. i, *art.* 1. Le cas arrivant où l'empereur mineur monte sur le trône sans que l'empereur son père ait disposé de la régence de l'Empire, l'impératrice-mère réunit de droit à la garde de son fils mineur la régence de l'Empire.... ».

Le tit. iv est relatif à la formation d'un Conseil de régence et à la fixation de ses attributions.

Et le tit. v, concernant la garde de l'empereur mineur, porte : « *art.* 29, la surintendance de sa maison et la surveillance de son éducation sont confiées à sa mère.

« *Art.* 30. A défaut de la mère, ou d'un prince désigné par le feu empereur, la garde de l'empereur est confiée, par le Conseil de régence, à l'un des princes titulaires des grandes dignités de l'Empire.

« *Art.* 31. Ce choix se fait au scrutin, à la majorité absolue des voix ; en cas de partage, le régent décide ».

La Charte du 4 juin 1814 est encore absolument muette sur ce point.

Faut-il donc à l'avenir se reporter à cette ancienne législation que quelques hommes, pour ne la pas connaître, se représentent comme si entière et si parfaite qu'elle aurait pu, suivant eux, suffire à tous les siècles, que rien n'eût été tout à la fois et plus sage et plus facile que de la leur imposer ; mais qui cependant, ainsi que nous venons de le reconnaître, était

bien loin d'avoir encore à cet égard rien d'assez clair et d'assez positif pour qu'on put raisonnablement en espérer la stabilité? ou bien
pense-t-on qu'il convienne mieux d'adopter,
dans ces dispositions, ainsi qu'on l'a fait en
plus d'une autre, le système prétendu organique, et toutefois non moins vacillant et non
moins précaire, du dernier Gouvernement impérial?

Ou si au contraire, (et il y a lieu de l'espérer),
le Législateur plus éclairé aperçoit par la suite
les dangers inévitablement attachés à l'une
comme à l'autre de ces deux hypothèses ex-
trêmes, que doit-il en résulter si ce n'est l'a-
doption du principe de la séparation de la régence du royaume et de la tutelle du prince,
que la Constitution du mois de septembre 1791
a consacré, et que le Droit prescrit, parce que
la raison et la prudence le recommandent?

De cette règle première et essentielle, la
séparation de la Régence et de la Tutelle, il
importe de passer, ainsi que nous allons le
faire, à l'examen particulier 1° de la nature,
de l'étendue, de la force ou des conséquences,
de la forme et de la durée des fonctions de la

Régence ; 2° de la nature, de l'étendue, de la force ou des conséquences, de la forme et de la durée des fonctions de la Tutelle.

1° Nature et objet, étendue et exercice, force et consé-
quences, forme, durée des fonctions de la Régence.

1°. Quant à la *Nature* des fonctions de la Régence, il suffit pour la connaître de considérer quel est son *objet*. Or, la distinction que nous venons d'établir indique clairement que cet objet est relatif à l'administration du royaume, à l'exercice de l'autorité royale, tant sous le rapport de la participation obligée qu'elle doit avoir relativement aux attributions de la puissance législative, que sous le rapport du mouvement, de l'action qui lui appartient relativement aux attributions de la puissance exécutive.

On se rappelle assez les développemens contenus dans le paragraphe Ier de ce même titre (a), pour que cette définition soit facilement comprise, et pour qu'il suffise d'y ajouter quelques réflexions sur l'étendue et l'exercice

_____

(a) *Voy.*, entre autres, vol. VIII, pag. 7 *et suiv.*

de cette même autorité déposée entre les
mains du régent, et sur les autres propositions
subséquentes que nous examinerons.

2°. *Étendue et exercice de la Régence.* « Naturellement, dit le nouveau Répertoire de jurisprudence, le pouvoir du régent, pendant
la minorité, l'absence ou la maladie du monarque, doit être le même que celui d'un monarque majeur, présent et jouissant de toutes
ses facultés. Celui qui tient la place du souverain doit exercer tous les droits de la souveraineté » (a). En effet on comprend combien
il importe au salut de l'État, à la prospérité
publique, que la marche du Gouvernement et
l'action de l'Administration ne soient point entravées et suspendues. Le roi ne meurt jamais;
donc, aucune stagnation ou interruption ne
devrait faire apercevoir son absence.

Mais on conçoit aussi que, dans les pays où
l'autorité royale, quoique considérée comme
héréditaire, est cependant sans règles de droit,
sans limites fixes et constantes, ce n'est pas

(a) *Voy.* le Répertoire de Jurisp., par M. Merlin, au
mot *Régence.*

sans quelque danger pour le respect et l'existence même de ce principe d'hérédité, et, par
suite, pour la tranquillité et la paix de la société, que l'on confie, pendant la durée d'une
minorité, cette même autorité despotique, in-
définie ou mal circonscrite, au plus proche parent du roi mineur.

Il est donc naturel et comme nécessaire de
chercher alors à restreindre la puissance des
Régens par des ordonnances, des déclarations,
des édits, au risque de paralyser l'administration et de porter un préjudice notable à la
chose publique; et si nous consultons encore
l'histoire de la Monarchie française sur ce point,
nous reconnaîtrons que ce fut en effet l'appréhension de ce danger qui dirigea la conduite
de Charles V, relativement aux modifications
et restrictions dans lesquelles il chercha à renfermer la puissance du duc d'Anjou, en lui
conférant la régence.

Jusque-là, on ne trouve qu'exemples et faits
discordans et contradictoires.

Il y eut des circonstances, nous l'avons déja
vu, où l'on reconnut tellement que la puissance du régent n'avait point de bornes que

l'héritier du trône n'était pas même déclaré ni reconnu comme roi pendant sa minorité.

Dans d'autres occasions, au contraire, on mit immédiatement les nouveaux monarques en possession apparente de la royauté, dans l'espérance d'assurer leurs droits et d'apporter par là quelque limitation au pouvoir du régent; mais, malgré le couronnement et le sacre du roi mineur, c'était toujours le régent qui régnait en son nom, au moins jusqu'à la majorité du roi; c'était du sceau du régent et en son nom que se scellaient et s'expédiaient les actes, les chartres et les diplômes. Tous les monumens de l'histoire l'attestent, et l'on en voit la preuve, entre autres, soit dans la chartre de Louis-le-Débonnaire pour le partage de l'Empire entre ses enfans, soit dans le réglement du parlement de France pour la régence de Philippe-le-Long.

Cet ancien usage de déclarer roi pendant sa minorité le prince héritier de la Couronne, usage auquel on avait dérogé depuis long-temps, fut renouvelé pendant la minorité de Charles-le-Simple, et cependant Charles-le-Gros et après lui Eudes, qui n'étaient que régens du royaume, gouvernèrent en rois, comme exerçant une autorité qui leur était propre, datèrent leurs diplômes de l'année de leur règne, et furent même comptés par plusieurs de nos historiens au nombre des rois (*a*).

Charles V, devenu roi, et sentant l'inconvénient de la puissance illimitée des régens, rendit l'ordonnance qui faisait cesser la minorité des rois à quatorze ans, et voulut pourvoir par des règlemens particuliers, dont nous avons déja parlé (*b*), à l'administration des affaires pendant la minorité de son fils; il apporta plusieurs modifications à l'autorité du régent qu'il nommait; il lui défendit de faire aucune aliénation, sous quelque prétexte que ce fût; il ordonna que ce qui resterait des re-

---

(*a*) (*Voy.* entre autres, le Glossaire de Ducange, au mot *Héredes;* Albéric, Chron. *ad ann.* 994; Bussières, Hist. de France, liv. vi, pag. 467; et Grotius, Droit de la Guerre et de la Paix. Trad. de Barbeyrac; tom. i, liv. i, chap. iii, § xi, n. 2, n. 8).

Dans l'Empire d'Allemagne, Philippe gouverna aussi en qualité de souverain, pendant la minorité de Frédéric II. (Grotius, *ibid.;* et Chron. de l'abbé d'Ursperg, p. 319, et celle de Godofridus, *ad ann.* 1196).

(*b*) *Voy.* ci-dessus, entre autres, pag. 14.

venus du royaume, les charges acquittées,
serait déposé entre les mains de Bureau de la
Rivière, pour être remis au Roi lorsqu'il serait
majeur; et enfin il forma un Conseil de tutelle, composé de ce qu'il y avait de plus il-
lustre dans les trois ordres de la nation. « Sur
ce dernier point, dit encore le Répertoire de
jurisprudence, Charles V n'introduisait, à proprement parler, rien de nouveau; il avait devant les yeux deux exemples qui peut-être lui
donnèrent l'idée de l'établissement de ce Conseil de régence. Le premier était celui de
Louis VII, qui, avec le concours des barons
assemblés à Vézelay, avant son départ pour la
Terre-Sainte, avait laissé plusieurs seigneurs
pour Conseil aux deux régens qui devaient
gouverner en son absence. L'autre exemple
est celui de Philippe-le-Hardi, qui donna par
sés ordonnances de 1270 et 1271 un Conseil
au régent qu'il établissait, en cas qu'il vînt à
mourir pendant la minorité de son successeur. »

On sait, au surplus, combien fut trompée
la prévoyance de Charles; on connaît les mal-
heurs et les troubles qui déchirèrent la France

sous le règne ou plutôt pendant l'enfance perpétuelle de Charles VI.

Ce prince, comme son père, crut à l'utilité
des Conseils de régence pour limiter l'autorité
du régent, et il en donna un à chacun des
régens dont il fit successivement choix pour
gouverner pendant sa maladie. Il alla plus loin
encore, et par l'édit du 26 décembre 1407, il
supprima pour toujours le titre de régent, et
voulut qu'à l'avenir les fonctions en fussent
exercées par un Conseil à la pluralité des voix,
et que le nom des rois mineurs fut employé
dans tous les actes de la souveraineté, et dans
l'administration du royaume, comme s'ils eussent été majeurs.

La régence établie, ou plutôt projettée, par
le testament de Louis XII, du 31 mai 1505,
se rapprochait des dispositions de l'édit de
1407. « Voulons, ordonnons et déclarons, portait cet acte, que tous et chacun les grands et
principaux faits et secrètes affaires du royaume
soient conduits et traités par notre compagne la
reine et par notre très-chère amée sœur la comtesse d'Angoulême ensemblement, lesquelles
entendons y appeler avec elles, pour ce faire,

notre très-cher et très-amé cousin le cardinal d'Amboise, légat apostolique en notre royaume, notre très-cher et amé cousin le comte de Nevers, notre amé et féal chancelier, notre très-cher et amé cousin sieur de la Trémouille, premier chambellan, et maître Florimont Robertet, notre notaire et secrétaire et trésorier de France ».

On voit que Louis XII ne donnait à personne le titre de régent ; qu'à la vérité il en conférait le pouvoir à deux princesses, mais qu'il les obligeait de prendre sur la manière d'en user l'avis d'un Conseil dont il nommait lui-même les membres.

Pendant la minorité de Louis XV, il s'éleva, à l'occasion de l'affaire des princes légitimés, une question sur l'étendue et l'usage que le régent pouvait faire de la puissance souveraine ; c'était de savoir si cette affaire pouvait être décidée pendant la minorité du roi, et il fut alors reconnu solennellement que le régent pouvait, sous le nom du roi mineur et avec l'assistance du Conseil, tout ce qu'eût pu le roi lui-même, s'il eût été en âge de majorité.

Sous un Gouvernement constitutionnel où l'existence des chambres, la nature et la force de toutes les institutions, soutiennent et consolident l'autorité royale, en la plaçant sur ses bases et la circonscrivant dans ses justes et véritables limites, cette décision peut et doit être admise comme principe, non pas en ce qui concerne l'existence d'un Conseil (nous aurons bientôt lieu d'aprofondir cette autre question), mais en ce qui est relatif à la fixation de l'étendue et de l'exercice des fonctions du régent. Par cela que l'autorité royale ne reçoit aucune extension au delà des bornes qui lui sont propres et nécessaires pour atteindre son but, elle peut d'une part être remise entre les mains du régent, sans qu'il y ait lieu d'appréhender de l'exercice de cette autorité par celui-ci les inconvéniens qu'il aurait dans un Gouvernement mal constitué; et de l'autre, au contraire, on ne peut rien en retrancher, qu'on ne l'énerve et qu'on ne porte ainsi une dangereuse atteinte à l'énergie, à la force du Gouvernement même.

Cette règle avait donc été sagement érigée en loi par la Constitution de 1791, laquelle porte:

« Tit. iii, chap. ii, sect. 2, *art.* 11. Le régent exerce, jusqu'à la majorité du roi, toutes les fonctions de la royauté, et n'est pas personnellement responsable des actes de son administration » (*a*).

Le Sénatus-Consulte du 28 floréal an XII et celui du 5 février 1813, apportèrent à cette disposition fondamentale des modifications dont on ne peut pas être surpris, d'après la direction que le Gouvernement avait prise alors et qui le conduisait rapidement à sa perte, quelques précautions exagérées autant que vaines qu'il prit d'ailleurs pour se garantir et se conserver.

Le premier de ces Sénatus-Consulte portait, entre autres dispositions :

« Tit. iv, *art.* 23. Aucun Sénatus-Consulte organique ne peut être rendu pendant la ré-

---

(*a*) Cette même Constitution portait encore :

« Tit. iii, chap. iv, section 1re., *art.* 4. Si le roi est mineur, les lois, proclamations et autres actes émanés de l'autorité royale, pendant la régence, seront conçus ainsi qu'il suit : N. (*le nom du régent*), régent du royaume, au nom de N. (*le nom du roi*) par la grâce de Dieu et par la Loi constitutionnelle de l'État, roi des français, etc., etc. ».

gence, ni avant la fin de la troisième année qui suit la majorité.

« *Art.* 24. Le régent exerce jusqu'à la majorité de l'empereur toutes les attributions de la dignité impériale.

« Néanmoins il ne peut nommer ni aux grandes dignités de l'Empire, ni aux places de grands officiers qui se trouveraient vacantes à l'époque de la régence, ou qui viendraient à vaquer pendant la minorité, ni user de la prérogative réservée à l'empereur d'élever des citoyens au rang de sénateurs.

« Il ne peut révoquer ni le grand-juge, ni le secrétaire d'état.

« *Art.* 25. Il n'est pas personnellement responsable des actes de son administration.

« *Art.* 26. Tous les actes de la régence sont au nom de l'empereur mineur.

« *Art.* 27. Le régent ne propose aucun projet de loi ou de Sénatus-Consulte, et n'adopte aucun règlement d'administration publique, qu'après avoir pris l'avis du Conseil de régence, dont les membres, pour ce seul cas, ont voix délibérative. La délibération a lieu à la majorité des voix; et, s'il y a partage, elle passe à l'avis du régent.

« Le ministre des relations extérieures prend séance au Conseil de régence, lorsque ce Conseil délibère sur des objets relatifs à son département.

« Le grand-juge ministre de la justice peut y être appelé par l'ordre du régent.

« Le secrétaire d'état tient le registre des délibérations....

« *Art.* 29. Le traitement du régent est fixé au quart du montant de la liste civile ».

Le Sénatus-Consulte du 5 février 1813 contenait les dispositions suivantes :

« Tit. I, *art.* 7. Tous les actes de la Régence sont au nom de l'empereur mineur....

« Tit. III, *art.* 11. Jusqu'à la majorité de l'empereur, l'impératrice-régente ou le prince-régent exerce, pour l'empereur mineur, toute la plénitude de l'autorité impériale....

« *Art.* 13. L'impératrice-régente nomme aux grandes dignités, aux grands offices de l'empire et de la couronne, qui sont ou qui deviennent vacans durant sa régence.

« *Art.* 14. L'impératrice-régente ou le régent

nomment, révoquent tous les ministres, sans exception, et peuvent élever des citoyens au rang de sénateurs, conformément à l'*art.* 57 de l'acte des constitutions du 18 mai 1804 », (et en contradiction directe à l'*art.* 24 du tit. IV du sénatus-consulte du 28 floréal an XII).

« Tit. IV, sect. I, *art.* 19. Le Conseil de régence est composé du premier prince du sang, des princes du sang, oncles de l'empereur, et des princes grands dignitaires de l'empire.

« *Art.* 20. S'il n'existe qu'un prince, oncle de l'empereur, ou s'il n'en existe pas du tout, un prince français, dans le premier cas, et deux dans le second, les plus proches parens de l'empereur dans l'ordre de l'hérédité, ont entrée au Conseil de régence.

« *Art.* 21. L'empereur, soit par ses lettres-patentes, soit par son testament, ajoute au Conseil de régence le nombre de membres qu'il juge convenable.

« *Art.* 22. Aucun des membres du Conseil de régence ne peut être éloigné de ses fonctions par l'impératrice-régente ou le régent.

« *Art.* 23. L'impératrice-régente ou le régent préside le Conseil de régence, ou délègue,

8.

pour présider à sa place, un des princes français ou un des princes grands dignitaires.

« Sect. 2, *art.* 24. Le Conseil de régence délibère nécessairement à la majorité absolue des
voix : 1° sur le mariage de l'empereur ; 2° sur
les déclarations de guerre, la signature des
traités de paix, d'alliance ou de commerce ;
3° sur toute aliénation ou disposition, pour
former de nouvelles dotations, des immeubles
ou des valeurs immobilières, composant le
domaine extraordinaire de la couronne ; 4° sur
la question de savoir s'il sera nommé, par le
régent, à une ou plusieurs des grandes dignités
de l'empire, vacantes durant la minorité.

« *Art.* 25. Le Conseil de régence fait les
fonctions de Conseil privé, tant pour les recours en grace, que pour la rédaction des sénatus-consultes.

« *Art.* 26. En cas de partage, la voix de
l'impératrice ou du régent est prépondérante.

« Si la présidence est exercée par délégation,
l'impératrice-régente ou le régent décide.

« *Art.* 27. Sur les autres affaires envoyées à
son examen, le Conseil de régence n'a que
voix consultative.

« *Art.* 28. Le ministre secrétaire d'état tient la plume aux séances du Conseil de régence, et dresse procès-verbal de ses délibérations» (*a*).

***

(*a*) Des lettres-patentes du 30 mars 1813, apportèrent de nouvelles modifications et additions à ces dispositions, en statuant ce qui suit : Voulant donner à notre bien-aimée épouse l'impératrice et reine Marie-Louise, des marques de la haute confiance que nous avons en elle ; nous avons résolu de l'investir, comme nous l'investissons par ces présentes, du droit d'assister aux Conseils du cabinet, lorsqu'il en sera convoqué pendant la durée de notre règne, pour l'examen des affaires les plus importantes de l'État ; et attendu que nous sommes dans l'intention d'aller incessamment nous mettre à la tête de nos armées, pour délivrer le territoire de nos alliés, nous avons résolu de conférer, comme nous conférons par ces présentes, à notre bien-aimée épouse l'impératrice et reine le titre de régente, pour en exercer les fonctions en conformité de nos intentions et de nos ordres, tels que nous les aurons fait transcrire sur le livre d'État, entendant qu'il soit donné connaissance aux princes grands-dignitaires et à nos ministres desdits ordres et instructions, et qu'en aucun cas l'impératrice ne puisse s'écarter de leur teneur, dans l'exercice des fonctions de régente.

« Voulons que l'impératrice-régente préside en notre nom, le Sénat, le Conseil d'état, le Conseil des ministres et le Conseil privé, notamment pour l'examen des recours en grâce, sur lesquels nous l'autorisons à pronon-

Nul article de la Charte du 4 juin 1814 n'a pour but de fixer à ce sujet le Droit constitutionnel en France. Il faudra donc un jour y suppléer, et proclamer, ainsi que l'a fait la constitution de 1791, le principe que le régent doit exercer toutes les fonctions de la royauté.

3°. *Force et conséquences des fonctions de la Régence.* Ce qui vient d'être exposé relativement à la nature ou à l'objet, à l'étendue et à l'exercice des fonctions de la régence, renferme et indique déjà assez clairement la solution des questions qui se présentent à résoudre sous cet autre rapport, celui de la force et des conséquences des fonctions de la régence.

En effet, s'il importe au bien public et à la prospérité de l'État que la marche du Gouvernement, la conduite et l'action de l'administration, des affaires publiques et particu-

---

cer, après avoir entendu les membres du Conseil privé. Toutefois notre intention n'est pas que, par suite de la présidence conférée à l'impératrice-régente, elle puisse autoriser par sa signature, la présentation d'aucun sénatus-consulte, ou proclamer aucune loi de l'État, nous référant à cet égard au contenu des ordres et instructions mentionnées ci-dessus ».

lières, ne soient pas entravées et interrompues pendant le temps des minorités, il n'est pas moins nécessaire d'en éloigner le provisoire, l'incertitude, l'instabilité, qui résulteraient nécessairement de la faculté réservée au prince après son retour, ou ayant recouvré la santé, ou devenu majeur, de confirmer ou d'annuler à son gré les résolutions prises, les actes publiés sous sa régence.

Si ces actes entrent dans la sphère et l'exercice des attributions de la puissance législative, il est évident qu'ils ne peuvent être rapportés ou modifiés que par de nouvelles dispositions législatives délibérées, prises et proclamées avec le consentement des Chambres et revêtues de toutes les formes nécessaires pour la validité et la promulgation des lois, et sans pouvoir conséquemment produire aucun effet rétroactif ni préjudicier en rien aux droits acquis par suite des lois et résolutions antérieurement publiées au nom du roi mineur par l'intermédiaire du régent, son représentant.

S'agit-il, au contraire, d'actes et de mesures de pure exécution, il n'est pas moins constant

que ces actes, s'ils ont été faits en conformité
des lois existantes et pour en assurer l'exécution, ne peuvent être détruits par de nouvelles
mesures qui se trouveraient en contradiction
avec ces mêmes lois, et que surtout ils ne doivent pas non plus anéantir, par un effet également préjudiciable, les droits consacrés et
régulièrement acquis et possédés en vertu des
actes faits en conformité de ces lois pendant
la régence.

La citation suivante prouvera que, si les
faits peuvent encore ici, comme sur presque
toutes les questions de la matière, tantôt appuyer et tantôt contredire cette solution de
raison, de droit, d'équité, les auteurs ont du
moins émis l'opinion conforme au principe
qui en découle. « La régence finie, est-il nécessaire, dit le Répertoire de jurisprudence,
que le roi confirme les actes de souveraineté
qui ont été faits en son nom par le dépositaire
momentané de sa puissance?

« Philippe-le-Hardi, à son retour en France,
ratifia quelques chartes données, pendant son
absence, par Mathieu de Vendôme et Simon
de Nesle, régens du royaume.

Philippe-le-Bel, en 1287, confirma une charte accordée par les mêmes, en juillet 1285, pendant que son père était en Arragon.

« Mais ce ne sont là que des confirmations particulières, et c'est ce qui prouve qu'elles n'étaient demandées et accordées que par surabondance.

« Le roi Jean, à son retour d'Angleterre, envisagea les choses autrement : il crut que les actes de souveraineté exercés par le régent pendant son absence, avaient besoin de sa ratification; et il les ratifia en effet par des lettres-patentes du 14 octobre 1360, qui sont citées par Brillon, dans son Dictionnaire des Arrêts, au mot *Régent.*

« Du reste, on ne trouve pas qu'il en ait été usé de même, relativement à aucune des régences qui ont été administrées pendant les minorités. Pourquoi cette différence? C'est, selon Villaret (*a*), parce que, dans ce dernier cas, les constitutions et les lois du royaume ayant appelé au gouvernement de l'État celui qui a rempli les fonctions de souverain, ces

_____

(*a*) Hist. de France, tom. IX, *édit.* in-12.

mêmes lois sont censées avoir confirmé tous les actes qui sont émanés de l'autorité qui lui a été confiée, au lieu que celui qui gouverne pour absence ou maladie, n'est régent qu'accidentellement, et pour ainsi dire par prêt.

« Nous n'avons pas besoin d'avertir les publicistes et les jurisconsultes que cette raison n'est absolument qu'un jeu d'imagination; il vaut mieux reconnaître tout uniment que la différence que Villaret a voulu justifier n'existe pas, et que, dans l'exactitude des principes, il n'est pas plus nécessaire de confirmation pour les actes émanés des régences administrées pendant l'absence ou la maladie du prince, que pour les actes émanés des autres régences » (a). Telle est en effet la solution, la règle qu'il faut admettre.

4° *Forme de la Régence.* Le principe à établir relativement à la forme de la régence résulte aussi, au moins d'une manière implicite, de ce qui précède.

Nous avons dit que, dans la vue de régler et modérer la puissance des régens, les rois

_____

(a) Répert. de Jur., par M. Merlin, au mot *Régence.*

et les publicistes ont pensé qu'il pouvait être utile de créer et d'adjoindre à la Régence un Conseil de régence.

Louis VII, avant son départ pour la Terre-Sainte, Philippe-le-Hardi, par ses ordonnances de 1270 et 1271, Charles V, à leur exemple, en agirent ainsi.

« Charles VI sentit, comme son père, dit encore l'auteur qui vient d'être cité, l'utilité des Conseils de régence » (a); et, en effet, par l'édit de 1407, ce prince voulut même que les fonctions de la régence fussent exercées par un Conseil, à la pluralité des voix.

Louis XII, par son testament du 31 mai 1505, soumettait la reine sa femme et la comtesse d'Angoulême sa sœur, auxquelles il conférait les fonctions de la régence, à prendre l'avis du Conseil dont il avait nommé les membres.

Le 30 août 1714, Louis XIV, voyant approcher la fin de sa carrière, envoya au parlement de Paris son testament avec un édit qui en

_____

(a) Répert. de Jur., par M. Merlin, au mot *Régence.*

ordonnait le dépôt au greffe, et défendait de l'ouvrir avant sa mort. Par ce testament, qui était du 2 du même mois, le roi, fidèle observateur de l'édit de 1407, ne nommait point de régent, mais il établissait un Conseil de régence, dont le duc d'Orléans, premier prince du sang devait être le chef. Ce Conseil devait être composé des princes du sang qui auraient atteint l'âge de vingt-quatre ans, des ministres d'état, des maréchaux de Villeroi, de Villars, d'Harcourt, d'Uxelles et de Tallard ; et le nombre ne pouvait jamais en être augmenté, même en cas de mort d'aucun d'eux. Le roi avait déclaré, par le même acte, que toutes les affaires seraient décidées dans ce Conseil, à la pluralité des voix.

Nous avons vu aussi combien à cet égard les évènemens ont en général mal répondu à l'attente du Législateur. Sa prévoyance, en agissant ainsi, fut presque toujours une source féconde de dissensions, de troubles, de désordres, ou, dans d'autres circonstances, elle demeura sans exécution. De sorte que, s'il fallait n'en juger que par la connaissance des résultats, on pourrait déja en conclure avec certitude l'inutilité et même les dangers d'une semblable institution (*a*).

(*a*) Ce qui se passa en 1729, est propre à faire entrevoir combien il y a d'ailleurs peu de fonds à faire, du moins dans un Gouvernement mal constitué, sur l'existence d'un Conseil de régence pour atteindre le but dans la vue duquel il aurait été institué. En effet, suivant l'édit de 1715, le Régent ne devait rien ordonner qu'après en avoir communiqué au Conseil de régence ; et cependant, le 20 mai 1720, il porta seul et sans la participation de ce Conseil, un arrêt qui réduisait les billets de banque à la moitié de leur valeur ; et il ne fallut rien moins que les plaintes du duc de Bourbon, du prince de Conti et du maréchal de Villeroi, les murmures du peuple et les remontrances très pressantes du Parlement, pour le faire révoquer huit jours après.

Une autre remarque à faire est celle-ci : l'arrêt rendu par le Parlement après la mort de Louis XIV, pour déférer au duc d'Orléans la régence, *sous l'assistance d'un Conseil,* n'eut pas plutôt été confirmé par l'édit du lit de justice du 12 du mois de septembre 1715, que par une conséquence et une sorte d'analogie naturelle, le duc d'Orléans s'occupa de la formation des Conseils particuliers qui devaient remplir les fonctions précédemment attribuées aux ministres ou secrétaires d'état ; et dès le 15, il parut sur ce point une déclaration que le Parlement de Paris enregistra le 16. Mais la forme donnée par cette déclaration aux rouages secondaires du Gouvernement, ne tarda pas à avoir de si mauvais

Les rédacteurs de la Constitution du mois de septembre 1791, furent convaincus sans doute de cette vérité : car il est remarquable que cette Constitution, d'ailleurs bien loin de la perfection désirable et possible, et trop inclinée vers la démocratie, n'ajoutait pas du moins cette défectuosité à celles qu'elle renfermait déja.

Et ce qui n'est pas moins remarquable, c'est que le Sénatus-Consulte du 28 floréal an XII admet, au contraire, ou suppose l'existence d'un Conseil de régence composé des titulaires des grandes dignités de l'Empire, sans le concours et la déclaration duquel le régent ne pouvait déclarer la guerre, ni signer des traités de paix, d'alliance ou de commerce; c'est, de plus, que le Sénatus-Consulte du 5 février 1813 étend, ainsi que nous l'avons vu, les attributions de ce Conseil (a).

---

résultats, qu'elle fut modifiée quelques années après, en 1718, par l'abolition de ces Conseils particuliers; et que les affaires furent alors distribuées de nouveau à des secrétaires d'état, comme elles l'avaient été précédemment.

(a) *Voy.* ci-dessus, pag. 113, 114 *et suiv.*

Ainsi, de là résulterait encore la preuve que, dans tout Gouvernement qui tend au despotisme ou qui est déja parvenu à l'envahissement, à la concentration des pouvoirs, l'excès d'autorité qui en résulte devient bientôt redoutable pour ceux-là mêmes qui l'exercent ou qui doivent un jour l'exercer, et qu'on se croit alors forcé d'y chercher remède dans un faux système d'organisation, dans l'admission d'un principe opposé, mais vicieux et qui de sa nature est tel qu'il ne peut remédier à rien.

Pour démontrer, au surplus, par le secours seul du raisonnement et pourtant d'une manière évidente, l'inutilité et même le danger d'un Conseil de régence, il suffit de ce dilemme fort simple : ou bien ce Conseil de régence ne sera rien autre chose que ce que doit être un Conseil, c'est-à-dire qu'il n'aura pas voix délibérative mais seulement consultative; alors, et s'il existe déja, comme cela doit être pour la régularité de l'organisation sociale, des Chambres représentatives et un Conseil d'état institué par le Pacte fondamental sur des bases constitutionnelles et de droit, dans le but d'assurer l'action de l'autorité royale, tant sous le rapport de sa participation aux attributions de la puissance législative, que sous celui du plein exercice de la puissance exécutive, à quoi bon compliquer les ressorts de l'organisation par une espèce de superfétation instantanée, par une institution bornée par sa nature même à quelques années de durée, et dont les fonctions ne seraient qu'un véritable empiètement d'une partie importante des attributions naturelles d'institutions indispensables, permanentes et recommandées par le droit? Ou bien, ce même Conseil de régence aura plus que voix consultative, il statuera à la pluralité des voix; et alors les inconvéniens seront bien autrement graves et nombreux : c'est cependant les signaler encore en peu de mots que de dire, avec un auteur précédemment cité, « que le Gouvernement devient, dans ce cas, une véritable oligarchie » (a). En vain espérerait-on en prévenir ou en pallier les conséquences funestes, en donnant voix prépondérante au régent en cas de partage; c'est toujours mettre

(a) *Voy.* ci-dessus, pag. 36.

hors de place la délibération, l'introduire in-considérément et sans raison dans les élé-mens de l'organisation du premier mobile d'exécution ; de sorte qu'il ne peut naturelle-ment en résulter que lenteurs, entraves, hé-sitation et contradiction, défaut d'ensemble, d'unité, de force, d'harmonie, et, par suite, déconsidération, mépris et anarchie.

Quelques faits, au besoin, pourraient en-core venir à l'appui de ces vues fondées sur les vérités, les bases et les certitudes les plus évidentes du Droit (*a*).

5°. *Durée de la Régence.* Nous venons de reconnaître que l'autorité royale ne doit ja-mais être ni interrompue ni entravée ; il faut ajouter que cette même autorité ne doit pas même être considérée comme pouvant som-meiller un seul instant, et qu'en ce sens on a raison de poser en principe que le roi ne meurt pas.

Ainsi, dans les cas d'absence du chef de la Monarchie, les fonctions du régent doivent commencer à compter du jour même où le

---

(*a*) *Voy.* entre autres, ci-dessus, pag. 225, note *a*.

monarque a quitté le territoire national, et se trouve par là dans une position telle, que sa liberté, son indépendance morale, peut devenir l'objet d'un doute ; et par les mêmes raisons, elles doivent durer jusqu'à ce que toute crainte, toute incertitude à cet égard soit dissipée par son retour au sein de la patrie.

Dans les cas de démence, ou d'incapacité pour cause de maladie ou infirmité, les fonctions de la régence doivent commencer du jour où cet état d'incapacité, constaté dans un Conseil de famille, aura été déclaré par les deux Chambres; et elles doivent durer jusqu'à ce que le retour à la santé ait été constaté, reconnu et déclaré avec les mêmes formalités convenables et déterminées.

Enfin, dans les cas de minorité, les fonctions du régent commenceront au moment même de la mort du prédécesseur du roi mineur; et elles cesseront de plein droit le jour même où celui-ci atteindra sa majorité.

Pendant la durée de la régence, aucune cause étrangère à la personne du régent ne doit interrompre ses fonctions ou l'exclure de la régence; la Constitution du mois de septembre 1791 et le Sénatus-Consulte du 28 floréal an XII se conformaient à ce principe, lorsqu'ils portaient, à peu près dans les mêmes termes, savoir :

La Constitution de 1791;

« Tit. III, chap. II, sect. 2, *art.* 15. Si, à raison de la minorité d'âge du parent appelé à la régence, elle a été dévolue à un parent plus éloigné, ou déférée par élection, le régent qui sera entré en exercice continuera ses fonctions jusqu'à la majorité du roi » :

Et le Sénatus-Consulte du 28 floréal an XII;

« Tit. IV, *art.* 22. Si, à raison de la minorité d'âge du prince appelé à la régence dans l'ordre de l'hérédité, elle a été déférée à un prince plus éloigné, ou à l'un des titulaires des grandes dignités de l'Empire, le régent entré en exercice continue ses fonctions jusqu'à la majorité de l'empereur ».

Le Sénatus-Consulte du 5 février 1813 statuait ainsi :

« Tit. III, *art.* 12. Les fonctions de l'impératrice-reine ou du prince-régent commencent au moment du décès de l'empereur....

« *Art.* 17. Si l'empereur mineur décède laissant la Couronne à un empereur mineur d'une autre branche, le prince-régent conservera l'exercice de la régence jusqu'à la majorité du nouvel empereur.

« *Art.* 13. Le prince français ou le prince grand-dignitaire qui exerce la régence, par défaut d'âge ou autre cause d'empêchement du prince appelé avant lui à la régence par les Constitutions (*a*), conserve la régence jusqu'à la majorité de l'empereur.

« Le prince français qui s'est trouvé empêché, pour quelque cause que ce soit, d'exercer la régence au moment du décès de l'empereur, ne peut, l'empêchement cessant, reprendre l'exercice de la régence ».

2° *Nature, étendue, force, forme et durée de la Tutelle.*

Après avoir examiné les questions qui sont à résoudre relativement à la régence du royaume sous les divers points de vue qui précèdent, il convient de considérer celles qui concer-

_____

(*a*) C'est-à-dire par le Sénatus-Consulte organique du 18 floréal an XII, tit. IV, *art.* 20 et 21, et par le Sénatus-Consulte organique du 5 février 1813, tit. I, *art.* 3 *et suiv.*

nent la tutelle du prince sous les mêmes rapports.

1. 2. 3. Si, pour reconnaître quelle est la nature des fonctions de la régence, il suffit de savoir quel est son objet ; si, de cet examen, il résulte que ces fonctions doivent comprendre tout ce qui est relatif à l'administration du royaume, on voit clairement, par le même rapprochement, quelles doivent être aussi la nature, l'étendue ou la force des fonctions de la tutelle ; on reconnaît qu'elles doivent se concentrer sur tout ce qui peut être relatif à la garde et à l'éducation de la personne du roi mineur.

Après la mort de Louis XIV, il s'éleva à ce sujet une difficulté sur l'exécution de son testament entre le duc d'Orléans, qu'il avait institué président du Conseil de régence, et auquel le parlement venait de déférer la qualité de régent, et le duc du Maine, auquel le roi défunt confiait l'éducation de son fils. Il s'agissait de savoir à qui du régent ou du duc du Maine appartiendrait le commandement direct des troupes destinées à la garde et au service de la maison du roi.

D'une part, le régent exposait : « Qu'il connaissait que l'éducation du roi était remise en de très-bonnes mains, puisqu'elle était donnée à M. le duc du Maine. Mais qu'il avait sur cela deux réflexions à faire faire à la Cour :

« La première qu'il ne pouvait voir déférer à un autre qu'à lui, Régent, le commandement des troupes de la maison du roi ; que la défense du royaume résidait dans la personne du régent, et qu'il devait par conséquent être le maître, d'un moment à l'autre, de faire marcher les troupes, et même celles de la maison du roi, partout où le besoin de l'État l'exigerait ; qu'ainsi, il demandait le commandement entier des troupes, même de celles de la maison du roi.... ».

A quoi le duc du Maine répondit en ces termes : « Je suis persuadé, ou du moins je veux me flatter, qu'en ce qui peut avoir rapport à moi dans la disposition testamentaire du feu roi, de glorieuse mémoire, M. le duc d'Orléans n'est pas blessé du choix de ma personne pour l'honorable emploi auquel je suis appelé ; et qu'il ne l'est que sur les choses qu'il croit préjudiciables à l'autorité qu'il doit avoir

et au bien de l'État, et que par conséquent,
ne considérant que ces deux points, il se fera
un honneur et un plaisir, dans ce qui n'inté-
ressera ni l'un ni l'autre, d'aller au plus près
des dernières volontés de Sa Majesté. J'avais
bien senti, et même j'avais pris la liberté de
le représenter au roi, lorsqu'il me fit l'honneur de me donner, peu de jours avant sa
mort, une notion de ce qu'il me destinait,
que le commandement continuel de toute sa
maison militaire, était fort au-dessus de moi;
mais il me ferma la bouche, en me disant que
je devais respecter toujours ses volontés. Je
ne crois donc pas avoir la liberté de m'en dé-
sister. J'assure cependant que c'est sans aucune peine que je vois discuter cet article;
que je sacrifierai toujours très-volontiers mes
intérêts au bien et au repos de l'État; que je
ne ferai point de difficulté de me soumettre à
ce qui sera décidé, osant seulement demander que, s'il est conclu qu'il faille changer
quelque chose à cet article, on détermine le
titre de l'emploi qu'il a plu à Sa Majesté de me
donner; qu'on fasse un règlement stable et
authentique sur les prérogatives qui me seront

attribuées; et qu'avant qu'il y soit procédé, je puisse dire encore ce que je crois ne pouvoir me dispenser de représenter, pour avoir un peu plus que la vaine apparence de répondre de la personne du roi ».

Le soir du même jour, le Duc d'Orléans reprit la parole, et dit : « qu'il restait encore l'article important qui concernait le commandement des troupes du Roi, sur lequel la Cour avait remis la délibération ; qu'il ne pouvait absolument se départir d'un droit qui était inséparable de la Régence, et qui regardait la sûreté de l'État, dont le soin était confié à la personne du Régent ; et qu'on ne pouvait pas même excepter le commandement des troupes employées chaque jour à la garde du Roi; que l'autorité militaire devait toujours se réunir dans une seule personne; que c'était l'ordre des commandemens de cette nature et l'unique moyen d'empêcher les divisions qui sont une suite presque inévitable du partage de l'autorité; que les officiers qui commandaient les corps qui composent la maison du roi, regardaient comme le plus beau privilége de leurs charges de ne recevoir l'ordre que du Roi, ou du Régent qui le représente ; que c'était à lui principalement, et par sa naissance et par sa qualité de Régent, de veiller à la conservation et à la sûreté du Roi, dont la personne était si chère à l'État; et qu'il ne doutait pas que M. le Duc du Maine n'y concourût avec le même zèle ; que même, suivant le testament du feu Roi, la tutelle et la garde étaient déférées au Conseil de la régence, et que, la Compagnie lui ayant accordé de si bonne grace le titre de Régent, il entrait par là dans le droit du Conseil ; qu'enfin, la nécessité du commandement demandait absolument qu'un seul eût toute l'autorité des troupes sans aucune distinction, et qu'il était persuadé que cela ne lui pouvait être refusé; qu'ainsi, pour se réduire, il demandait que les gens du Roi eussent à prendre leurs conclusions sur ce qui regardait les Conseils, la distribution des graces et le commandement des troupes, même de la maison du Roi ».

Les gens du roi s'étant levés, dirent, entre autres choses : « que M. le Régent avait fait assez connaître à la Cour combien tout partage de commandement militaire pouvait être

contraire, non-seulement à l'autorité du Régent, mais au bien même de l'État; que, la
nécessité pouvant l'obliger de se servir d'une
partie des troupes pour la défense du Royaume, on ne pouvait lui en ôter le commandement, sans le mettre hors d'état de pourvoir
suffisamment à la sûreté de la France; qu'ils
sentaient toute la force de ces raisons; que
la Cour avait bien vu, même par ce qui lui
avait été dit sur ce sujet par M. le Duc du
Maine, qu'il avait aussi prévu ces inconvéniens; et que la seule déférence qu'il avait
pour les dernières volontés du Roi défunt,
l'avait engagé à ne point se départir de cette
disposition, dont il connaissait toutes les conséquences; qu'ils avaient cru d'abord qu'il
était facile de concilier les deux autorités, en
distinguant, dans le commandement de ces
troupes, ce qui appartenait au pouvoir légitime du Régent, et ce qui pouvait être
déféré à l'autorité de celui qui était chargé du
soin de l'éducation ; et qu'en laissant à M. le
Duc d'Orléans le commandement général des
troupes, et ne donnant à M. le Duc du Maine,
sous l'autorité du régent, que le comman-

dement de la partie de ces troupes qui serait actuellement à la garde du Roi , ils avaient pensé qu'on pourrait réunir toutes les différentes vues et les différens intérêts ; mais que les chefs des différens Corps qui composaient la maison du Roi , prétendaient être en droit et en possession de ne recevoir aucun ordre que de la personne du Roi même ; que, s'ils convenaient que, dans un temps où le Roi n'était pas en état de les leur donner lui-même , ils devaient les recevoir du Régent du royaume , qui représentait la personne du roi , ils soutenaient en même temps qu'ils ne pouvaient et ne devaient obéir en ce cas qu'au seul Régent , comme ils ne pouvaient et ne devaient obéir qu'au Roi seul, quand il était en état de les commander ; que cette discipline militaire , dont ils n'étaient point instruits par eux-mêmes , mais qui n'avait point été contredite, ôtait toute espérance de conciliation sur ce sujet , et les obligeait de retomber dans la règle commune qui ne souffrait aucune division dans le commandement des troupes ; que, si l'intérêt de l'État leur avait paru intimement lié à cette unité de commandement, il leur avait semblé en même temps que l'éducation du Roi n'en souffrirait point ; que l'union si parfaite qui régnait entre M. le Régent, M. le Duc de Bourbon et M. le Duc du Maine, donnerait à M. le Duc du Maine les mêmes avantages pour l'éducation du Roi que s'il avait le commandement des troupes ; et que le concert qui subsisterait toujours entre M. le Duc du Maine et les officiers des troupes de la maison du Roi, sans lui donner une autorité de droit, lui procurerait un pouvoir de déférence et d'affection aussi réel et aussi utile au Roi, que si ce pouvoir lui eût été déféré....

« Que c'était dans ces vues qu'ils requéraient...... que M. le Duc du Maine fût reconnu surintendant de l'éducation du Roi ; l'autorité entière et le commandement des troupes de la maison du Roi, même de celles qui étaient destinées à la garde de sa personne, demeurant entièrement à M. le Duc d'Orléans.... »

Le duc du Maine dit ensuite que, « si l'on ne jugeait pas à propos de lui laisser le commandement des troupes de la maison du Roi, pas même de celles qui étaient employées à la garde de sa personne, il ne pouvait répondre que de son zèle, de son attention, de sa vigilance; et qu'il espérait au moins par là de satisfaire, autant qu'il serait en lui aux intentions du feu Roi, puisqu'il n'y pouvait satisfaire autrement, n'ayant point de troupes sous son autorité ».

Les gens du Roi s'étant retirés, et la matière ayant été mise en délibération, il fut sur ce point arrêté par la Cour que « M. le Duc du Maine serait surintendant de l'éducation du Roi; l'autorité entière et le commandement sur les troupes de la maison du Roi, même sur celles qui sont employées à la garde de sa personne, demeurant à M. le Duc d'Orléans ».

La distinction qu'il importe de faire à ce sujet, ne fut pas faite, du moins avec assez d'exactitude, dans la circonstance que nous venons de rapporter. Ce qu'il faut distinguer, c'est d'une part les mesures et les actes d'administration relatifs à l'organisation, à la tenue, à la discipline des troupes, à la nomination, à l'avancement de leurs officiers; et d'autre part, les ordres et commandemens relatifs à la garde et au service journalier du palais et de la personne du roi mineur.

Les actes d'administration quelconques, tenant au système général d'organisation et de commandement admis dans l'armée, ils ne peuvent être séparés, sans inconvéniens et sans désordres, des attributions du ministère auquel ils se rattachent, et qui lui-même ne peut être placé hors de la ligne hiérarchique de la puissance d'exécution, de régence, d'administration.

Au contraire, du moment où la constitution reconnaît et consacre le principe fondamental de la séparation de la régence et de la tutelle, et par une conséquence immédiate et obligée des motifs sur lesquels ce principe se fonde, il est évident que les ordres et commandemens qui concernent spécialement l'exercice des fonctions de la tutelle, de la garde et éducation, ne peuvent et ne doivent naturellement émaner d'une autre source, d'une autorité différente de celle à laquelle ses fonctions se trouvent confiées.

Au surplus, il n'est peut-être pas inutile de remarquer à cette occasion que, dans une

Monarchie constitutionnelle et régulière, on peut regarder comme éloignées et affaiblies, par la nature même de cette salutaire et bienfaisante institution, quelques-unes des principales raisons qui étaient autrefois de nature à faire tenir plus essentiellement à ce que tout ce qui n'est pas sans rapport et sans connexité avec la garde et conservation du prince, fut placé dans une entière et complète indépendance de tout autre pouvoir, et particulièrement de l'autorité du régent.

Sous cette forme protectrice de Gouvernement, dans l'état de la civilisation avec lequel elle s'allie, qu'elle prépare ou suppose, et que surtout elle avance et perfectionne chaque jour, les tentatives d'enlèvement et d'attaque à force ouverte ne peuvent plus guère être comptées au nombre des dangers à redouter; et, si, par suite de cette malheureuse imperfection de la nature humaine contre laquelle le législateur doit toujours être en garde pour conserver l'espérance raisonnée de la vaincre, il faut encore que des entreprises criminelles de ce genre ne soient pas hors de toute probabilité dans les siècles à venir, il y a lieu de

présumer que les coupables auteurs de semblables entreprises seraient du moins con-
traints de n'en tenter l'exécution que par des
moyens, non moins odieux sans doute aux
yeux de la société, et non moins réprouvés par
les lois de la morale et de l'opinion, mais plus
difficiles et plus cachés.

4° Quant à la *forme* de la tutelle, peut-
être est-ce en ce qui la concerne que l'adjonc-
tion et le concours d'une sorte de Conseil
composé d'hommes vraiment philosophes, sages et éclairés, seraient en effet d'une très-
grande utilité.

Pour diriger l'éducation d'un prince, pour
former un grand roi, ce n'est pas trop sans
doute de la sagesse et de la réunion des lumières de plusieurs; nous avons eu lieu, dans la
première section de ce paragraphe, de remarquer comment les anciens Perses avaient conçu
et réglé cette co-opération de quelques personnages illustres, non pas seulement par leur
naissance, mais par leurs vertus, leur courage
et leur instruction, pour initier de bonne
heure le présomptif héritier de la couronne
dans les diverses branches des connaissances

auxquelles on était alors parvenu; pour former son esprit et fortifier son cœur par l'exemple, de tous les préceptes le plus efficace et le plus sûr; et pour l'élever ainsi dans la pratique habituelle des vertus les plus utiles à la puissance suprême et les plus essentielles à l'application des principes enseignés par la science de la politique et du gouvernement des sociétés (*a*).

5° Quant à la *durée* des fonctions inhérentes à la tutelle, garde et éducation du prince, soit dans les cas de démence ou d'incapacité pour cause de maladie grave, soit dans les cas de minorité, il est clair qu'elle doit être la même que celle de la régence dans les mêmes occurrences, et que ces fonctions de natures différentes, mais existantes par les mêmes causes, doivent l'une et l'autre commencer, savoir : dans les cas de démence ou d'incapacité, au moment qui suit la manifestation de cet état moral constaté avec les formalités ci-dessus indiquées (*b*), et cesser de plein droit aussitôt que le retour à un parfait

---

(*a*) *Voy.* ci-dessus, vol. IX, pag. 612 et 613, n. *b*.

(*b*) *Ibid.*, vol. X, pag. 130.

état de santé et de lucidité aura été pareillement établi et reconnu; et, dans le cas de
minorité, depuis le jour du décès du roi prédécesseur jusqu'à celui où le roi mineur aura
atteint l'âge déterminé par la loi pour l'époque de la majorité, lequel nous paraît être
raisonnablement fixé, aujourd'hui, en France,
par la loi civile, à l'âge de vingt et un ans
accomplis.

Il n'y a rien d'essentiel à ajouter sous ce
rapport; mais ici se présentent et doivent être
immédiatement examinées les questions relatives à la fixation de l'âge, et à la désignation
des autres qualités que le régent et le principal
dépositaire des attributions de la tutelle doivent réunir en leur personne.

Age et qualités du Régent et du Dépositaire principal
des attributions inhérentes à la Tutelle.

1°. *De l'Age.* Lorsqu'en France autrefois, et
même d'après les dispositions de la Constitution du mois de septembre 1791, la nature,
aux yeux du Législateur, était censée avoir
mis en réserve une loi particulière et d'exception, relativement à l'époque de la majorité

des rois, lorsque la raison était ainsi supposée croître dès l'enfance, et devancer de plusieurs années, pour les jeunes rejetons de la famille royale, l'âge auquel elle se développe et se manifeste habituellement chez les autres hommes dans toutes les autres classes de la société; on pensait aussi, suivant l'apparence, que, mobile et variable en tous sens, changeant et abrogeant sans motifs ses règles les plus uniformes, ce grand et éternel principe de l'ordre admettait encore une autre loi exceptionnelle, mais inverse, relativement aux progrès de l'intelligence chez les hommes qui, sans être destinés par la naissance à exercer les fonctions de la royauté en leur nom propre, sont cependant placés assez près du diadème pour que le sang de celui qui le porte circule encore dans leurs veines, et pour qu'ainsi ils puissent se trouver appelés de droit à un pouvoir de nature identique et semblable, quoique sous un titre différent et pour un temps limité. Ainsi l'époque de la majorité, fixée à quatorze ou à dix-huit ans pour les enfans des rois, ne le fut plus qu'à vingt-cinq ans pour le prince de la famille royale ou pour tout autre citoyen désigné par la loi ou appelé par l'élection aux fonctions de la régence.

Cependant, s'il faut qu'un frère puîné du roi défunt ait atteint sa vingt-cinquième année pour être capable de gouverner en qualité de régent, il sera difficile de concevoir que le fils du roi, neveu du régent et héritier de la Couronne, ou tout autre membre de la famille royale, devenu apte à succéder à défaut d'héritier dans la ligne directe, ait acquis, huit ou dix années plus tôt, toute la capacité nécessaire pour régner sagement; et cela, par cette seule raison que, ce n'est pas comme régent, mais comme roi : ou, si le roi n'est déclaré majeur que lorsqu'il peut, ainsi que tous autres citoyens, être considéré comme ayant atteint réellement l'âge d'une certaine maturité, par quel motif raisonnable reculer cette époque de plusieurs années à l'égard du régent?

C'est, sans doute, l'inconvénient prétendu d'une différence trop peu sensible entre l'âge du roi mineur et l'âge du régent qui a donné à penser que la règle ne devait pas être ici la même pour l'un et pour l'autre : mais, en y réfléchissant davantage, on reconnaît que cette raison n'est pas suffisante, surtout si le principe de la séparation de la régence et de la tutelle reçoit son application. De sorte que les dispositions législatives qui admettent la nécessité d'une différence d'âge plus ou moins forte, entre le roi mineur et le régent, sont destinées d'avance à n'avoir pas une grande stabilité, à être souvent méconnues et même à demeurer sans exécution.

En preuve, on peut remarquer que le Sénatus-Consulte du 28 floréal an XII portait :

« Tit. IV, *art.* 17. L'empereur est mineur jusqu'à l'âge de dix-huit ans accomplis; pendant sa minorité, il y a un régent de l'Empire.

« *Art.* 18. Le régent doit être âgé au moins de vingt-cinq ans accomplis ».

Mais le Sénatus-Consulte du 5 février 1813 renfermait cette disposition plus conforme à la règle générale du droit civil en France :

« Tit. I, *art.* 8. Pour être habile à exercer la Régence, et pour entrer au Conseil de régence, un prince français doit être âgé au moins de vingt-un ans accomplis ».

Et cette disposition nous paraît devoir être

en effet établie en France, par cette raison qu'elle y est adoptée par la loi pour le terme général de la majorité.

2°. *Qualités.* Une seconde condition dont la Loi constitutionnelle et fondamentale de l'État doit prescrire l'existence comme qualité également essentielle et importante, du moins dans la personne du régent, c'est celle de régnicole.

Et, par les motifs que nous avons précédemment développés au sujet des dangers de la réunion de deux Couronnes sur une seule tête, cette même Loi fondamentale doit aussi exclure des fonctions de la régence celui qui serait déja assis sur un trône étranger.

Cette exclusion se trouve explicitement exprimée dans l'une des dispositions de la Constitution du mois de septembre 1791 (*a*).

Elle avait été omise dans le Sénatus-Consulte du 28 floréal an XII; mais celui du 5 février 1813 portait :

« Tit. 1, *art.* 5. Un prince français assis sur un trône royal étranger, au moment du décès

_____

(*a*) Tit. III, chap. II, sect. 2, *art.* 2.

de l'empereur, n'est pas habile à exercer la régence ».

·A l'égard des autres qualités dont la société a intérêt à ordonner la réunion, soit dans la personne du régent, soit dans celle du dépositaire principal de la tutelle et garde du prince mineur, ce qui reste à exposer dans l'article suivant les fera assez connaître.

De quelle manière, à qui, par qui la Régence et la Tutelle doivent être déférées.

Sous les divers rapports que ce titre fait entrevoir, les lois ou les usages ont encore éprouvé de nombreuses et fréquentes variations ; et cependant ici comme ailleurs il ne doit pas être impossible au législateur de découvrir la vérité et de seconder efficacement les vues de la Providence, en établissant l'ordre et en se conformant aux vrais principes de la stabilité et du droit. Mais l'embarras et la difficulté de la solution, la diversité des aperçus ont encore pu faire supposer l'impossibilité d'une démonstration rigoureuse, et ont ainsi fait prendre le défaut de solution pour la solution même : et c'est par cette raison sans

doute que l'on s'est persuadé qu'il y avait nécessité de s'en remettre pour l'avenir, sur ce
point, ainsi que sur tant d'autres, à l'empire
funeste de l'arbitraire, des circonstances et
du temps, ou bien encore de copier servile-
ment le passé.

Cependant, s'il est une chose évidente et
palpable, c'est bien sûrement le danger d'attendre les momens d'agitation et de crise que
provoque l'absence même d'un principe fixe
et reconnu d'avance par la loi fondamentale,
pour s'occuper de l'examen et de la décision
de ces grandes et épineuses questions de droit
constitutionnel ou organique, auxquelles se
rattachent étroitement le repos, le bonheur,
l'existence même des États. « Pour prévenir les
troubles d'un interrègne, dit en ce sens Burlamaqui, c'est une précaution très-sage de désigner par avance ceux qui, pendant ce temps-
là, doivent prendre en main les rênes du Gouvernement » (a).

Dans ce but, il faut commencer par remar-

_____

(a) Principes du Droit des Gens, tom. vi, 2ᵉ part.,
chap. iii, § 7.

quer que les différens modes de délégation de
la Régence et de la Tutelle, ainsi que ceux de
la transmission des droits de la Couronne même, doivent être considérés sous trois points
de vue principaux, qui peuvent être classés
et indiqués sous les titres et dénominations
suivantes, savoir : 1° Régence et Tutelle *légitimaires* ou *héréditaires*, c'est-à-dire dévolues
d'après un ordre fixe de naissance et de parenté; 2° Régence et Tutelle *testamentaires* ou
datives, c'est-à-dire déférées par le choix et la
désignation du prince régnant; 3° Régence et
Tutelle *électives*, c'est-à-dire dévolues par voie
d'élection; c'est à cette dernière espèce de Régence que Wolf donne la qualification de Régence *dative ou élective* (a).

Examinons successivement les principes et
les règles qui appartiennent à ces trois espèces
différentes de Régence et de Tutelle.

(a) Institution du Droit de la Nation et des Gens,
3ᵉ part., chap. ɪv, § 898.

1° *Régence et Tutelle légitimaires ou héréditaires.*

1°. *Régence.* « Y a - t - il quelqu'un dans le royaume, dit M. de Polverel, à qui la régence appartienne de droit?

« Oui, la loi est gravée dans les cœurs de tous les Français; et si, depuis treize siècles que la Monarchie existe, nous n'avons pas encore de loi positive sur ce point, c'est qu'avec une nation comme la nôtre, on aura cru pouvoir se reposer sur l'amour qu'elle a toujours eu pour ses rois et pour toutes les augustes personnes qui tiennent au trône.

« Mais enfin avons-nous une loi positive! avons-nous des usages constans? cette loi et ces usages à quelle époque remontent-ils?

« Dans la chartre du partage entre les enfans de Louis - le - Débonnaire, c'est au frère aîné que la régence est confiée pendant la minorité du puîné.

« Après la mort de Louis-Hutin, c'est par l'ordre de la succession à la Couronne que le parlement de France se détermine à déférer la régence à Philippe-le-Long.

« C'est aussi par l'ordre de la succession à la Couronne que les États-généraux du royaume décident la grande contestation qui s'est élevée entre Édouard III, roi d'Angleterre, et Philippe de Valois. La régence est déférée à Philippe, *parce qu'il a le droit le plus apparent pour parvenir à la Couronne.*

« Il paraît donc qu'on a regardé comme la loi fondamentale du royaume que la régence appartenait par droit de naissance à l'héritier présomptif de la Couronne.

« Cependant l'édit de 1407, en supprimant les régences, semble mettre à la tête du Conseil de régence la reine-mère du roi mineur si elle vit, et n'appeler qu'après elle les plus prochains du lignage et sang royal.

« Charles V ne s'était pas même cru astreint à suivre l'ordre de la naissance dans le règlement qu'il avait fait pour la régence du royaume, pendant la minorité de son fils : à la vérité, il avait déféré la régence au duc d'Anjou, l'aîné de ses frères ; mais, en cas de mort ou d'absence du duc d'Anjou, il lui avait substitué le duc de Bourgogne, son troisième frère, et n'avait fait aucune mention du duc de Berri, qui aurait dû précéder celui de Bourgogne par droit de naissance.

« On ne peut pas même dire que l'ordre établi pour la régence par la chartre de Louis-le-Débonnaire, ait été déterminé par l'ordre de la succession au trône; car alors tous les frères succédaient, le royaume se partageait entre eux; et la chartre appelle à la régence du royaume du frère mineur, le frère aîné, à l'exclusion des puînés.

« Si nous observons ce qui s'est pratiqué dans les différentes minorités, depuis le commencement de la Monarchie, nous ne trouverons dans les faits que des contradictions perpétuelles.

« Je vois bien que les fils de Clovis s'emparèrent des États de leurs neveux mineurs; je vois bien aussi que Gontran devint le régent d'Austrasie pendant la minorité de Childebert, son neveu, celui du royaume de Soissons pendant la minorité de Clotaire II, son autre neveu.

« Mais je vois aussi que, sous la minorité de Childebert, Wandelin avait été régent d'Austrasie avant Gontran; que, sous la minorité de Clotaire II, Landri fut régent du royaume de Soissons après Gontran ; que le royaume de Neustrie fut sous la régence d'un maire du Palais pendant la minorité de Clotaire III, celui d'Austrasie sous la régence d'un autre maire du Palais pendant la minorité de Childéric II.

« Dans la race des Carlovingiens, Hugues-le-Grand, étranger à la famille régnante, gouverne le royaume, sous le titre de duc des Français, pendant la minorité de Louis d'Outremer.

« Pendant la minorité d'un des premiers successeurs de Hugues Capet, la régence est déférée à Baudouin comte de Flandre, qui était étranger à la Couronne, au préjudice de Robert duc de Bourgogne, qui était oncle paternel du jeune monarque.

« Pendant le voyage de Louis-le-Jeune dans la Palestine, c'étaient encore des hommes étrangers à la Couronne, qui avaient été déclarés régens, l'abbé Suger et Raoul de Vermandois.

« Il en fut de même pendant la dernière croisade de Saint-Louis. Ce monarque confia la régence du royaume à Mathieu de Vendôme, abbé de Saint-Denis, et à Simon de Clermont de Nesle.

« S'il fallait juger le droit par les faits, celui des reines-mères à la régence ne serait guère mieux établi que celui des héritiers présomptifs de la Couronne.

« Brunehault est la seule reine de la première race qui ait gouverné le royaume pendant la minorité de son fils; encore sa régence fut-elle de courte durée.

« M. l'abbé Velly prétend que Frédégonde fut déclarée régente pendant la minorité de Clotaire II. On a vu que ce fait était démenti par le témoignage d'Aimoin.

« Il met aussi Batilde et Nantilde au nombre des reines régentes de la première race. C'est encore une erreur : Batilde et Nantilde furent tutrices de leurs fils mineurs; aucune d'elles n'eut la régence du royaume.

« Sous la seconde race, la reine Emme, mère de Louis-le-Fainéant, est la seule qui ait eu la régence; et elle ne l'a eue, pour ainsi dire, que quelques instants.

« Depuis Hugues Capet jusqu'au règne de

Charles IX, deux reines ont eu aussi la régence, Alix de Champagne, mère de Philippe-Auguste, et Blanche, mère de Saint-Louis (*a*).

« Mais, d'un autre côté, combien de reines qui ont été exclues de la régence, non-seulement par les héritiers présomptifs du trône, mais encore par les étrangers ? Je ne parle plus des reines des deux premières races ; je me renferme dans la troisième.

« La reine, mère de Philippe Ier, vivait, lorsque Baudouin, comte de Flandre, fut déclaré régent du royaume.

« L'épouse de Saint-Louis vivait aussi, lorsque ce monarque nomma Mathieu de Vendôme et Simon de Clermont de Nesle régens du royaume.

« On alla même, après la mort de Henri II, jusqu'à disputer aux reines la capacité d'être régentes du royaume.

« Mais les derniers exemples ont fait prévaloir l'opinion contraire.

(*a*) L'auteur remarque en note, qu'il ne croit pas devoir compter la prétendue Régence d'Isabelle de Bavière, épouse de Charles VI.

« Un point de cette importance devait-il
être livré au choc des opinions? y avait-il de
l'inconvénient à fixer un ordre immuable pour
l'administration du royaume pendant les minorités » (a)?

Pour parvenir à ce but, il faut, *en premier
lieu*, remarquer (ainsi que l'auteur le fait d'a-
bord d'une manière assez claire, quoique implicite) que, dans une Monarchie où la transmission des droits du trône par voie d'hérédité est un des principes fondamentaux reconnus par la constitution de l'État, il est
naturel aussi que la régence y soit déférée
d'après un ordre et des règles analogues, et
qu'en conséquence elle y appartient de droit
au parent le plus proche en degré suivant
l'ordre de l'hérédité au trône.

Cet autre principe peut bien, il est vrai, n'a-
voir pas été constamment mis en pratique et
suivi en France, non plus que dans les autres
États monarchiques; mais il est cependant évident qu'au moins dans ce royaume de France il
a été habituellement considéré comme étant au

(a) Répert. de jurisp. par Guyot, au mot *Régence*.

nombre des lois fondamentales de l'État, et que les faits opposés font exception et ne constituent pas la règle.

Si, comme l'a fait M. de Polverel, on remonte jusqu'aux premiers règnes de la troisième race, on trouve en effet, dans l'espace d'un demi-siècle, c'est-à-dire depuis la mort de Louis-Hutin jusqu'à celle du roi Jean, plusieurs régences dévolues d'après l'ordre de succession à la Couronne.

En 1316, Louis-Hutin meurt laissant Clémence de Hongrie sa femme, enceinte. Les grands du royaume s'assemblent et, à l'exclusion de cette princesse, ils défèrent la régence à Philippe-le-Long, frère puîné du feu roi, *comme plus proche du défunt et présomptif héritier de la Couronne; nonobstant les empéchemens que lui donna Charles de France, comte de Valois, son oncle, qui lui débattait cette régence.* Ce sont les termes de Dupuy, Traité de la Majorité des Rois (a).

La même chose arrive après la mort de Charles-le-Bel, en 1327. Il laisse Jeanne d'É-

_____

(a) Tom. 1, pag. 82; ou *Édit. in-4°*, 1655, pag. 66.

vreux, sa femme, enceinte. La régence est dis-
putée entre Philippe de Valois et Édouard III,
roi d'Angleterre ; les États-généraux l'adjugent
au premier, *parce qu'il avait le droit le plus
apparent pour parvenir à la régence.*

Des deux ordonnances que Charles V rendit au mois d'octobre 1374, la première confirme cet ordre d'une manière assez positive en
faveur de Louis d'Anjou, frère puîné immédiat
du roi ; elle porte que « si le monarque vient
à mourir avant la majorité de son fils aîné, le
duc d'Anjou aura autorité et pleinière puissance de gouverner, garder et défendre son
royaume ». Cet exemple, il est vrai, n'est pas
déterminant, puisque cette même ordonnance
lui substitue, en cas de mort ou d'empêchement, Philippe de Bourgogne, troisième frère
puîné du roi, a l'exclusion du duc de Berry
son second frère.

Si, depuis, le même ordre ne paraît pas
exactement adopté, c'est en partie parce que
la régence fut plusieurs fois déférée aux reines-
mères ; quoiqu'il en soit, ce fut en vertu de ce
même principe qu'après la mort de Louis XIV,
le duc d'Orléans fut reconnu et déclaré ré-

gent par le parlement. Le testament du feu
roi ne lui attribuait que la présidence au Conseil de régence; mais, tout absolues qu'eussent été sa volonté et sa puissance pendant sa
vie, ce testament ne fut pas exécuté en ce
point. Le lendemain de sa mort, le 2 septembre 1715, le duc d'Orléans, accompagné
des princes du sang, des princes légitimés et
des pairs ecclésiastiques et laïques, se rendit
au parlement, et après que l'édit et le testament du roi eurent été lus l'un après l'autre,
ainsi que deux codiciles des 13 avril et 23 août
1715 que le duc d'Orléans avait apportés, les
gens du roi se levèrent et dirent, entre autres
choses, que, « si nos mœurs déféraient ordinairement la tutelle dans les familles particulières au plus proche parent, elles appelaient
aussi le prince le plus proche, à la régence du
royaume; que ce fut ainsi qu'après la mort
de Louis-Hutin, en 1316, Philippe-le-Long,
son frère puîné, fut déclaré régent du royaume, comme plus proche du défunt roi, malgré la prétention de Charles, comte de Valois,
qui était oncle de Louis-Hutin; que ce fut
ainsi qu'en 1327, Charles-le-Bel ayant laissé,

en mourant, la reine, sa femme, enceinte, la
régence fut jugée devoir appartenir à Philippe
de Valois, cousin germain et plus proche du
roi défunt, parce que (pour se servir des
termes d'un de nos anciens historiens), *la
raison veut que le plus prochain de la Couronne ait l'administration de toutes les affaires;*
que si l'édit de 1407 paraît d'abord une loi
générale qui abolit l'usage des régences, on
ne doit pas l'étendre au delà de ses véritables
bornes; que ce n'est pas au titre et au nom
de régent, mais à l'autorité et au pouvoir des
anciens régens du royaume que cet édit a
donné atteinte; que la royauté était alors
comme éclipsée pendant la minorité; qu'il ne
se faisait rien sous le nom du roi; qu'on mettait le nom du régent à la tête des lois; qu'un
sceau particulier et propre au régent lui donnait le caractère de l'autorité publique; qu'on
réforma cet abus par l'édit de 1407, et que
c'est depuis ce temps que les rois, suivant les
termes de l'édit, ont été, quoique mineurs,
dits, appelés, tenus et réputés rois de France;
mais que le titre de régent a toujours subsisté
depuis ce temps même; et que, s'il n'a été dé-

féré qu'à des reines et à des mères, c'est qu'il s'en est toujours trouvé en état d'être choisies pour régentes » (a).

La Constitution de 1791 admet et proclame le principe dans les termes les plus formels; elle porte :

« La régence appartient au parent du roi, le plus proche en degré, suivant l'ordre et l'hérédité du trône.... » (b); et, si les Sénatus-Consultes du 18 mai 1804 (c) et du 5 février 1813 (d) y dérogent en partie, il suffit, pour en connaître la cause, de considérer quelle était au fond la forme du Gouvernement que ces deux Sénatus-Consultes ont eu pour objet d'établir : au surplus, la volonté de leur auteur aurait-elle été plus scrupuleusement exécutée, le cas y échéant, que ne le fut celle de Louis XIV ? c'est, on peut le dire, ce dont l'expérience toute seule donnerait du moins lieu de douter.

En second lieu, et quant à la question de

(a) *Voy.* le Répert. de Jurisp. par M. Merlin, au mot *Régence.*

(b) Tit. iii, chap. iii, sect. 2, *art.* 2.

(c) Tit. iv, *art.* 19 *et* 20.

(d) Tit. i, *art.* 1 *et* 3.

savoir si les femmes doivent être ou non appelées à l'administration du royaume en qualité de régentes, les faits qui viennent d'être
cités ne sont pas moins opposés et en contradiction entre eux, ainsi que l'observe bien
M. de Polverel.

Dans la première race, on voit en effet les
enfans de Clodomir sous la tutelle de Clotilde
leur aïeule, et Clovis II sous celle de Nantilde
sa mère; mais la tutelle n'était pas alors accompagnée de la régence, et le Gouvernement
du royaume était en d'autres mains.

Sous la même race, les reines Brunehault
et Batilde furent, il est vrai, élevées à la régence; la première, sous la minorité de Théo-
debert II, roi d'Austrasie, son petit-fils; la seconde, sous celle de Clotaire III, roi de Neustrie
et de Bourgogne, son fils. Mais ni l'administration de l'une ni celle de l'autre ne furent de
longue durée. Brunehault déclarée régente en
596, fut exilée en 598, par son petit-fils même,
à la sollicitation des grands de son royaume.
Batilde se retira par dévotion dans le mona-
stère de Chelles, qu'elle avait fondé (a).

_____

(a) *Voy.*, l'Abrégé chron. de l'Hist. de France, par l

Sous la minorité de Childebert, roi d'Austrasie, Wandelin, et après lui Gontran, gouvernèrent à l'exclusion de Brunehault, mère du jeune prince.

Clotaire II, roi de Soissons, eut pour régent Gontran, qui ensuite fut remplacé par Landri, maire du Palais.

Le royaume de Neustrie, sous la minorité de Clotaire III, et celui d'Austrasie, sous la minorité de Childéric II, furent encore gouvernés par des maires du Palais.

On peut donc le répéter avec les auteurs, il n'y avait bien réellement, dans ces temps de confusion et d'anarchie, aucun usage fixe sur la régence. La seule règle généralement reconnue était qu'un prince dans la première enfance ne pouvait pas gouverner lui-même. Le reste était l'ouvrage des circonstances. Les ducs, les comtes, et les autres officiers qui, sous le dernier roi, avaient été chargés de l'exercice du pouvoir, continuaient tous d'en jouir; et quiconque d'entre eux était, ou le

---

président Hénaut; —Aymoin, liv. 4, chap. 43; —Frédégaire, chap. xcii.

plus intrigant, ou le plus accrédité dans le *Plaid royal*, devenait ce qu'on a appelé depuis *Régent*, parce qu'il se rendait maître des résolutions.

Saint-Louis, en se croisant pour la seconde fois, en 1269, ne nomma à la régence ni la reine Marguerite, son épouse, ni même aucun de ses frères. Il leur préféra Mathieu de Vendôme, abbé de Saint-Denis, et Simon de Clermont de Nesle, auxquels même il substitua Philippe, évêque d'Évreux, et Jean, comte de Ponthieu (*a*).

Louis XIII ordonna, par sa déclaration du mois d'avril 1643, que la reine Anne, son épouse, serait régente jusqu'à la majorité du dauphin, son fils; que le duc d'Orléans, son frère, serait lieutenant-général du royaume, sous l'autorité de la reine; mais en même temps il prescrivit qu'il serait formé un Conseil de régence, qui règlerait, à la pluralité des voix, toutes les affaires importantes de l'État.

Cette déclaration porte : « Comme la charge

(*a*) Dupuy. Traité de la majorité des rois. Tom. 1. pag. 76; et *Édit. in-4°*, 1655, pag. 60 et 510.

de régente est de si grand poids, sur laquelle repose le salut et la conservation entière du royaume, et qu'il est impossible qu'elle (la reine) puisse avoir la connaissance parfaite, et si nécessaire pour la résolution de si grandes et si difficiles affaires, qui ne s'acquiert que par une longue expérience; nous avons jugé à propos d'établir un Conseil près d'elle pour la régence, par les avis duquel, et sous son autorité, les grandes et importantes affaires de l'État soient résolues, *suivant la pluralité des voix*, etc. ».

Cette déclaration fut enregistrée purement et simplement le 22 du mois dont elle porte la date. Toutefois, elle reçut bientôt des atteintes essentielles. Louis XIII étant mort le 15 mai suivant, le jeune roi vint, dès le 18, tenir au parlement son lit de justice; et il y intervint un arrêt par lequel le roi déclara sa mère régente en France, « pour avoir le soin de l'éducation et nourriture de sa personne, et l'administration *absolue, pleine et entière* des affaires de son royaume pendant sa minorité, *et sans qu'elle soit obligée de suivre la pluralité des voix, si bon lui semble* ».

La Constitution de 1791 et le Sénatus-Consulte du 8 mai 1804 (28 floréal an XII) ont formellement prononcé l'exclusion; ils portent l'un et l'autre : « Les femmes sont exclues de la régence » (a).

Mais le Sénatus-Consulte du 5 février 1813 (tit. 1, *art.* 1) et les Lettres-patentes du 30 mars suivant méconnurent cette disposition importante des Constitutions, et réunirent, ainsi que nous l'avons vu, la régence du royaume, la tutelle et garde de l'empereur mineur, entre les mains de l'impératrice-mère.

La Charte du 4 juin 1814 ne s'explique point.

En droit, et pour l'avenir, que conclure donc encore?

En droit, il faut le reconnaître, quels que soient d'ailleurs les faits antérieurs ou antécédens, la question est si promptement résolue d'après ce que nous avons eu lieu de développer précédemment au sujet du principe

---

(a) Constit. du 3 septembre 1791, tit. III, chap. II, sect. 2, *art.* 3. — Sénatus-Consulte du 8 mai 1804. Tit. IV, *art.* 18.

qui ne permet pas d'admettre les femmes au trône (*a*), qu'il serait plus exact de dire qu'il n'y a véritablement pas de question. Qui ne conçoit en effet que les mêmes motifs qui s'opposent à ce que les femmes soient appelées comme reines au gouvernement de l'État prescrivent également de ne pas leur reconnaître ce droit et cette capacité en qualité de régentes ?

En le leur conférant, on alléguerait en vain que, dans la vue de prévenir les inconvéniens que leur administration doit généralement faire redouter, on peut restreindre, limiter plus ou moins leur autorité, ainsi que cela s'est pratiqué en semblable occurrence ; que, comme le firent entre autres Charles V, Louis XIII et le Chef du dernier Gouvernement, on peut instituer auprès d'elles un Conseil de régence, pour les éclairer dans la direction des affaires les plus importantes du gouvernement en général et de l'administration ; qu'on peut enfin prononcer, ainsi que le fit le Sénatus-Consulte du 5 février 1813 (tit. 1, *art.* 2), la pro-

----

(*a*) *Voy.* ci-dessus, vol. ix, pag. 533.

hibition de passer à de secondes noces. Il s'en faut de beaucoup que la réunion de tous ces moyens offre un palliatif suffisant, pour contrebalancer avec quelque efficacité les graves inconvéniens que doit faire redouter ici l'infraction du principe; et de plus, on peut dire que chacun de ces moyens serait d'ailleurs lui-même une cause très-réelle de désordres et de dangers nouveaux.

Nous l'avons déja dit; dans une Monarchie constitutionnelle et régulière, l'autorité royale, lors même qu'elle est exercée par un prince en âge de majorité, doit se trouver circonscrite et resserrée dans les justes bornes de la sphère de puissance et d'activité qui lui est propre; mais, par les mêmes motifs, elle doit aussi y être scrupuleusement conservée dans toute la force et l'intégrité de ses attributions de droit, sous peine de porter l'atteinte la plus dangereuse à la régularité, à l'ensemble, à l'harmonie des ressorts les plus indispensables pour la perfection, la vie et la stabilité du Gouvernement.

Nous l'avons dit aussi; un Conseil de régence, s'il n'est rien autre chose qu'un Conseil, est de plus une pièce entièrement inutile et superflue dont la surabondance n'aura d'autre résultat que celui d'entraver le mouvement et la marche du Gouvernement; et, s'il est plus qu'un Conseil, si, comme dans celui qu'avait voulu instituer Louis XIII par la Déclaration du mois d'avril 1643, les résolutions sur les grandes et importantes affaires de l'État doivent être prises à la pluralité des voix, il est de même impossible que la nature du Gouvernement ne s'en trouve pas essentiellement altérée, puisqu'il introduit la délibération dans l'exécution, et qu'au principe d'unité en ce qui touche la sanction même des lois et cette exécution, il substitue un élément vicieux de véritable oligarchie (a).

Il nous reste à dire quelques mots relativement à la prohibition de passer à de secondes noces, prohibition prononcée, entre autres motifs, dans la vue de ne pas compromettre les droits et peut-être la vie du roi mineur, et de ne pas appeler de fait au gouvernement de

(a) *Voy.* ci-dessus, pag. 36 et 128.

l'État un prince étranger ou déja chargé du poids d'une Couronne étrangère.

Sans doute, c'est en faveur d'une reine, comme à l'égard de toute autre femme, un titre réel à l'estime, que son respect pour la mémoire d'un époux; c'est, dans une mère surtout, une chose digne de vénération et d'hommage, que la perpétuité de sa tendresse pour le père des enfans qu'elle a portés dans son sein, que sa fidélité à des nœuds que la naissance de ces gages d'un légitime amour rend d'autant plus chers et plus sacrés, et auxquels leur existence semble attacher plus fortement encore le sceau de l'indissolubilité. Mais le législateur ne doit pas s'y méprendre; il faut qu'il sache que cette fidélité de devoir et de souvenir, cette renonciation à de nouvelles affections, doivent toujours être le résultat d'une volonté libre et non pas l'exécution forcée d'une disposition prohibitive de la Constitution ou des Lois fondamentales, et qu'une telle prohibition, bien loin de remplir le but qu'elle pourrait se proposer, serait, sans l'atteindre, nuisible à la conservation des mœurs et propre à provoquer les désordres les plus criminels et les déréglemens les plus honteux.

Pour démontrer la néeessité de consacrer d'une manière précise et formelle, dans l'une des dispositions de la Loi constitutionnelle, le principe de l'exclusion des femmes pour les fonctions de la régence, il suffit donc, sous tous les rapports, des avertissemens de la prudence et du bon sens, des conseils de la réflexion, sans qu'il soit nécessaire de recourir aux leçons de l'expérience et de l'histoire. Ainsi, nous ne redirons point les désastres causés par deux reines dont les noms sont parvenus jusqu'à nous accompagnés d'une déplorable célébrité (*a*); nous ne rappelerons pas

---

(*a*) Clotaire reprochait à l'une de ces reines (Brunehault), la mort de dix rois; « mais, dit M. de Montesquieu, il y en a deux cependant qu'il fit lui-même mourir ». (Esprit des lois, liv. 31, chap. 1). — Et dans le chapitre suivant, il ajoute : « Frédégonde avait défendu ses méchancetés par ses méchancetés mêmes; elle avait justifié le poison et les assassinats, par le poison et les assassinats; elle s'était conduite de manière que ses attentats étaient encore plus particuliers que publics. Frédégonde fit plus de maux, Brunehault en fit craindre davantage ». (*Ibid.*, liv 1er. chap. 2; — chron. de Frédégaire, XLII).

les horreurs de la régence sous Catherine de Médicis, les massacres de la Saint-Barthélemi, les troubles, les divisions de la France pendant celle de Marie de Médicis, enfin l'état de détresse, de désolation et de ruine où le royaume se trouva réduit lorsque la reine Anne d'Autriche et le cardinal Mazarin le pillaient comme à l'envi l'un de l'autre. Il ne serait cependant pas inutile que, pour mieux apprécier le présent, on voulut bien quelquefois reporter de bonne foi ses regards sur toutes ces époques de pénible souvenir, d'ignorance, de barbarie, de superstition, de calamités sans nombre, où l'ordre, la justice et le droit n'étaient nulle part, l'iniquité, le trouble, la confusion, l'arbitraire partout; où l'artifice et la perfidie remplaçaient la prudence et la bonne foi; la fureur et la haine, le courage; le fanatisme, la religion; et tous les crimes, la vertu.

2°. *Tutelle*. Les règles concernant le mode de déférer la régence héréditaire ou légitimaire étant ainsi établies, on peut en quelques mots poser et démontrer celles qu'il convient d'admettre relativement à la manière de déférer la tutelle et la garde du roi mineur.

Nous avons vu que Charles V avait déféré la tutelle de son fils à la reine son épouse, assistée des ducs de Bourgogne et de Bourbon.

La Constitution de 1791 porte :

« Tit. iii, chap. ii, sect. 2, *art.* xvii. La garde du roi mineur est confiée à sa mère, et s'il n'a pas de mère, ou si elle est remariée au temps de l'avènement de son fils au trône, ou si elle se remarie pendant la minorité, la garde sera déférée par le Corps législatif ».

Le Sénatus-Consulte du 8 mars 1804 (28 floréal an XII) contenait la disposition suivante :

« Tit. iv, *art.* 3o. La garde de l'empereur mineur est confiée à sa mère, et, à son défaut, au prince désigné à cet effet par le prédécesseur de l'empereur mineur.

« A défaut de la mère de l'empereur mineur et d'un prince désigné par l'empereur, le Sénat confie la garde de l'empereur mineur à l'un des titulaires des grandes dignités de l'Empire.... ».

Le Sénatus-Consulte du 5 février 1813 renfermait aussi des dispositions semblables :

« Tit. v, *art.* 29. La garde de l'empereur

mineur, la surintendance de sa maison et la surveillance de son éducation, sont confiées à sa mère.

« *Art*. 3o. A défaut de la mère, ou d'un prince désigné par le feu empereur, la garde de l'empereur est confiée, par le Conseil de régence, à l'un des princes titulaires des grandes dignités de l'Empire.

« *Art*. 31. Ce choix se fait au scrutin, à la majorité absolue des voix; en cas de partage, le régent décide ».

Ce sera surtout lorsque la régence sera dévolue, ainsi que cela a été développé ci-dessus, au plus proche parent du roi mineur suivant l'ordre de l'hérédité au trône, c'est-à-dire du côté paternel, lorsque la prévoyance salutaire du législateur posera des règles fixes pour l'éducation et l'instruction du prince, que l'admission de cette dévolution de la tutelle et garde du roi mineur, à la reine-mère sera d'autant plus favorable: car, pour éloigner de lui les dangers, pour redoubler à cet égard de soins, de zèle et de vigilance, on peut alors s'en reposer avec confiance sur la sollicitude et l'amour maternel; où trouver plus de sécurité, comment espérer une plus forte garantie que dans cette tendresse naturelle, fortifiée d'ailleurs par tout ce que les institutions et les lois peuvent avoir de sagesse, et de puissance?

Une semblable sécurité ne saurait se rencontrer nulle autre part; et c'est ce qui fait que les publicistes et les législateurs ont généralement pensé qu'à défaut de la reine-mère, la tutelle et garde du roi mineur ne doivent pas être dévolues de plein droit à aucun autre de ses parens paternels ou maternels.

Il doit donc y être alors pourvu ou par le choix du roi prédécesseur, ou par voie d'élection, autres modes dont nous avons à rechercher les bases et les principes dans les deux articles suivans.

2° *Régence et Tutelle testamentaires ou datives.*

En traitant, dans la première section de ce paragraphe, des principes de la Transmission des droits du trône par voie d'hérédité, nous avons vu que ces principes sont sans application possible dans un Gouvernement despo-

tique et arbitraire, où l'autorité du Chef est
sans bornes et ne connaît point de frein, où
la volonté vacillante, incertaine et souvent
captive d'un vieux prince devenu de jour en
jour plus imbécille, suivant l'expression d'un
auteur immortel (a), est cependant réputée la
loi suprême. Par les mêmes motifs, sous cette
forme de Gouvernement, les règles que nous
venons de développer dans l'article qui précède relativement à la dévolution constitutionnelle et légale de la régence et de la tutelle
héréditaires ou légitimaires ne seraient pas
d'une exécution plus assurée; il ne faut pas
s'étonner de voir alors les actes et les lois
supposés organiques ou constitutionnels reconnaître et admettre, dans la personne du
despote, comme un droit salutaire, comme un
principe fixe et fondamental de la constitution
de l'État, la faculté plus ou moins étendue et
arbitraire de disposer de la régence du royaume
et de la tutelle et garde du prince, et donner
en ce cas la préférence sur le premier mode

_____

(a) Esprit des lois. Liv. v, chap. xiv; et ci-des., vol. ix,
pag. 497.

de dévolution par voie *héréditaire* à cet autre mode de dévolution *testamentaire* : c'est ainsi que statuèrent en effet et le Sénatus-Consulte, soi-disant *organique*, du 18 mai 1804, et celui du 5 février 1813 (*a*), dérogeant encore en ce point à la Constitution du mois de septembre 1791; sauf à n'être, du reste, ni l'un ni l'autre, plus respectés et mieux exécutés après le décès de leur auteur, lors même qu'il eût dû mourir sur le trône, que ne le fut sur le même point la volonté exprimée dans le testament de Louis XIV.

Mais si, comme nous l'avons établi dans la première section de ce paragraphe, on doit, dans une Monarchie constitutionnelle, appliquer les principes fondamentaux de la transmission des droits de la Couronne par voie héréditaire, avant de recourir à l'application des règles qui ont pour objet de déterminer la dévolution de ces mêmes droits par voie d'adoption; en d'autres termes, si le droit d'adop-

---

(*a*) Sénatus-Consulte du 18 mai 1804, tit. IV, *art.* 19 et 20. — Sénatus-Consulte du 5 février 1813, tit. I, *art.* 2 et 3.

tion ne doit être légitimement exercé qu'à
défaut de parent mâle au degré successible du
côté paternel (a); si, comme nous venons de
le poser en principe dans l'article qui précède, le même ordre de dévolution doit être
suivi et observé en ce qui concerne la régence et la tutelle, il n'est pas moins nécessaire, il faut toujours que, par suite de l'esprit
d'ordre et de prévoyance spécialement inhé-
rent à cette forme régulière de Gouvernement,
la Constitution adopte et prescrive les règles
relatives à la dévolution de la régence du
royaume, de la tutelle, garde et éducation
du prince mineur, suivant un mode analogue
à celui de l'adoption; c'est-à-dire d'après le
choix et la désignation du roi prédécesseur,
savoir : à l'égard de la régence. 1° dans le cas
d'éloignement des membres de la famille royale
du côté paternel que le droit héréditaire y
appelle; 2° dans le cas de leur incapacité ou
démence régulièrement reconnue et consta-
tée; 3° dans le cas d'extinction entière de la
famille royale; et en ce qui concerne la tu-

(a) *Voy.* ci-dessus, vol. ix, pag. 575 *et suiv.*

telle dans les mêmes circonstances, mais à
l'égard de la reine-mère seulement (*a*).

(*a*) La Constitution du mois de septembre 1791, porte
à ce sujet :

« Tit. II, chap. II, sect. 3, *art.* 2. Si l'héritier présomptif est mineur, le parent majeur, premier appelé à
la régence, est tenu de resider dans le royaume.

« Dans le cas où il en serait sorti, et n'y rentrerait pas
sur la réquisition du Corps législatif, il sera censé avoir
abdiqué son droit à la régence.

« *art.* 3. La mère du roi mineur ayant sa garde, ou le
gardien élu, s'ils sortent du royaume, sont déchus de la
garde.

« Si la mère de l'héritier présomptif mineur sortait du
royaume, elle ne pourrait, même après son retour, avoir
la garde de son fils mineur devenu roi, que par un décret du Corps législatif ».

Et le Sénatus-Consulte du 5 février 1813, porte :

« Tit. VIII, sect. 2, *art.* 50. En cas d'absence du régent,
au commencement d'une minorité, sans qu'il y ait été
pourvu par l'empereur avant son décès, les pouvoirs des
ministres se trouvent prorogés jusqu'à l'arrivée du régent,
comme il est dit à l'article 48 ».

Cet article 48 porte : « Si, au moment du décès de
l'empereur, son successeur majeur est hors du territoire
de l'empire, les pouvoirs des ministres se trouvent prorogés, jusqu'à ce que l'empereur soit arrivé sur le territoire
de l'empire... ». Et l'article 49 ajoute : « Tous les actes
sont faits au nom de l'empereur; mais il ne commence
l'exercice de la puissance impériale que lorsqu'il est entré
sur le territoire de l'empire ».

Or, dans toutes ces hypothèses, n'est-il pas naturel de reconnaître dans la personne du prince-régnant le droit, la faculté constitutionnelle de désigner lui-même les hommes qui devront après sa mort exercer momentanément son autorité comme monarque et comme père ? De qui pourrait-on raisonnablement attendre un meilleur choix ? En qui pourrait-on présumer tout à la fois plus de moyens, une position plus favorable et un désir plus vif de n'user de ce droit que d'une manière utile et au bien-être général de l'État et à l'intérêt particulier de l'héritier présomptif de la Couronne ?

Ainsi formellement reconnue par l'une des dispositions de la Loi fondamentale de la Monarchie, pour tous les cas qui viennent d'être spécifiés, l'existence de ce droit, relativement à la dévolution de la Régence et de la Tutelle, non plus que celle du droit d'adoption quant à la transmission des droits même de la Couronne, n'aura pas l'immense inconvénient de rencontrer, de provoquer parmi les membres mêmes de la famille royale cette opposition anarchique et funeste qu'il faut naturellement attendre et redouter de l'exercice de ce droit hors de ces justes limites, et dont l'histoire offre encore tant de preuves incontestables.

Il faut pourtant en écarter aussi les dangers de la non-publicité, le doute, l'incertitude, l'obscurité dont le choix du prince pourrait rester enveloppé, s'il ne devait être connu qu'après sa mort, si l'on pouvait craindre qu'il ne fût le résultat de la captation, le fruit pernicieux de l'intrigue des courtisans, qui trouvent toujours autant de facilité à pénétrer dans l'enceinte des palais, que les hommes intègres qui pourraient contrebalancer leur influence, éprouvent ordinairement d'entraves et d'obstacles à y faire entendre leur voix. Et pour y obvier, on peut encore recourir à l'emploi de cette formalité simple, mais solennelle, dont l'organisation même du Gouvernement constitutionnel, toujours féconde en résultats heureux, indique assez l'emploi, et qui est, ainsi que nous l'avons vu précédemment (a), un moyen naturel et facile de rendre en quelque sorte la nation entière présente à la déclaration positive que le Roi en personne peut

(a) *Voy.* ci-dessus, vol. IX, pag. 600; et vol. X, pag. 61.

faire à ce sujet devant les deux autres branches constitutives de la puissance législative réunies à ce sujet; et à laquelle la nation elle-même peut, par cet intermédiaire auguste, donner à son tour un acquiescement authentique et formel.

Cette grande solennité sera employée dans cette circonstance, comme dans les cas d'adoption, au lieu de ces antiques cérémonies auxquelles on eût pu jadis recourir, mais qui, se rattachant plus ou moins aux formes mystérieuses, aux idées dogmatiques et superstitieuses, ne sont pas admissibles dans un siècle plus éclairé; et elle ne sera pas néanmoins sans base et sans fondement aux yeux de ceux qui n'attachent de prix aux institutions et aux choses qu'autant qu'elles ont un exemple et un appui dans l'existence d'anciens usages : car il est facile de citer plusieurs faits très-propres à établir que la coutume de ces déclarations solennelles de régence devant le peuple, ou du moins en présence des grands de l'État, peut s'étayer de la plus antique origine.

Bornons-nous à quelques-unes de celles qui ont eu lieu en France.

Dagobert Ier, qui défère, en 647, la régence à Éga, maire du Palais, pour gouverner le royaume jusqu'à la majorité de son fils Clovis II, ne le fait qu'en présence des Pairs de son Palais, *convocatis primoribus Palatii.*

Après la mort de Clovis II, Clotaire III, l'un de ses enfans est reconnu roi; la reine sa mère est déclarée régente; et tout cela se fait par *les Francs,* c'est-à-dire par les ducs et les comtes, qui étaient les chefs de la nation (*a*).

Dans la seconde race, c'est par les grands (*proceres*) de France, de Bourgogne et d'Aquitaine, assemblés à Compiégne, que la régence est donnée à Eudes, comte de Paris: *Odonem Franci, Burgundiones, Aquitaniensesque proceres congregati in unum, licet reluctantem, tutorem Caroli pueri regnique elegere Gubernatorem* (*b*).

Après la mort du roi Lothaire, ce sont encore les grands qui déclarent la reine-mère régente du royaume. Ils lui prêtent serment en cette qualité; et un an après, rassemblés dans un nouveau plaid, ils la destituent et la

---

(*a*) Aymoin, lib. iv, chap. 43.
(*b*) Continuateur d'Aymoin, liv. v, chap. 41.

chassent de la Cour, sous prétexte des liaisons criminelles qu'on lui reprochait d'avoir avec Adalbéron, évêque de Laon (a).

En 1147, Louis VII, avant de partir pour la Palestine, assemble sa Cour à Vézelai ; et là, par l'autorité des États et du Grand-Conseil de France (b), c'est-à-dire des hauts barons qui composaient le plaid royal(c), l'abbé Suger est fait procureur et régent du royaume durant l'absence du roi.

En 1189, Philippe-Auguste, partant aussi pour la Palestine, demande à ses barons assemblés, la permission de pourvoir à la régence pour tout le temps que doit durer son voyage; et c'est avec cette permission, qu'il laisse le gouvernement du royaume et la tutelle de son fils à la reine-mère et au cardinal de Champagne. *Acceptâ licentiâ ab omnibus Baronibus suïs, Adelæ, carissimæ matri suæ et Gulielmo..., pro tutelâ et custodiâ totum regnum Francorum, cum filio suo dilectissimo Ludovico, com-*

(a) 17ᵉ discours de Moreau sur l'Hist de France.

(b) Belleforest, vie de Louis-le-Jeune, pag. 514.

(c) Cette interprétation des mots *États* et *Grand-Conseil*, est justifiée par la Chronique de Maurigni, qui leur substitue les termes *Franciæ primores.* Dupuy, pag. 65.

mendavit. Ce sont les termes de Rigord, auteur contemporain.

En 1299 et 1300, treize évêques, princes du sang et seigneurs, approuvèrent par lettres particulières, l'ordonnance par laquelle Philippe-le-Bel avait disposé de la régence en 1294 (a).

Après la mort de Louis-Hutin, c'est encore par les barons, comme dit Vignier (b), ou, comme s'exprime Belleforest (c), par le parlement, c'est-à-dire, par l'assemblée des grands vassaux, que la régence est déférée à Philippe-le-Long en attendant l'accouchement de la reine.

En 1417, le 6 novembre, Charles V, *de l'avis des princes du sang, prélats, barons, gens du parlement, de ceux de l'université et prévôt des marchands de Paris,* établit son fils aîné lieutenant-général par tout son royaume (d).

En 1551, le 12 février, Henri II, sur le point de partir pour l'Allemagne, vint tenir au parlement son lit de justice, et y déclara que, s'il était forcé de s'absenter, il laisserait le gou-

---

(a) *Voy.* Dupuy, pag. 81.

(b) Sommaire de l'histoire de France.

(c) Vie de Louis-Hutin, pag. 800.

(d) Dupuy, pag. 117.

vernement du royaume à la reine, à son fils et à son Conseil, et voulait qu'il leur fût obéi comme à lui-même.

En 1566, le 10 décembre, Charles IX adressa au parlement la notification de la nomination de sa mère à la qualité de régente du royaume.

En 1574, ce même roi meurt, après avoir nommé la reine Catherine de Médicis sa mère régente du royaume; et les lettres de nomination furent encore adressées et enregistrées au parlement, « après que la reine-mère dudit seigneur, sur la prière, requête et supplication à elle faite, tant par le duc d'Alençon, le roi de Navarre, que par le cardinal de Bourbon, princes du sang et pairs de France, ensemble par les présidens et conseillers commis par ladite cour à cette fin, a accepté la régence, gouvernement et administration de ce royaume ». Ce sont les termes de l'arrêt d'enregistrement. Ainsi, même en exécutant la volonté du feu roi, la cour des Pairs exerçait toujours le droit qu'elle avait constamment prétendu avoir de concourir à la nomination des régens.

Des trois régences qu'il y a eu en France, sous les minorités de Louis XIII, Louis XIV et Louis XV, la première, déférée d'abord par le parlement de Paris seul, a été ensuite confirmée dans un lit de justice, et en conséquence dans la pleine assemblée des pairs.

La seconde n'a eu d'autre titre qu'un arrêt également prononcé dans un lit de justice.

La troisième a été décernée par le parlement, les pairs assemblés, et confirmée dans la même forme que la première (a).

3° *Régence et Tutelle électives.*

Nous voici parvenus au dernier terme de la proposition à résoudre en ce qui touche les règles de la régence du royaume et de la tutelle et garde du prince, dans les cas de minorité.

La réflexion et l'expérience démontrent encore assez clairement ici que si, dans une Monarchie où l'hérédité de la succession au trône est un principe reconnu, le législateur adoptait le mode de dévolution de la régence et de la tutelle *électives*, de préférence à celui de la régence et de la tutelle *héréditaires*, ou

(a) *Voy.* ci-dessus, pag. 16 et 17.

même à celui de la régence et de la tutelle
testamentaires, il préparerait de ses mains le
foyer des dissensions intestines, et que de la
tombe royale jaillirait encore l'étincelle qui
viendrait bientôt enflammer ce foyer de dis-
corde et de guerre civile. Autour des princes
du sang, ou même du régent désigné par le
choix du feu roi, se grouperaient aussitôt de
nombreux partisans prêts à soutenir les prétentions de ceux-ci, et, malgré eux peut-être,
disposés à défendre des droits regardés comme
certains, contre une loi injuste à leurs yeux,
subversive de l'ordre social; contraire à leurs
intérêts et au bien public; opinion qu'il ne
leur serait même pas impossible de faire partager au peuple.

'Mais, d'un autre côté, peu de mots suffisent
pour prouver que, dans tous les cas indiqués
en l'article qui précède tant à l'égard de la
régence qu'à l'égard de la tutelle, et dans celui où le roi décédé aurait de plus négligé de
manifester son choix avant sa mort, suivant
les formes déterminées par la Constitution, il
importe encore que cette même Constitution
ne reste pas muette sur ce point; que le lé-

gislateur, voyant voguer sans obstacle le vaisseau de l'État, ne tombe pas dans une sorte
d'engourdissement et de sommeil, et que, la
tourmente venant à le surprendre au milieu
de cette préjudiciable incurie, il ne se trouve
tout-à-coup lancé sans pilote et sans gouvernail à travers les écueils et les abîmes creusés
par son imprévoyance même.

Ce qui se passa au sujet de l'élection de
Marie de Médicis, après la mort de Henri IV,
peut, entre autres faits, donner la mesure de
ce qui serait alors à redouter.

Le 14 mai 1810, le parlement s'assembla
aux Grands-Augustins : mais le duc d'Épernon, colonel-général de l'infanterie, s'y rendit;
et, suivant le rapport des historiens, adressant
brusquement la parole aux magistrats, il dit
que « son épée était encore dans le fourreau,
mais qu'il faudrait la tirer contre les ennemis
de la Couronne, si on ne donnait ordre incessamment à la sûreté de l'État en déclarant
la reine régente ». Il sortit ensuite, en ajoutant
encore que « ce qu'il proposait était le mieux
que l'on pouvait faire, et qu'il fallait absolument et promptement s'y résoudre ».

L'auteur de la Science du Gouvernement remarque à ce sujet ce qui suit : « Les troupes, que le duc avait en même temps fait distribuer sur toutes les avenues, contribuèrent peut-être autant et plus que sa harangue à hâter les délibérations et à terminer cette affaire sans attendre le consentement de Henri de Bourbon, prince de Condé, et de Charles de Bourbon, comte de Soissons » (a).

Le lendemain, Louis XIII, accompagné de la reine sa mère, du prince de Conti et du duc d'Enghien, alla au parlement, et confirma ce qui avait été fait le jour précédent. Les termes de l'arrêt sont remarquables, observe encore le même publiciste. Il porte : « Le Roi, séant en son lit de justice, par l'avis des princes du sang, autres princes, prélats, ducs, pairs et officiers de la Couronne, ouï, ce réquérant, son procureur-général, a déclaré et déclare, conformément à l'arrêt donné en sa Cour du Parlement, le jour d'hier, la reine, sa mère, régente en France, pour avoir soin de l'édu-

(a) DE RÉAL. Science du Gouv. tom. IV, chap. VIII, sect. 4.

cation et nourriture de sa personne, et l'administration de ses affaires pendant son bas-âge » (a).

Du reste, plusieurs autres faits historiques peuvent être ajoutés à quelques-uns de ceux qui ont déja été cités, dans la vue de constater que, non-seulement la régence et la tutelle furent plus d'une fois déférées en présence et même avec le consentement des Grands du royaume, des États et des Parlemens, mais encore qu'elle le fut par ces différens Corps mêmes.

Sous la seconde race, ce sont les Grands du royaume qui disposent de la régence pendant la minorité de Charles-le-Simple, en faveur de Charles-le-Gros et d'Eudes.

Sous la troisième, ce sont eux encore qui déclarent Baudouin, comte de Flandre, régent du royaume, pendant la minorité de Philippe Ier.

Au départ de Louis-le-Jeune pour la Terre-

_____

(a) *Ibid.* — *Voy. aussi* D'Avrigni. Mémoires pour servir à l'Hist. univers. de l'Europe, depuis 1600 jusqu'en 1716. — Girard, Vie du duc d'Épernon.

13.

Sainte, c'est le parlement de France qui choisit le régent.

Après la mort de Louis-Hutin, ce sont les Grands du royaume qui défèrent la régence à Philippe-le-Long.

Après la mort de Charles-le-Bel, c'est par les princes, prélats, nobles gens des bonnes villes et autres notables clercs, faisant et représentant les trois États-généraux du royaume, qu'est jugée la fameuse querelle concernant la régence entre Édouard III et Philippe de Valois.

C'est par les États assemblés à Compiègne, que Charles V est déclaré régent du royaume, pendant que le roi Jean, son père, est prisonnier en Angleterre.

C'est aux États assemblés qu'on soumet la contestation qui s'était élevée sur la régence, après la mort de Louis XI, entre madame de Beaujeu, le duc d'Orléans et le duc de Bourbon.

Nous avons déjà vu comment, en 1574, le parlement de Paris déclara régente la reine Catherine de Médicis.

Quelques historiens ont observé que c'est

la première fois que cette compagnie ait déféré la régence; et cela est vrai, si l'on ne fait remonter l'histoire du Parlement de Paris qu'à l'époque où il fut rendu sédentaire par Philippe-le-Bel.

C'est le parlement de Paris, qui, après la mort de Henri IV, a déféré la régence à Marie de Médicis.

C'est le parlement seul qui a déféré la régence au duc d'Orléans aussitôt après la mort de Louis XIV, qui a annulé ou modifié les dispositions du feu roi, qui a réglé les pouvoirs relatifs, soit à la tutelle et à l'éducation de Louis XV, soit à l'administration.

Voici à cet égard quelles étaient les dispositions de la Constitution du mois de septembre 1791 :

« Tit. ɪɪɪ, chap. ɪɪ, sect. 2, *art.* 4. Le Corps législatif ne pourra élire le régent.

« *Art.* 5. Les électeurs de chaque district se réuniront au chef-lieu du district, d'après une proclamation qui sera faite dans la première semaine du nouveau règne par le Corps législatif, s'il est réuni; et s'il était séparé, le ministre de la justice sera tenu de faire cette proclamation dans la même semaine.

« *Art.* 6. Les électeurs nommeront en chaque district, au scrutin individuel et à la pluralité absolue des suffrages, un citoyen éligible et domicilié dans le district, auquel ils donneront par le procès-verbal de l'élection un mandat spécial, borné à la seule faculté d'élire le citoyen qu'il jugera en son ame et conscience le plus digne d'être régent du royaume.

« *Art.* 7. Les citoyens mandataires nommés dans les districts seront tenus de se rassembler dans la ville où le Corps législatif tiendra sa séance, le quarantième jour au plus tard, à partir de celui de l'avènement du roi mineur au trône; et ils y formeront l'assemblée électorale, qui procèdera à la nomination du régent.

« *Art.* 8. L'élection du régent sera faite au scrutin individuel et à la pluralité absolue des suffrages.

« *Art.* 9. L'assemblée électorale ne pourra s'occuper que de l'élection, et se séparera aussitôt que l'élection sera terminée; tout autre acte qu'elle entreprendrait de faire, est déclaré inconstitutionnel et de nul effet.

« *Art.* 10. L'assemblée électorale fera présenter par son président le procès-verbal de l'élection au Corps législatif, qui, après avoir vérifié la régularité de l'élection, la fera publier dans tout le royaume par une proclamation ».

Le Sénatus-Consulte du 18 mai 1814 contenait la disposition suivante :

« Tit. IV, *art.* 21. Si, l'empereur n'ayant pas désigné le régent, aucun des princes français n'est âgé de vingt-cinq ans accomplis, le Sénat élit le régent parmi les titulaires des grandes dignités de l'Empire ».

L'exercice de ce droit d'élection à la régence, ainsi que celui de l'élection pour la transmission des droits du trône dans des circonstances semblables, et telles qu'elles viennent d'être rappelées, peut être confié sans plus d'inconvéniens aux deux Chambres si elles sont unanimes dans leur choix, et à la Haute-Cour de justice en cas de partage.

Si ce droit fut autrefois exercé avec quelque fruit par des Corps d'une institution incontes-

tablement utile (puisqu'elle formait une sorte
de contre-poids et d'obstacle au despotisme),
mais imparfaite, comment ne le serait-il pas
avec plus de succès par des Corps d'une constitution plus réfléchie, et appelés à représenter
la nation entière, et par une institution dont
l'objet doit être de rassembler dans son sein
toutes les attributions d'ordre judiciaire, autrefois désunies et disséminées en plusieurs parlemens sans lien, sans unité de doctrine, de
législation et de jurisprudence.

En supposant ces anciens parlemens rétablis
en France, nous ne saurions dire si les choses
s'y passeraient encore comme elles se passè-
rent au Parlement de Paris dans la circonstance que nous venons de rappeler, de l'é-
lection de Marie de Médicis à la régence ; mais
peut - être les institutions constitutionnelles
ont - elles déja fait assez de progrès, quoiqu'elles ne soient point encore arrivées à leur
terme, pour que l'on ait quelque raison de
ne plus appréhender de voir contraindre ou
enchaîner par la menace la volonté, le libre
arbitre des deux Chambres et de la Cour suprème de justice et de cassation, qui par plu-

sieurs arrêts récemment rendus vient encore de donner pour l'avenir un gage précieux de sa noble et salutaire indépendance (*a*).

_____

Ce que nous avons dit dans le premier pa-

_____

(*a*) (Il faut citer au nombre de ces arrêts celui qui est intervenu, le 7 décembre 1822, sur le pourvoi des quatre journaux dits *de l'Opposition*), et celui du 20 février 1823, dans la cause de M. Draux, avocat à la cour de Poitier.

— Divers auteurs ont transcrit le discours de Philippe Pot, seigneur De la Roche, aux États assemblés à Tours, en 1484, après la mort de Louis XI : nous le rapporterons aussi, parce que, tout en prouvant la diversité des opinions qui existaient alors sur l'importante matière des Régences, il appuie avec assez de force quelques-unes des vérités que nous avons eu lieu de développer dans le cours de cette section III, et que particulièrement rien n'est plus propre à mettre dans tous son jour l'idée que l'on avait, à cette époque, du droit des États-généraux à la nomination du régent.

Le voici, d'après la traduction qu'en a donnée le Répertoire de Jurisprudence, par Guyot : « Si je ne savais ce que pense sur la liberté et l'autorité des États la partie la plus éclairée de cette assemblée, je n'aurais garde de m'opposer ici aux vaines clameurs de la multitude ; mais, après les preuves que vous avez déjà données de votre discernement et de vos lumières, je ne dois plus craindre de proposer ce que la réflexion et la lecture m'ont appris sur ce point fondamental de notre droit public. Si je par-

ragraphe de ce même titre relativement à la
nomination des Conseillers d'État et des Mi-

---

viens à me faire entendre, j'ose me flatter que ceux qui
blâment les soins que nous nous donnons pour former
le Conseil, changeront d'avis et de langage.

« Avant que d'exposer les raisons sur lesquelles je
prétends fonder l'autorité des États, qu'il me soit permis
d'interroger un moment nos adversaires.

« Pensez-vous, leur demanderai-je, qu'après la mort
d'un roi qui laisse un fils en bas âge, la tutelle de l'enfant et l'administration générale du royaume appartiennent de droit au premier prince du sang?

« Non, sans doute, me répondront-ils; car se serait
exposer la vie du pupille à un danger manifeste : aussi
la loi y a-t-elle pourvu; elle défère l'administration au
premier prince du sang, et la tutelle à celui qui le suit
immédiatement dans l'ordre de la naissance.

« Prenez garde, leur répondrai-je, que, par cet arrangement, vous n'assuriez guère mieux la vie de votre roi;
car les deux princes entre lesquels vous semblez partager
l'autorité, peuvent s'entendre et avoir le même intérêt.

« Mais de quelle loi parlez-vous? où existe-t-elle? qui
l'a faite? où l'avez-vous lue? je vous défie de satisfaire
à aucune de ces questions. Si la loi dont vous parlez
existait, pensez-vous que le duc d'Orléans (*) eût con-
senti à mettre en arbitrage une question déja décidée, et
à compromettre si facilement ses droits?

(*) Dans la contestation qui eut lieu entre ce prince, madame de
Beaujeu et le duc de Bourbon, relativement à la régence.

nistres, des Préfets, des Sous-Préfets, des
Maires et des Conseillers de préfecture, de

« En vain m'alléguez-vous l'exemple de Charles V ;
cet exemple prouve contre vous : ce prince ne parvint à
la régence que deux ans après la vacance du trône, et
lorsqu'elle lui eût été déférée par les États.

« Je m'adresse maintenant à ceux qui prétendent que,
dans un temps de minorité, la tutelle et l'administration
sont dévolues à tous les princes du sang indistinctement;
et je leur demande s'ils comprennent dans ce nombre
ceux qui descendent de quelqu'un de nos rois du côté
maternel; et en ce cas, ils auront une liste nombreuse de
tuteurs et d'administrateurs, parmi lesquels il sera difficile que la concorde et l'union puissent s'établir.

« Mais je veux qu'ils ne parlent que de ceux qui descendent du trône en ligne masculine. Si ces princes se
disputent l'administration, qui les mettra d'accord? Qui
ne voit qu'aussitôt ils courront aux armes, et que la patrie sera déchirée par des guerres civiles? qui ne voit encore, que, dans ce cas, l'autorité suprême deviendra souvent la récompense d'un furieux et d'un perturbateur du
repos public, qui, dans un gouvernement sage, mérite-
rait les peines les plus sévères ?

« Quoi donc, me dira-t-on, l'État, pendant une minorité, restera-t-il dans l'anarchie ?

« Non, certes ; car alors l'autorité serait dévolue aux
États-généraux, qui ne se chargeront pas eux-mêmes de
l'administration publique, mais qui la remettront entre
les mains des personnes qu'ils jugeront les plus capables
de s'en bien acquitter.

sous-préfecture et de mairie, nous dispense
de parler ici du mode de Transmission de la

« Écoutez maintenant ce que la lecture et le commerce
des sages m'ont appris sur cette matière importante.

« Lorsque les hommes commencèrent à former des sociétés, ils élurent pour maîtres ceux de leurs égaux qu'ils
regardèrent comme les plus éclairés et les plus intègres ;
en un mot, ceux qui, par leurs qualités personnelles,
pouvaient procurer de plus grands avantages à la société
naissante. Ceux qui, après leur élection, ne songèrent
qu'à s'enrichir aux dépens de leurs sujets, ne furent
point regardés comme de véritables pasteurs, mais comme
des loups ravissans ; et ceux qui, sans attendre l'élection,
s'emparèrent de l'autorité suprême, ne furent point réputés des rois, mais des tyrans.

« Il importe extrêmement au peuple quel est celui qui
le gouverne, puisque du caractère de ce seul homme
dépend le bonheur ou le malheur de toute la société.

« Appliquons maintenant ces principes généraux. S'il
s'élève quelque contestation par rapport à la succession
au trône ou à la régence, à qui appartient-t-il de la décider, si ce n'est à ce même peuple, qui a d'abord élu ses
rois, qui leur a conféré toute l'autorité dont ils se trouvent revêtus, et en qui réside foncièrement la souveraine
puissance.

« Car un État, ou un Gouvernement quelconque, est
la chose publique, et la chose publique est la chose du
peuple ; quand je dis le peuple, j'entends parler de la
collection ou de la totalité des citoyens ; et dans cette

Puissance exécutive relativement à ces délégués et agens du Prince. Non-seulement leurs

---

totalité, sont compris les princes du sang eux-mêmes, comme chefs de l'ordre de la noblesse.

« Vous donc qui êtes les représentans du peuple, et obligés par serment de défendre ses droits, pourriez-vous encore douter que ce ne soit à vous de régler l'administration et la forme du Conseil ? Qui peut maintenant vous arrêter ? Le chancelier ne vous a-t-il pas déclaré que le roi et les princes attendent de vous ce règlement ?

« On m'objecte qu'immédiatement après la mort du dernier roi, et sans attendre notre consentement, on a pourvu à l'administration et dressé un Conseil, et qu'ainsi nos soins seraient désormais tardifs et superflus.

« Je réponds que l'État ne pouvant se passer d'administrateurs, il a été nécessaire d'en nommer sur-le-champ, pour vaquer aux affaires les plus urgentes ; mais que ce choix et tous les autres règlemens qui ont été faits depuis la mort du roi, ne sont que des règlemens provisoires, et qu'ils n'auront d'autorité qu'autant que vous les aurez confirmés.

« Ces assemblées d'États, et le pouvoir que je leur attribue, ne sont point une nouveauté ; et ne peuvent être ignorées par ceux qui ont lu l'histoire.

« Lorsque, après la mort de Charles-le-Bel, il s'éleva une dispute entre Philippe de Valois et Édouard, roi d'Angleterre, par rapport à la succession à la couronne, les deux contendans se soumirent, comme ils le devaient,

fonctions ne peuvent être héréditaires; mais ils sont et ils doivent être essentiellement amo-

---

à la décision des États-généraux, qui prononcèrent en faveur de Philippe.

« Or, si, dans cette occasion, les États ont pu légitimement disposer de la couronne, comment leur contesterait-on le droit de pourvoir à l'administration et à la régence ?

« Sous le règne du roi Jean, et lorsque ce prince valeureux, mais imprudent, fut emmené prisonnier en Angleterre, les États assemblés ne confièrent pas l'administration à son fils, quoiqu'il eût alors vingt ans accomplis ; ce ne fut que deux ans plus tard que ces États, assemblés pour la seconde fois, lui déférèrent le titre et l'autorité de régent.

« Enfin, lorsque le roi Charles VI parvint à la couronne, âgé seulement de douze ans, ce furent aussi les États-généraux qui, pendant le temps de sa minorité, pourvurent à la régence et au gouvernement; c'est un fait dont il reste aujourd'hui des témoins.

« Après des autorités si positives, douterez-vous encore de vos droits ? Et puisque, par la forme de votre serment, vous fûtes ici assemblés *pour faire et conseiller ce que, selon dieu et vos consciences, vous jugerez de plus utile à l'État,* pouvez-vous négliger le point fondamental de tous vos règlemens? car si l'on n'observe rien de tout ce qu'on va vous promettre, à qui adresserez-vous vos plaintes ?

« L'article du Conseil une fois omis, je ne vois pas à

vibles, dans le but de maintenir l'unité et la subordination sur toute l'étendue du territoire, dans toutes les parties de l'administration et du royaume (*a*).

---

quoi bon vous vous donnez tant de peine sur tout le reste.

« Il faudra donc, me direz-vous, que nous commençions par déposer des hommes élus et protégés par les princes du sang : et en ce cas, comment pourrions-nous éviter d'encourir leur disgrace?

« Rien de si facile; et on vous en a déjà indiqué les moyens : il ne s'agit que de mettre les princes dans la nécessité de supprimer une partie de ce Conseil provisoire; et de la manière dont on nous a parlé; il paraît qu'on ne sera pas fâché de trouver un prétexte pour faire cette réforme, qui vous paraît si effrayante.

« En un mot, la raison vous prouve que vous avez droit de régler l'administration et la forme du Conseil; un grand nombre d'exemples vous le démontrent, le roi vous l'ordonne, les princes y consentent, la patrie vous y exhorte par la bouche de son premier magistrat. Si des raisons si fortes ne peuvent vous ébranler, n'imputez désormais qu'à votre lâcheté tous les maux qui affligeront l'État.

« Et vous qui conservez des cœurs français, ne souffrez pas que la nation vous accuse d'avoir trahi sa confiance, et qu'un jour la postérité vous reproche de ne lui avoir pas transmis le dépôt de la liberté publique, tel que vous l'aviez reçu de vos pères. Sauvez vos noms de cet opprobre ».

(*a*) *Voy. ci-dessus*, vol. VIII, pag. 38, 550 *et suiv.*

TITRE III.

POUVOIR JUDICIAIRE.

Troisième Proposition subsidiaire.

SOMMAIRE. Développement de cette troisième Proposition et des autres vérités et principes qui s'y rattachent directement et sur lesquels doit spécialement reposer l'organisation du Pouvoir judiciaire dans une Monarchie régulière et bien constituée.

« Les Royaumes, sans bon ordre de justice, ne peuvent avoir durée « ne fermeté aucune » (a).

« C'est surtout dans les Monarchies qu'il importe que l'autorité judiciaire soit bien constituée » (b).

Nous avons déjà mis au nombre et au premier rang des vérités qui doivent servir de base à l'organisation du Pouvoir judiciaire dans une Monarchie régulière et bien constituée, cette proposition, « que ce Pouvoir doit être « institué de telle sorte que toutes ses branches « et ses attributions tendent et se réunissent

(a) Préambule de l'Ordonnance de 1453.
(b) De l'Autorité judiciaire, par M. Henryon de Pensey, chap. 2, pag. 123.

« vers un centre commun, propre à conserver
« l'uniformité de la jurisprudence, à la ratta-
« cher au texte même comme à l'esprit de la
« Législation, et à devenir en quelque sorte le
« régulateur des deux autres Puissances » (*a*).

Nous avons vu aussi que, sous cette forme
de Gouvernement, la Puissance judiciaire doit
être distincte et séparée de la Puissance législative et de la Puissance exécutive; qu'autrement, ainsi que le dit M. de Montesquieu (*b*),
il ne saurait encore y avoir de liberté; et que
les princes qui ont voulu se rendre despotiques, ont toujours commencé par violer ce
principe, duquel découle immédiatement celui
de l'indépendance de la magistrature.

Enfin, nous avons encore eu lieu d'entrevoir
que la connaissance des règles relatives à cette
organisation du Pouvoir judiciaire suppose nécessairement la solution de plusieurs autres
questions importantes, telles que celles qui
sont relatives à la fixation des différens degrés

(*a*) *Voy.* ci-dessus, entre autres, vol, v, pag. 463.

(*b*) *Ibid.* vol. iv, pag. 89 *et suiv.* — Esprit des lois,
liv. xi, chap. vi.

nécessaires de juridiction, à la liberté de la défense, et à sa publicité (*a*).

C'est ici qu'il convient de rassembler ces diverses questions, et de les examiner successivement : ce que nous allons faire dans l'ordre et sous les titres suivans : 1º Tendance et Réunion de toutes les branches du Pouvoir judiciaire vers un centre commun, essentiellement propre à conserver l'uniformité de la jurisprudence ; 2º Examen de la question relative aux différens degrés nécessaires de juridiction ; 3º Indépendance de la magistrature ; 4º Publicité des audiences et des jugemens ; 5º Liberté de la Défense.

(*a*) *Voy*. ci-dessus, entre autres, vol. iv, pag. 533.

I°.

Tendance et Réunion de toutes les branches du Pouvoir judiciaire vers un centre commun propre à conserver l'uniformité de la jurisprudence.

« En populus sapiens et intelligens , gens magna , qui habet universam
« legem justaque judicia ».

DEUT. , cap. 4 , v. 6 et 8.

L'Écriture considère et signale comme un grand peuple celui qui ne reconnaît qu'une seule et même loi, et chez lequel les jugemens sont justes. En effet, l'unité de la législation est tout à-la-fois un bienfait inappréciable et une preuve manifeste d'intelligence et de sagesse : mais, pour que les jugemens soient justes, pour qu'il résulte un bien réel de cette unité de législation, il faut nécessairement que la jurisprudence des Cours et autorités judiciaires s'y rattache et soit uniforme comme elle. Sans cette concordance et cette uniformité de la jurisprudence, évidemment celles de la législation seraient insuffisantes et nulles ; tandis que leur existence simultanée est un des moyens les plus efficaces d'harmonie, de

14.

richesse et de prospérité. Telle n'est point encore la position de l'Angleterre ; telle n'était pas celle de la France avant *mil sept cent quatre-vingt-neuf*, et en général celle de toute société non parvenue à un état avancé de civilisation ; et c'est ce qui, en ce sens, motivait complètement l'observation critique que faisait Pascal, lorsqu'il disait : « On ne voit presque rien qui ne change de qualité en changeant de climat ; trois degrés d'élévation du pôle renversent toute la jurisprudence, et un méridien décide de la vérité » (a).

Pour prouver que les inconvéniens attachés à cet état de choses étaient sentis depuis long-temps par le législateur, comme par le moraliste et le publiciste, et qu'au moins en ceci les intentions et les intérêts de la Couronne ne diffèrent en rien de ce que la Révolution française a eu en partie pour but d'établir en faveur du peuple, les citations suivantes doivent suffire.

L'auteur de la Science du Gouvernement dit, entre autres choses : « Chaque peuple doit

_____

(a) *Voy.* Ses Pensées.

avoir des lois qui lui soient propres, et une nation ne doit pas attendre pour se gouverner que le bon sens lui vienne d'ailleurs; mais la multiplicité des lois dans un pays (et les diverses manières de les interpréter) est un mal presque aussi grand que la fréquence des crimes. Cette diversité est une marque aussi évidente de la corruption d'un État, que la diversité des remèdes en est une des maladies du corps.... Qu'était-ce, enfin, qu'une loi dont la justice locale et l'autorité bornée tantôt par une montagne, tantôt par un ruisseau, s'évanouissait, parmi les sujets d'un même État, pour quiconque passait le ruisseau ou la rivière.... L'unité amène l'ordre et le maintient; la règle paraît inséparable de l'uniformité, et il conviendrait que des peuples qui n'ont qu'un même roi.... n'eussent qu'une même loi et une même coutume, comme un même poids et une même mesure....

« C'est un dessein qui fut autrefois exécuté dans toutes les villes de l'Achaïe et du Peloponèse.... (*a*).

(*a*) *Voy.* POLIBE; et BODIN, lib. 1, cap. 10.

« L'un de nos rois (Philippe V, dit le Long)
l'avait conçu ; mais son règne, qui ne dura que
cinq ans, fut trop court pour l'exécution de
son projet....

« Louis XI le forma aussi ; mais ce dessein
ne saurait être exécuté que par un roi paci-
fique : et le règne de ce prince fut toujours
agité de guerres ou civiles ou étrangères....

« Louis XIII, Louis XIV l'avaient fait revivre ; et par les ordres de ce dernier roi, un
grand magistrat (M. le premier président de
Lamoignon) s'appliqua à ce travail, avec plusieurs autres officiers ou jurisconsultes ; mais
il l'abandonna après plusieurs conférences. Il
s'y trouva en effet des difficultés assez consi-
dérables. Elles ne sont pourtant pas insurmon-
tables, et ne doivent pas entrer en comparaison avec l'avantage qui résulterait de l'exécution de ce dessein....

« L'uniformité des jugemens n'est pas moins
à désirer que l'uniformité des lois.... » (a).

Le Préambule de l'ordonnance du mois de

(a) DE RÉAL. Science du Gouvern., tom. VI, chap. I,
sect. 9, § 64 et 79, pag. 177 et 184.

février 1731, par laquelle la législation sur la matière des donations avait été fixée et rattachée à des bases uniformes pour toute la France, était ainsi conçu : « La justice devrait être aussi uniforme dans ses jugemens, que la loi est une dans sa disposition, et ne pas dépendre de la différence des temps et des lieux, comme elle fait gloire d'ignorer celle des personnes. Tel a été l'esprit de tous les législateurs ; et il n'est point de loi qui ne renferme le vœu de la perpétuité et de l'uniformité. Leur principal objet est de prévenir les procès, encore plus que de les terminer ; et la route la plus sûre pour y parvenir, est de faire régner une telle uniformité dans les décisions, que, si les plaideurs ne sont pas assez sages pour être leurs premiers juges, ils sachent au moins que, dans tous les tribunaux, ils trouveront une justice toujours semblable à elle-même, par l'observation constante des mêmes règles. Mais, comme si les lois et les jugemens devaient éprouver ce caractère d'incertitude et d'instabilité, qui est presque inséparable de tous les ouvrages humains, il arrive quelquefois que, soit par un défaut d'expression, soit

par les différentes manières d'envisager les
mêmes objets, la variété des jugemens forme
d'une seule loi, comme autant de lois différentes., dont la diversité et souvent l'opposition, contraires à l'honneur de la justice, le
sont encore plus au bien public. De là naît en
effet cette multitude de conflits de juridiction,
qui ne sont formés par un plaideur trop habile, que pour éviter, par le changement des
juges, la jurisprudence qui lui est contraire, et
s'assurer celle qui lui est favorable; en sorte
que le fond même de la contestation se trouve
décidé par le seul jugement qui règle la compétence du tribunal. Notre amour pour la
justice, dont nous regardons l'administration
comme le premier devoir de la royauté, et le
désir que nous avons de la faire respecter également dans tous nos États, ne nous permettent pas de tolérer plus long-temps une diversité de jurisprudence qui produit de si grands
inconvéniens. Nous aurions pu la faire cesser
avec plus d'éclat et de satisfaction pour nous,
si nous avions différé de faire publier le corps
des lois qui seront faites dans cette vue, jusqu'à ce que toutes les parties d'un projet si im-

portant eussent été également achevées. Mais l'utilité qu'on doit attendre de la perfection de cet ouvrage ne pouvant être aussi prompte que nous le désirerions, notre affection pour nos peuples, dont nous préférerons toujours l'intérêt à toute autre considération, nous a déterminé à leur procurer l'avantage présent de profiter, au moins en partie, d'un travail dont nous nous hâterons de leur faire bientôt recueillir tout le fruit, et nous leur en donnons comme les prémices, par la décision des questions qui regardent la nature, la forme et les charges ou les conditions essentielles des donations : matière qui, soit par sa simplicité, soit par le peu d'opposition qui s'y trouve entre les principes du Droit romain et ceux du Droit français, nous a paru la plus propre à fournir le premier exemple de l'exécution du plan que nous nous sommes proposé. Avant d'y établir des règles invariables, nous avons jugé à propos de nous faire informer exactement par les principaux magistrats de nos parlemens et de nos conseils supérieurs, des différentes juris-prudences qui s'y observent; et nous avons eu la satisfaction de voir, dans l'exposition des

moyens propres à les concilier, que ces magistrats, uniquement occupés du bien de la justice, nous ont proposé souvent de préférer la
jurisprudence la plus simple, et par là même
la plus utile, à celle que le préjugé de la naissance et une ancienne habitude pouvaient leur
rendre plus respectable; ou, s'il y a eu de la
diversité de sentiment sur quelques points,
elle n'a servi, par le compte qui nous en a été
rendu dans notre Conseil, qu'à développer encore plus les véritables principes que nous devons suivre pour rétablir successivement dans
les différentes matières de la jurisprudence où
l'on observe les mêmes lois, *cette uniformité
parfaite qui n'est pas moins honorable au législateur, qu'avantageuse à ses sujets*».

: L'auteur du Traité de la Magistrature en
France, dans ce qu'elle fut et dans ce qu'elle
doit être, s'exprime ainsi qu'il suit : « L'Assemblée Constituante, après avoir aboli les privilèges, les immunités, les coutumes particulières
et les lois locales, qui rendaient les provinces,
les contrées, quelquefois même les communes,
étrangères les unes aux autres, voulut que tous
les Français fussent réunis sous une adminis-

tration et une législation uniforme et générale. Ce beau système d'unité, qui devait avoir une grande influence sur la prospérité publique.... n'aurait cependant pas obtenu un plein succès, si l'on n'eût en même temps cherché les moyens d'empêcher que les lois ne fussent interprétées et appliquées de diverses manières dans les différentes Cours, et qu'il ne se formât une jurisprudence particulière dans chaque arrondissement.

« Pour prévenir cet inconvénient grave, il fallait établir une Cour suprême, uniquement chargée d'imprimer une direction uniforme à tous les tribunaux de l'Empire ; de proscrire les fausses doctrines, de veiller sans cesse à la religieuse observation des formes et à l'exacte application des lois. Il fallait que cette Cour fût indépendante, fortement constituée, et composée de magistrats du premier mérite, afin que ses arrêts fussent reçus dans toutes les Cours comme des oracles. L'Assemblée Constituante institua sur ce plan la Cour de cassation » (*a*).

(*a*) De la Magist. en France, *considérée dans ce qu'elle*

Toutefois, on ne sentit pas alors, on ne comprend pas encore assez que, pour atteindre complètement le but, toutes les branches de la Puissance judiciaire, soit civiles et commerciales, soit correctionnelles et criminelles, soit contentieuses et de comptabilité, doivent trouver leur centre d'unité dans cette institution salutaire que quelques esprits faux semblent encore vouloir, mais en vain, repousser et méconnaître; et nous espérons prouver clairement, dans la suite de ce titre, que l'on est au contraire resté jusqu'ici de beaucoup en arrière du développement qu'il importe essentiellement de donner à son organisation.

fut et dans ce qu'elle doit être, par M. Bourguignon, père, ancien magistrat; 3ᵉ part., chap. v, pag. 182.

11°.

Examen de la question relative aux différens degrés nécessaires de juridiction.

« In judicando criminosa est celeritas »

SENEC. *In proverb.*

« Les corps qui ont le dépôt des lois n'obéissent (c'est-à-dire
« ne servent)jamais mieux que quand ils vont à pas tardifs ».

MONTESQUIEU (a).

La lenteur des formes, la longueur des procès est assurément un inconvénient grave ; mais la précipitation des jugemens est un plus grand malheur encore. Le citoyen qui voit s'écouler plusieurs années de sa vie avant de pouvoir obtenir justice, se plaint avec raison ; mais celui qui est, lui et sa famille, dépouillé pour toujours, condamné sans appel et sans recours, par un jugement irréfléchi, précipité, et cependant irrévocable, est bien plus à plaindre encore.

On conçoit que, sous un Gouvernement des-

_____

(a) Esprit des lois, liv. v, ch. x ; et *ci-dessus*, vol. v, pag. 567.

potique, les jugemens doivent être rendus promptement et exécutés de même : c'est le caprice, la force, et non la justice, qui décide ; et si l'empire de celle-ci est durable, celui de la force est instantané et précaire.

Dans une Monarchie bien constituée, au contraire, c'est la justice seule qui prononce ; les jugemens sont le résultat d'une conviction intime et éclairée, et cette conviction est un peu moins facile à se former que l'arbitraire n'est prompt à prononcer.

La pensée que nous empruntons pour épigraphe à l'auteur de l'Esprit des lois peut encore recevoir ici une très-juste et très-utile application ; et M. de Montesquieu, en traitant, dans le même ouvrage, *de la Simplicité des Lois criminelles dans les divers Gouvernemens,* entre lui-même dans un développement qui explique et fera bien comprendre le sens et l'étendue qu'il convient de donner à cette même pensée. Voici comment il s'exprime : « On entend dire sans cesse qu'il faudrait que la justice fût rendue partout comme en Turquie. Il n'y aura donc que les plus ignorans de tous les peuples qui auront vu clair, dans la chose du monde qu'il importe le plus aux hommes de savoir?.

« Si vous examinez les formalités de la justice, par rapport à la peine qu'a un citoyen à se faire rendre son bien ou à obtenir satisfaction de quelque outrage, vous en trouverez sans doute trop : si vous les regardez dans le rapport qu'elles ont avec la liberté et la sûreté des citoyens, vous en trouverez souvent trop peu; et vous verrez que les peines, les dépenses, les longueurs, les dangers même de la justice, sont le prix que chaque citoyen donne pour sa liberté.

« En Turquie, où l'on fait très-peu d'attention à la fortune, à la vie, à l'honneur des sujets, on termine promptement d'une façon ou d'une autre toutes les disputes. La manière de les finir est indifférente, pourvu qu'on finisse. Le Bacha d'abord éclairci, fait distribuer à sa fantaisie des coups de bâton sur la plante des pieds des plaideurs, et les renvoie chez eux.

« Et il serait bien dangereux que l'on y eût les passions des plaideurs; elles supposent un désir ardent de se faire rendre justice, une

haine, une action dans l'esprit, une constance
à poursuivre. Tout cela doit être évité dans un
Gouvernement où il ne faut avoir d'autre sentiment que la crainte, et où tout mène tout-
à-coup, et sans qu'on le puisse prévoir, à des
révolutions. Chacun doit connaître qu'il ne
faut point que le magistrat entende parler de
lui, et qu'il ne tient sa sûreté que de son anéan-
tissement.

« Mais dans les États modérés, où la tête du
moindre citoyen est considérable, on ne lui
ôte son honneur et ses biens qu'après un long
examen ; on ne le prive de la vie que lorsque
la patrie elle-même l'attaque ; et elle ne l'attaque qu'en lui laissant tous les moyens possibles de la défendre.

« Aussi, lorsqu'un homme se rend plus absolu (a), songe-t-il d'abord à simplifier les lois.
On commence dans cet État à être plus frappé
des inconvéniens particuliers que de la liberté
des sujets, dont on ne se soucie point du tout.

« On voit que, dans les républiques, il faut
pour le moins autant de formalités que dans

(a) « Comme César, Cromwell, et tant d'autres ».

les Monarchies (*a*). Dans l'un et dans l'autre Gouvernement, elles augmentent en raison du cas que l'on y fait de l'honneur, de la fortune, de la vie, de la liberté des citoyens » (*b*).

Aussi semble-t-il que, lorsque les institutions ont tendu à s'éloigner du despotisme, on a assez généralement considéré comme un principe salutaire d'organisation, celui qui admet et prescrit plusieurs degrés de juridiction.

En France, par exemple, dès le temps de Pépin, il n'était pas permis d'aller au roi, avant d'avoir plaidé devant le comte et devant les juges qui étaient sous lui.

Relativement aux fiefs, du moins, il y avait non-seulement les appels de *défaute de droit*, qui avaient lieu quand, dans la Cour d'un seigneur, on différait, on évitait, ou l'on refu-

---

(*a*) Cela peut être dans une véritable République, c'est-à-dire sous un Gouvernement modéré et constitué suivant la véritable acception de ce mot, pour l'avantage de la chose publique (*voy. ci-dess.,* vol. iv, p. 120, n. *a;* et vol. v, pag. 8); mais non pas dans une aristocratie, dans une démocratie, ou dans toute autre forme de Gouvernement *simple* ou *absolu* que ce puisse être. (*Voy. ci-dessus,* vol. iv, pag. 132 *et suiv.*).

(*b*) Esprit des lois, liv. vi, chap. ii.

sait de rendre justice aux parties, mais encore les *appels de faux jugemens*, qui avaient lieu lorsqu'on demandait *amendemens* des jugemens rendus, parce que les parties se plaignaient de ce que ces jugemens avaient été *faussement et méchamment rendus*; ce qui occasionait le combat judiciaire et même la prise à partie du seigneur par lequel le jugement avait été rendu, et quelquefois le recours au roi. Par suite des Établissemens de Saint-Louis, ces appels ne furent plus fondés que sur le motif *qu'ils faisaient préjudice*, et le combat judiciaire fut aboli, du moins dans les tribunaux de ses Domaines (a).

Plus tard, sous la troisième race, et immédiatement avant la Révolution, dans les juridictions séculières, de même que dans la juridiction ecclésiastique, il se trouvait en quelques endroits jusqu'à cinq ou six degrés de juridiction. « Le premier degré, c'est-à-dire l'ordre le plus inférieur, était celui *de la basse* ou de *la moyenne justice;* on pouvait appeler

---

(a) *Voy.* entre autres, BEAUMANOIR, BOUTILLIER, DESFONTAINES; MONTESQUIEU, Esprit des lois, liv. xxviii, chap. xxviii, xxix *et suiv.*

de ces justices à *la haute*, qui faisait le second degré; de *la haute-justice*, on pouvait en appeler à *la justice royale*, qui faisait le troisième degré; et si c'était une *prevôté* ou autre justice du même ordre, on pouvait en appeler au *bailliage* ou *sénéchaussée*: enfin, on appelait de ceux-ci au *parlement*, qui faisait le cinquième degré.

« Pour diminuer le nombre des degrés de juridiction, l'ordonnance d'Orléans, *art.* 54, et celle de Roussillon, *art.* 24, avaient ordonné que les prevôtés, vigueries ou autres juridictions royales et subalternes qui étaient établies dans les villes où il y avait bailliage ou sénéchaussée, auxquelles elles ressortissaient, seraient supprimées.

« Mais comme cela ne devait avoir lieu qu'à mesure que les offices vaqueraient, l'exécution en fut par là si long-temps différée, que Henri III, par son ordonnance de Blois, *article* 288, se contenta d'ordonner que les offices de ces siéges subalternes seraient réduits au même nombre où ils étaient suivant la première création.

« Cette loi n'ayant pas été mieux exécutée,

15.

le feu roi (Louis XV), après avoir supprimé, par différens édits particuliers, plusieurs prevôtés, ordonna, par un autre édit du mois d'avril 1749, que toutes les prevôtés, châtellenies, prevôtés foraines, vicomtés, vigueries, et les autres juridictions royales établies sous quelque dénomination que ce fût, dans les villes où il y avait bailliage ou sénéchaussée auxquelles elles étaient ressortissantes, ensemble tous les offices créés et établis pour servir à l'administration de la justice dans ces juridictions, demeureraient supprimés.

« Cet édit avait laissé subsister les juridictions royales ressortissantes aux bailliages et sénéchaussées, lorsqu'elles n'étaient pas dans la même ville.

« En quelques endroits, l'appel de la haute-justice était porté directement au bailliage ou sénéchaussée, auquel cas il n'y avait que trois degrés de juridiction.

« Dans les affaires qui étaient portées directement au bailliage, il ne pouvait y avoir que deux degrés de juridiction.

« Il en était de même des affaires qui étaient du ressort des Cours des aides; il n'y avait jamais que deux degrés de juridiction. En effet, des élections, greniers à sel et juges des traites, on allait directement par appel à la Cour des Aides.

« En matière d'eaux et forêts, il y avait ordinairement trois degrés, savoir : les grueries ou les maîtrises, la table de marbre, et le parlement.

« L'ordre des juridictions était considéré comme étant de droit public, tellement qu'il n'était permis à personne de l'intervertir.

« Il était défendu en conséquence aux juges d'entreprendre sur les juridictions les uns des autres.

« Il n'y avait que le Prince ou les Cours souveraines qui pouvaient distraire quelqu'un de la juridiction à laquelle il était naturellement soumis » (faculté exorbitante et contraire aux vrais principes).

« Une partie qui n'était pas assignée devant son juge naturel ou autre juge compétent, pouvait décliner la juridiction.

« Les particuliers ne pouvaient pas déroger à l'ordre naturel des juridictions, quelque soumission qui eût été faite à une juridiction à l'exclusion d'une autre, quand même cette sou-

mission eût été l'une des clauses du contrat ;
il n'était pas permis aux parties, même d'un
commun accord, de porter une affaire à un
autre juge que celui auquel la connaissance en
appartenait naturellement ; autrement le ministère public pouvait revendiquer l'affaire
pour le juge qui en devait être saisi.

« Il n'était pas non plus permis en matière
civile d'intervertir l'ordre des juridictions pour
porter l'appel d'une sentence à un autre juge
que celui qui était le supérieur du juge dont
était appel, si ce n'est dans les appels comme
de déni de renvoi, ou comme de juge incom-
pétent, dans lesquels l'appel était porté directement au parlement.

« En matière criminelle, l'appel allait aussi
toujours au parlement, *omisso medio* » (a).

(a) *Voy*. entre autres, Répertoire de Jurisprudence,
au mot *Juridiction.*

— Il a été décidé plus d'une fois que le jugement sur
appel au parlement n'excluait pas le pourvoi au Conseil.

— En Angleterre, les trois degrés de juridiction existent. C'est aux juges supérieurs qu'appartient l'application de la loi sur ce qui résulte des faits constatés par
le jury, même en matières civiles ; et s'il y a des erreurs
sur le point de loi, il reste deux Cours successives d'ap-

Dans cet état de choses, il y avait donc deux grands inconvéniens; d'une part, toujours absence ou défaut d'uniformité, de l'autre, quelquefois surabondance, excès dans la faculté de l'appel, et par conséquent possibilité d'éterniser les procès; et ce fut sans doute en partie ce qui dicta à l'auteur de l'Esprit des lois, le chapitre suivant, intitulé *De l'Esprit du Législateur* : « Je le dis, et il me semble que je n'ai fait cet ouvrage que pour le prouver : l'esprit de modération doit être celui du législateur ;

---

pel, pour rectifier ces erreurs. (*Voy.* BLACKSTONE. Commentaire. Vol. IV, liv. III, chap. IV, pag. 99, et chap. VI, § 7 *et autres. Trad. de M. Chompré*).

— Les Romains avaient trois sortes de juridictions dont le pouvoir était différent, savoir : celle des magistrats du premier ordre, qui avaient *merum et mixtum imperium*, c'est-à-dire l'entière juridiction, ou comme on disait autrefois en France, *haute, moyenne et basse-justice*. D'autres d'un ordre inférieur, qui n'avaient que le *mixtum imperium*, dont le pouvoir était moins étendu et ressemblait à peu près à la *moyenne-justice*. Enfin, il y avait des juridictions simples, qui ressemblaient assez aux *basses-justices;* mais ces diverses juridictions, quoique de pouvoir différent, ne formaient pas trois degrés de juridictions pour l'appel. (Répert. de jurisp., par Guyot et par M. Merlin, au mot *Juridiction*).

le bien politique, comme le bien moral, se trouve toujours entre deux limites. En voici un exemple.

« Les formalités de la justice sont nécessaires à la liberté. Mais le nombre en pourrait être si grand, qu'il choquerait le but des lois mêmes qui les auraient établies : les affaires n'auraient point de fin ; la propriété des biens resterait incertaine ; on donnerait à l'une des parties le bien de l'autre sans examen, ou on ruinerait toutes les deux à force d'examiner.

« Les citoyens perdraient leur liberté et leur sûreté ; les accusateurs n'auraient plus les moyens de convaincre, ni les accusés les moyens de se justifier » (a).

Aujourd'hui, le moyen terme semble avoir été atteint, en matières civile, criminelle, correctionnelle et de police, et même quelquefois en matière de comptabilité administrative et contentieuse ; et c'est un point de législation bienfaisant et salutaire que celui qui admet les trois degrés de juridiction, le jugement de première instance, la voie d'appel, et le pour-

_____

(a) *Voy.* Esprit des lois, liv. XXIX, chap. 1er.

voi ou recours en cassation pour vice de forme ou violation de la loi. Aussi, quoi qu'en puissent dire les détracteurs du nouvel ordre d'organisation judiciaire, il faut espérer que chaque jour on le verra se consolider, s'affermir davantage, et admettre enfin toute l'étendue d'application que les principes sur lesquels il est fondé doivent recevoir.

Nous venons de dire que les trois degrés de juridiction existent en matière de police et en matière correctionnelle, de même qu'en matière civile ; mais s'ils sont nécessaires pour le jugement de simples délits dont la conviction n'emporte avec elle que la condamnation à des peines légères, comment ne le sont-ils pas lorsqu'il s'agit de l'application de peines afflictives et infamantes, lorsqu'il s'agit d'une condamnation à la peine capitale (*a*)? A ce sujet,

---

(*a*) A cet égard, la nouvelle Législation, en matière criminelle, se partage en deux époques : celle qui a précédé la mise en activité du Code d'instruction criminelle de 1808, et l'époque postérieure et actuelle.

— Avant la mise en activité du Code d'instruction criminelle de 1808, les procès criminels étaient, comme ils sont encore aujourd'hui, de trois sortes : ceux de

on se demande de nouveau si l'honneur et la
vie des hommes sont moins précieux et moins

---

grand criminel, ceux de police correctionnelle, ceux de
simple police.

En général, l'appel n'avait lieu ni dans les procès de
grand criminel, ni dans ceux de simple police; mais il
était admis dans les affaires de police correctionnelle.

Dans les procès de grand criminel, on distinguait les
jugemens que rendaient les Cours supérieures, d'avec les
actes d'instruction qui étaient rendus ou faits, soit par
les officiers de police judiciaire, soit par les directeurs
du jury, soit par les tribunaux d'arrondissement.

1°. Les jugemens que rendaient, soit les Cours de justice criminelle ordinaire, soit les Cours de justice spéciale, n'étaient, en aucun cas, sujets à l'appel. Ils étaient
essentiellement rendus en dernier ressort; et ils portaient
le nom, comme ils avaient l'autorité, *d'arrêts.* Il n'y avait
même, à cet égard, aucune distinction à faire entre les
jugemens interlocutoires et les jugemens définitifs. (*Voy.*
le Code des délits et des peines, du 3 brumaire an IV,
art. 272; *et le Sénatus-Consulte du 28 floréal an XII,*
art. 134).

2°. Les ordonnances que rendaient et les actes d'instruction que faisaient les officiers de police judiciaire,
pouvaient bien être annulés par les Cours de justice criminelle, lorsqu'avant de passer au jugement des procès
dans lesquels ces actes avaient été faits ou ces ordonnances rendues, les Cours de justice criminelle exami-
naient, ainsi que le leur enjoignaient les *art.* 325 et *sui-*

sacrés que leurs biens ou leur liberté. C'est
par l'institution du jury qu'on a cru pouvoir

---

vans du Code du 3 brumaire an IV, si les formes prescrites par la loi avaient été observées. Mais ce n'était
pas comme juges d'appel que ces Cours prononçaient en
pareil cas : elles ne faisaient, à l'égard de ces actes et de
ces ordonnances, que ce qu'elles eussent dû faire à l'égard
de leurs propres actes d'instruction, si avant de juger
définitivement, elles y avaient aperçu des nullités.

Du reste, dans tous les cas prévus par les articles précités
du Code du 3 brumaire an IV, il n'appartenait qu'à la cour
de cassation d'annuler les actes et les ordonnances des
officiers de police judiciaire ; et l'on ne pouvait les attaquer que devant elle.

3° Il en était absolument de même des ordonnances
que rendaient les directeurs de jury, lorsqu'ils procé-
daient, non comme officiers de police judiciaire, mais
comme juges d'instruction. Les cours de justice criminelle ne pouvaient également les annuler que dans les
cas prévus par les articles 325 *et suivans*, du Code du 3
brumaire an IV....

4° Quant aux jugemens d'instruction que rendaient les
tribunaux d'arrondissement sur les procès de grand criminel (ce qui ne pouvait avoir lieu que dans le cas où il
y avait dissidence entre les directeurs du jury et les magistrats de sûreté), ils étaient soumis à une sorte d'appel
de la part du ministère public.

Voici ce que portait à ce sujet la loi du 7 pluviose
an IX :

suppléer à l'existence du second degré de juridiction en matière criminelle. Nous nous oc-

---

« *Art.* 15. Quand le directeur du jury trouve l'affaire
suffisamment instruite, il en ordonne la communication
au magistrat de sûreté (substitut), lequel est tenu, dans
trois jours au plus, de donner ses réquisitions par écrit,
ensuite desquelles le directeur du jury rend une ordonnance par laquelle, selon les différens cas, la nature et
la gravité des preuves, il met le prévenu en liberté, ou
le renvoie devant le tribunal de simple police, ou devant
le tribunal de police correctionnelle, ou devant le jury
d'accusation....

« *Art.* 16. Dans tous les cas où l'ordonnance n'est pas
conforme aux réquisitions, l'affaire est soumise au tribunal de l'arrondissement, qui n'en juge qu'après avoir
entendu le substitut.... et le directeur du jury, lequel ne
peut prendre part à cette décision.

« *Art.* 17. Dans les vingt-quatre heures qui suivent ce
jugement, le substitut peut, s'il le juge convenable, l'envoyer avec les pièces au commissaire (procureur-général)
près le tribunal criminel; et cependant le même jugement
s'exécute par provision, s'il porte la mise en liberté du
prévenu.

« *Art.* 18. Si le commissaire (procureur-général) près
le tribunal criminel est de l'avis du jugement, il le renvoie sans délai à son substitut, pour le mettre, de même
sans délai, à exécution; dans le cas contraire, il en réfère
au tribunal criminel, qui peut réformer le jugement, non-
seulement à raison de la compétence, de tout excès de

cuperons, dans l'Appendice, de l'examen particulier et approfondi de cette institution, des

---

pouvoir, ou pour fausse application de la loi à la nature
du délit, mais encore à raison des nullités qui pourraient
avoir été commises dans l'instruction et la procédure. Ce
jugement, ainsi que celui de première instance, sont rendus à la chambre du conseil ».

Mais ces dispositions n'étaient relatives qu'aux dissidences d'opinion qui survenaient entre le directeur du
jury et le magistrat de sûreté, postérieurement à l'ordonnance par laquelle le premier *trouvant l'affaire suffisamment instruite*, en ordonnait la communication au
deuxième, pour requérir, soit la mise en liberté des prévenus, soit leur mise en jugement ; et par conséquent on
ne pouvait pas appliquer ces dispositions aux dissidences
d'opinion qui s'élevaient entre le directeur du jury et le
magistrat de sûreté, avant que l'instruction fût achevée.

— Suivant l'*art.* 172 du Code d'instruction criminelle
de 1808, les jugemens des tribunaux de police peuvent
être attaqués par la voie de l'appel, lorsqu'ils prononcent
un emprisonnement, ou lorsque les amendes, restitu-
tions, et autres réparations civiles excèdent la somme
de 5 francs, outre les dépens.

L'*art.* 174 ajoute : « l'appel des jugemens rendus par
le tribunal de police sera porté au tribunal correctionnel. Cet appel sera interjeté dans les dix jours de la signification de la sentence à personne ou domicile ».

Suivant l'*art.* 199 du même Code, les jugemens définitifs
qui interviennent, en matière correctionnelle, dans les tri-

questions relatives à son utilité réelle(6); mais,
quelle que soit la solution de ces questions,
il n'en sera pas moins vrai de dire que, pour
que la déclaration d'un jury pût complètement
suppléer la revision d'un procès sur appel, il
faudrait qu'il fût possible de penser que le jury
est à l'abri de toute erreur, et qu'il ne doit ja-

---

bunaux d'arrondissement, peuvent aussi être attaqués par
appel dans les dix jours qui suivent celui de leur prononciation à l'audience lorsqu'ils sont contradictoires, et
leur signification à personne ou domicile lorsqu'ils sont
par défaut. (*Voy.* l'*art.* 203 du même Code et l'avis du
Conseil d'état, du 14—18 février 1806).

Sous le Code du 3 brumaire an IV, les appels de ces
jugemens étaient portés devant les cours de justice criminelle. La forme de procéder à cet égard était réglée
par l'*art.* 194 *et suiv.* de ce Code, et par la loi du 29 avril
1806.

Aujoud'hui, ils sont portés tantôt à la cour royale,
tantôt au tribunal correctionnel du chef-lieu du département, suivant les distinctions établies par le code d'instruction criminelle, *art.* 200 et 201, et par le tableau an-
nexé au décret du 18 août 1810.

Quant aux jugemens rendus dans les procès de grand
criminel, soit par les Cours d'assises, soit par les Cours
spéciales, ils ne sont, en aucun cas, sujets à l'appel.
(*Voy.* le Répertoire de Jurisprudence, par M. Merlin,
entre autres, aux mots *Appel* et *Dernier ressort*).

mais se tromper sur l'appréciation des faits. Or l'expérience déjà prouve suffisamment, ce nous semble, que ses décisions ne sont pas infaillibles. Sans rien préjuger, quant à présent, nous croyons pouvoir citer ici cette réflexion de l'auteur du Commentaire sur l'Esprit des lois. « Cette institution, dit M. le comte Destutt de Traci, me paraît beaucoup plus digne d'éloge sous le rapport politique que sous le rapport judiciaire ; c'est-à-dire que je ne suis pas bien sûr qu'elle soit toujours un moyen efficace de rendre les jugemens plus justes ; mais il me paraît hors de doute qu'elle est un obstacle très-puissant à la tyrannie des juges ou de ceux qui les nomment, et une manière certaine d'habituer les hommes à faire plus d'attention et à attacher plus d'importance aux injustices faites à leurs semblables » (*a*).

(*a*) (Liv. vi, ch. vi, pag. 79). — *Voy.* aussi, sur l'objet traité dans cet article, l'ouvrage ayant pour titre De la Justice criminelle en France, par M. Bérenger, tit. 2, ch. ii, § 15, *De la Revision des procès criminels*, pag. 508 *et suiv.*

— En Angleterre, on obtient quelquefois de nouveaux jurés, en attaquant un *verdict* précédent. *Voy.* Blackstone, liv. iii, chap. 23 ; et liv. iv, chap. 27.

III°.

Indépendance de la Magistrature.

« Il faut aux Juges une probité particulière qu'on appelle intégrité ».
D'Aguesseau.

« Quelle serait la sûreté des citoyens si les magistrats, de qui dépen-
« dent leur fortune, leur honneur et leur vie, avaient à craindre le
« ressentiment des dépositaires de l'autorité ? »
Malesherbes.

Il serait difficile sans doute de reconnaître
aujourd'hui d'une manière bien précise, comment et par qui la justice fut administrée dans
l'origine des sociétés; si elle fut rendue par le
peuple en corps ou en assemblée générale,
par des arbitres du choix des parties, par des
notables ou des vieillards que leur probité,
leur expérience et leur sagesse désignaient et
faisaient adopter pour juges. Les coutumes
à cet égard ont dû varier à l'infini dans le
principe. Heureusement, s'il peut être utile de
rechercher ce que les hommes furent primi-
tivement, afin de se fixer sur ce qu'ils devraient toujours être, sur ce qui les a changés
et sur ce qu'ils peuvent encore redevenir; s'il

importe de remonter à la formation des sociétés, afin d'en découvrir et approfondir les
bases, et par suite, les moyens réellement
propres à en assurer le bien-être, la paix et la
prospérité, il n'est pas d'une égale importance
de savoir ce qui a été d'abord et ce qui s'est
pratiqué depuis, pour bien apprécier en particulier ce qui devrait exister présentement
relativement à l'organisation judiciaire. Lorsque les nations se sont agrandies, les relations
multipliées, les intérêts et les difficultés éten-
dus et compliqués; lorsqu'aux principes de
droit naturel, on s'est vu forcé d'adjoindre
des règles et des lois de convention, qui n'en
découlent et ne s'y rattachent que d'une manière plus ou moins éloignée, plus ou moins
sensible (*a*), il est évident qu'il ne faut confier l'application de ces principes et de ces
lois qu'à des hommes qui en aient fait une
étude particulière et approfondie, et qui réunissent à la fois dans leur personne toutes les
garanties possibles de science et d'intégrité;
il est bien évident que, pour que les jugemens

(*a*) *Voy.* ci-dessus, vol. i, pag. 232 *et suiv.*

soient respectés et les juges eux-mêmes respectables, il est essentiel surtout que ces hommes, investis du droit si éminent de prononcer sur la fortune, la liberté, et même sur
l'existence de leurs concitoyens, jouissent dans
sa plus grande latitude de toute leur indépendance morale, c'est-à-dire d'une entière et
parfaite liberté de conscience. Sous quelque
forme de Gouvernement que ce puisse être,
l'homme qui prononce sur le sort, la fortune,
l'existence d'un autre, sans être en pleine possession de cette parfaite indépendance, n'est
point un juge, un véritable magistrat, mais
un sicaire, un bourreau. Aussi peut-on du
moins apercevoir au travers des nuages incertains et des obscurités de l'histoire, que, par les
rois les plus équitables et les plus amis de l'humanité, dans les pays et aux époques où les
peuples ont pu jouir de quelque ombre de
liberté, l'indépendance de la Magistrature a
été considérée et reconnue comme un principe fondamental et sacré du bonheur des
peuples.

D'après un passage de Plutarque, on rapporte que Antiochus-le-Grand défendit d'o-

béir aux ordres qu'il enverrait dans les provinces, si ces ordres n'étaient pas conformes aux lois.

Dans les commentaires de César (*a*), on lit que, parmi les Germains, les Principaux des contrées ou des villages rendaient la justice comme arbitres, et le plus souvent accommodaient les procès (*b*).

Chez les Francs, les ducs avaient dans les villes inférieures des vicaires ou viguiers qui n'étaient que des chefs d'un tribunal composé de magistrats municipaux, qui rendaient la justice et poursuivaient les coupables. Les comtes jugeaient aussi, mais conjointement avec les notables (*c*).

« Ces ducs, ces comtes, leurs vicaires, viguiers ou centeniers, distribués en différens endroits de leurs Gouvernemens pour y rendre la justice (disent les auteurs des Maximes du Droit public français, en développant cette pro-

---

(*a*) Liv. vi.

(*b*) *Voy.* aussi ci-dessus, vol. iv, pag. 112 et 113.

(*c*) *Voy.* les Capitulaires, entre autres *Capitula excerpta ex lege Longobardorum*; ann. 801, § 25, 27, 128. Tom. i, p. 353. *De la collection de Baluse.*

16.

position : *La France est une Monarchie tempé-
rée par les lois*), ne pouvaient prononcer un
jugement sans prendre, parmi les citoyens les
plus notables, sept assesseurs connus sous le
nom de Rachinbourgs ou Scabins ; et ces assesseurs, toujours choisis dans la nation (ou
classe) de celui contre qui le procès était in-
tenté, formaient la sentence ; le chef du tribunal ne faisait que la prononcer » (*a*).

Entre autres choses, M. de Montesquieu dit
à ce sujet : « Il y avait, du temps de Beaumanoir (*b*), deux différentes manières de rendre
la justice : dans des lieux, on jugeait par
pairs (*c*) ; dans d'autres, on jugeait par baillis :
quand on suivait la première forme, les pairs
jugeaient selon l'usage (*d*) de leur juridiction ;

(*a*) Maximes du Droit publ. franç., tom. ii, chap. iv,
pag. 198. — *Voy.* aussi Observations sur l'Histoire de
France, tom. 1, pag. 27.

(*b*) Coutume de Beauvoisis, chap. 1, *de l'Office des
Baillis.*

(*c*) Dans la commune, les bourgeois étaient jugés par
d'autres bourgeois, comme les hommes de fiefs se jugeaient entre eux. *Voy.* La Thaumassières, chap. xix.

(*d*) Aussi toutes les requêtes commençaient-elles par
ces mots : « Sire juge, il est d'usage qu'en votre juridic-

dans la seconde, c'étaient des prud'hommes ou vieillards qui indiquaient au bailli le même usage. Tout ceci ne demandait aucunes lettres, aucune capacité, aucune étude. Mais lorsque le code obscur des Établissemens et d'autres ouvrages de jurisprudence parurent; lorsque le Droit romain fut traduit; lorsqu'il commença à être enseigné dans les écoles; lorsqu'un certain art de la procédure, et un certain art de la jurisprudence, commencèrent à se former; lorsqu'on vit naître des praticiens et des jurisconsultes, les pairs et les prud'hommes ne furent plus en état de juger; les pairs commencèrent à se retirer des tribunaux du seigneur; les seigneurs furent peu portés à les assembler : d'autant mieux que les jugemens, au lieu d'être une action éclatante, agréable à la noblesse, intéressante pour les gens de guerre, n'étaient plus qu'une pratique qu'ils ne savaient, ni ne voulaient savoir. La pratique de juger par pairs devint moins (*a*) en

---

tion, etc.», comme il parait par la formule rapportée dans Boutillier, *Somme rurale*, liv. 1, tit. xxi.

(*a*) « Le changement fut insensible. On trouve encore les pairs employés du temps de Boutillier, qui vivait en

usage ; celle de juger par baillis s'étendit. Les baillis ne jugeaient (a) pas ; ils faisaient l'instruction, et prononçaient le jugement des prud'hommes : mais les prud'hommes n'étant plus en état de juger, les baillis jugèrent eux-mêmes.

« Cela se fit d'autant plus aisément qu'on avait devant les yeux la pratique des juges d'Église : le droit canonique et le nouveau

---

1402, date de son testament, qui rapporte cette formule, au liv. 1, tit. 21 : *Sire juge, en ma justice haute, moyenne et basse, que j'ai en tel lieu, cour, plaids, baillis, hommes féodaux et sergens.* Mais il n'y avait plus que les matières féodales qui se jugeassent par pairs ». *Ibid.* liv. 1, tit. 1, pag. 16.

(a) « Comme il paraît par la formule des lettres que le seigneur leur donnait, rapportée par Boutillier, *Somme rurale,* liv. 1, tit. 14. Ce qui se prouve encore par Beaumanoir, coutume de Beauvoisis, chap. 1, *des Baillis.* Ils ne faisaient que la procédure. *Le Bailli est tenu en la présence des hommes à penre les paroles de chaux qui plaident, et doit demander as parties se ils veulent avoir droit selon les raisons que ils ont dites ; et se ils disent, sire, vil, le bailli doit contraindre les hommes que ils fassent le jugement.* — *Voy.* aussi les Établissemens de Saint-Louis, liv. 1, chap. cv ; et liv. 11, chap. xv ; *Le juge, si ne doit pas faire le jugement* ».

droit civil concoururent également à abolir les
pairs.

« Ainsi se perdit l'usage constamment observé dans la Monarchie, qu'un juge ne jugeait jamais seul, comme on le voit par les
lois saliques, les capitulaires, et par les premiers écrivains (a) de pratique de la troisième
race. L'abus contraire, qui n'a lieu que dans
les justices locales, a été modéré, et en quelque façon corrigé par l'introduction en plusieurs lieux d'un lieutenant de juge, que celui-ci consulte et qui représente les anciens
prud'hommes; par l'obligation où est le juge
de prendre deux gradués, dans les cas qui
peuvent mériter une peine afflictive; et enfin
il est devenu nul, par l'extrême facilité des
appels (b).

« Ainsi ce ne fut point une loi qui défendit
aux seigneurs de tenir eux-mêmes leur cour;
ce ne fut point une loi qui abolit les fonctions
que leurs pairs y avaient; il n'y eut point de

(a) Beaumanoir, chap. 57, pag. 336; et chap. 61,
pag. 315 et 316; Les Établissemens, liv. ɪɪ, chap. xv.

(b) Il manquait encore quelque autre chose pour le réformer, ainsi que nous le reconnaîtrons dans ce titre.

loi qui ordonnât de créer des baillis; ce ne fut point par une loi qu'ils eurent le droit de juger. Tout cela se fit peu à peu, et par la force de la chose. La connaissance du droit romain, des arrêts des cours, des corps de coutumes nouvellement écrites, demandaient une étude, dont les nobles et le peuple sans lettres n'étaient point capables.

« La seule ordonnance que nous ayons (a) sur cette matière, est celle qui obligea les seigneurs de choisir leurs baillis dans l'ordre des laïques. C'est mal à propos qu'on l'a regardée comme la loi de leur création.... De plus, elle fixe ce qu'elle prescrit par les raisons qu'elle en donne : *c'est afin*, est-il dit, *que les baillis puissent être punis* (b) *de leurs prévarications, qu'il faut qu'ils soient pris dans l'ordre des laïques.* On sait les privilèges des ecclésiastiques dans ces temps-là.

« Il ne faut pas croire que les droits dont les seigneurs jouissaient autrefois, et dont ils

---

(a) Elle est de l'an 1287.

(b) *Ut si ibi delinquant, superiores sui possint animadvertere in eosdem.*

ne jouissent plus aujourd'hui, leur aient été ôtés comme des usurpations : plusieurs de ces droits ont été perdus par négligence (*a*) ; et d'autres ont été abandonnés, parce que divers changemens s'étant introduits dans le cours de plusieurs années, ils ne pouvaient subsister avec ces changemens.... » (*b*).

Dans le livre suivant de l'Esprit des lois, on lit encore : « On n'a pas eu des idées justes, lorsqu'on a regardé les comtes comme des officiers de justice, et les ducs comme des officiers militaires. Les uns et les autres étaient également des officiers militaires (*c*) et civils : toute la différence était que le duc avait sous lui plusieurs comtes, quoiqu'il y eût des comtes qui n'avaient point de ducs sur eux, comme nous l'apprenons de Frédégaire (*d*).

« On croira peut-être que le Gouvernement

(*a*) S'ils eussent été réellement fondés, auraient-ils dû se perdre ?

(*b*) Esprit des Lois, liv. xxviii, chap. 42 et 43.

(*c*) *Voy.* la formule 8ᵉ de Marculfe, liv. i, qui contient les lettres accordées à un duc, patrice ou comte, et leur donnant la juridiction civile et l'administration fiscale.

(*d*) Chronique, chap. lxxviii, sur l'an 656.

des Francs était pour lors bien dur, puisque les mêmes officiers avaient en même temps sur les sujets la puissance militaire et la puissance civile, et même la puissance fiscale; chose que j'ai dit, dans les livres précédens(*a*), être une des marques distinctives du despotisme.

« Mais il ne faut pas penser que les comtes jugeassent seuls (*b*), et rendissent la justice comme les bachas la rendent en Turquie; ils assemblaient pour juger les affaires, des espèces de plaids (*c*) ou d'assises (*d*), où les notables étaient convoqués.

« Pour qu'on puisse bien entendre ce qui concerne les jugemens, dans les formules, les lois des Barbares et les Capitulaires; je dirai (*e*) que les fonctions du comte, du gravion et du

---

(*a*) *Voy.*, entre autres, liv. xi, chap. vi; et ci-dessus, vol. iv, pag. 91 *et suiv.*

(*b*) *Voy.* Grégoire de Tours, liv. v, *ad annum* 580.

(*c*) *Mallum.*

(*d*) *Placitum.*

(*e*) M. de Montesquieu renvoie ici à ce qu'il a dit au liv. xxviii, chap. xxviii; et au liv. xxxi, chap. viii; mais ce dernier chapitre surtout ne nous paraît avoir aucun trait au passage que nous rapportons dans ce moment.

centenier, étaient les mêmes; que les juges, les rachinbourgs et les échevins, étaient, sous différens noms, les mêmes personnes; c'étaient les adjoints du comte, et ordinairement il y en avait sept; et comme il ne lui fallait pas moins de douze personnes pour juger (a), il remplissait le nombre par des notables (b).

« Mais, qui que ce fût qui eût la juridiction, le roi, le comte, le gravion, le centenier, les seigneurs, les ecclésiastiques, ils ne jugèrent jamais seuls : et cet usage, qui tirait son origine des forêts de la Germanie, se maintint encore, lorsque les fiefs prirent une forme nouvelle.

« Quant au pouvoir fiscal, il était tel que le comte ne pouvait guère en abuser. Les droits du prince, à l'égard des hommes libres, étaient si simples, qu'ils ne consistaient, comme j'ai

***

(a) *Voy.* sur tout ceci les Capitulaires de Louis-le-Débonnaire, ajoutés à la loi Salique, *art.* 2; et la formule des jugemens, donnée par Ducange, au mot *Boni Homines.*

(b) *Per bonos homines.* Quelquefois il n'y avait que des notables. *Voy.* l'Appendice aux formules de Marculfe, chap. LI.

dit, qu'en de certaines voitures (*a*) exigées dans de certaines occasions publiques; et quant aux droits judiciaires, il y avait des lois (*b*) qui prévenaient les malversations » (*c*).

L'auteur du Traité des mœurs et coutumes des Français dans les premiers temps de la Monarchie, nous dit : « Jusqu'à Charles V, c'était le roi qui avait nommé les officiers du parlement; Charles, pour faire voir qu'il était moins jaloux de maintenir son autorité que de procurer le bien public, voulut que les conseillers, les présidens, et le chancelier même fussent élus par scrutin à la pluralité des voix; c'est ainsi que Pierre d'Orgemont fut élu chancelier de France, en présence de ce monarque, dans une assemblée générale des princes, prélats et barons, et de tous les présidens et conseillers du parlement, tenue au Louvre, le 20 novembre 1373. En pareilles assemblées tenues à l'hôtel Saint-Paul, en présence de Charles VI,

---

(*a*) « Et quelques droits sur les rivières ». *Voy.* liv. xxx, ch. xiv, *en note ;* et ci-dessus, vol. vi, pag. 323 *et suiv.*

(*b*) *Voy.* la loi des *Ripuaires*, tit. 89; et la loi des Lombards, liv. ii, tit. 52, § 9.

(*c*) Esprit des Lois, liv. xxx, chap. xviii.

furent élus chanceliers de France, Arnaud de Corbie en 1389, et Henri de Marle en 1413. C'est sous ce même roi que le parlement commença à se tenir toute l'année. Charles VII devenu paisible, rentra dans la possession, où étaient ses prédécesseurs d'en remplir les places vacantes. Louis XI, pour en paraître plus absolu, sans attendre qu'il vaquât des places, changeait continuellement les officiers du parlement. Mathieu de Nanterre, de chef de cette compagnie, en fut fait second président en 1465, sans autre raison, à ce qu'on dit, sinon que le roi voulait faire voir qu'il était le maître » (*a*).

En Angleterre, le roi Georges III disait au parlement qu'il « regardait l'indépendance des magistrats comme aussi essentielle à l'administration impartiale de la justice que leur intégrité, et que de l'une et de l'autre dépendait la sûreté des droits et des libertés de ses sujets, ainsi que l'honneur de sa Couronne » (*b*).

(*a*) Le Gendre. Pag. 151 et 152.

(*b*) Blackstone. Commentaires, tom. 1, liv. 1, ch. vii, pag. 490.

Nous avons déja vu qu'au nombre des articles constitutionnels décrétés par l'assemblée nationale aux mois de septembre et octobre 1789, acceptés et promulgués par le roi Louis XVI, les 5 octobre et 3 novembre 1789 (a), se trouve la disposition suivante, confirmée de nouveau par la Constitution du 3 septembre 1791, tit. III, chap. v, *art.* 1 et 2 : « Le Pouvoir judiciaire ne pourra en aucun cas être exercé par le Roi, ni par le Corps législatif; mais la justice sera administrée au nom du Roi, par les seuls tribunaux établis par la loi, suivant les principes de la Constitution et selon les formes déterminées par la Loi » (b).

Il est vrai que, comme nous l'avons précédemment reconnu, l'article 57 de la charte du 4 juin 1814, ne se trouve pas également d'accord, dans sa rédaction, avec le principe; mais

---

(a) *Voy.* la Collection des décrets rendus par l'Assemblée nationale, à la date du 1er octobre 1789, tom. 1, pag. 100.

(b) *Voy.* ci-desssus, vol. VIII, pag. 250 et 251.

— La Constitution provisoire des Grecs, promulguée par le Congrès national, et maintenant existante, porte aussi : « CHAP. VI, *art.* 85. Le Pouvoir judiciaire est indépendant du Pouvoir législatif et exécutif.

il n'en est pas moins certain cependant que, par l'article suivant, le législateur rend à ce même principe un hommage non équivoque, en proclamant l'inamovibilité des juges; il n'en est pas moins évident qu'aujourd'hui et désormais en France, ainsi que chez tout peuple libre, ce même principe, l'indépendance de la Magistrature, recueilli et en quelque sorte mis sous la sauve-garde de l'opinion publique, sera conservé et défendu par elle; et qu'en conséquence l'article 57 ne doit réellement plus être considéré, en ce qu'il pourrait avoir de contraire, que comme renfermant, suivant l'expression de M. le comte de Lanjuinais, un non-sens constitutionnel (a).

Mais, si l'on ne peut plus raisonnablement contester au fond sur ce point fondamental d'une bonne constitution, il faut encore être conséquent, et ne pas placer le magistrat dans une position qui compromette cette indépendance; et rechercher, au contraire, de bonne foi et mettre en vigueur tous les moyens propres à la garantir et à la conserver.

C'est ici que ce que l'on considère comme

(a) *Voy.* ci-dessus, vol. viii, pag. 257.

le système de la Philosophie moderne est évidemment plus conforme à la prudence et à la raison que ne le sont les idées des hommes qui se proclament les détracteurs de cette philosophie, et qui probablement n'agissent ainsi et ne l'accusent que parce qu'ils sont loin de la bien connaître.

En effet, on ne doit pas voir dans l'homme en général un être nécessairement vicieux de sa nature, constamment enclin et porté vers l'injustice et le mal. Il faut le juger ce qu'il est réellement, haïssant l'injustice, prompt à s'émouvoir à l'aspect de tout acte d'arbitraire et de violence, aimant donc essentiellement l'ordre et l'équité, en reconnaissant les avantages, en éprouvant le besoin, et conséquemment aussi disposé à suivre la direction qu'elles lui impriment, tant que les passions funestes qui l'arrachent à lui-même ne viennent pas l'assiéger, et le détourner de cette voie salutaire. Mais il ne faut pas non plus le croire, dans quelque rang qu'il se trouve, entièrement à l'abri de ces passions pernicieuses, de ces sources d'iniquité et de désordre, exempt de toutes faiblesses, inaccessible à la haine, à l'ambition, à l'avarice, etc., etc. Partout, sur la chaise curule et sous la pourpre, il est exposé à leurs attaques; elles viennent souvent l'assaillir; et partout aussi on l'a vu, on le voit encore chaque jour vaincu et subjugué par elles.

Cependant, suivant les détracteurs de la philosophie, la vertu, à l'existence de laquelle ils refusent de croire parmi les gouvernés, dans les classes communes et les plus nombreuses de la société, est tellement ferme dans le gouvernant et le magistrat, qu'elle suffirait seule pour les couvrir d'une égide impénétrable, et les rendre inaccessibles à toute espèce de séduction.

Or, il est évident, il faut bien en convenir, que dans cette hypothèse et ce partage de perfection et de vertu d'une part, de vice et d'imperfection de l'autre, la nature des institutions serait assez peu importante : il serait inutile surtout de chercher à les perfectionner; il suffirait d'imposer aux uns une obéissance servile, une confiance aveugle; et, quant aux autres, il serait tout au plus convenable de les inviter quelquefois à se conduire toujours, en tout temps et en toutes choses, d'a-

près le sentiment du plus entier désintéressement, à ne suivre que les devoirs austères de
la morale et de l'honneur, et à ne jamais prêter
l'oreille aux conseils perfides, mais séduisans
de l'égoïsme ou de l'intérêt personnel.

La saine philosophie, la bonne politique ou
la prudence législative joint, au contraire, au
sentiment d'une estime raisonnable et fondée
pour l'humanité, celui de la prévoyante circonspection qui ne doit pas en effet cesser
d'animer le législateur; elle craint, avec quelque fondement sans doute, que l'amour du
bien et de l'équité, la puissance de la morale,
le charme et les délices de la vertu ne soient
point encore assez forts pour placer l'administrateur ou le magistrat à la hauteur de ses
devoirs : et c'est pour cela qu'elle demande
avant tout des institutions préservatrices, et
qui soient telles que les strictes obligations
inhérentes aux fonctions les plus éminentes
né se trouvent que le moins possible, en opposition avec les besoins et les vues de l'intérêt personnel ; ce qui n'exclut pas au surplus
la persuasion que les règles de la morale et
l'amour de la vertu, loin de devenir par là un

appui inutile et superflu, ne soient et seront toujours d'un secours inappréciable et infini. Reconnaissons-le donc aussi; tant que cet esprit d'appréciation, cette manière exacte et circonspecte de juger les hommes et les choses en général ne sera pas adoptée franchement par le législateur, ainsi que par le publiciste et le philosophe, il n'est que trop vrai, et l'expérience le prouve, qu'entre autres inconvéniens graves qui résulteront d'un esprit et d'un système contraires, l'indépendance de la magistrature, faute de garantie réelle, ne sera jamais qu'un vain nom.

Certes, il sera louable de rendre, comme on le fait souvent lorsque l'occasion s'en présente, un public et solennel hommage au principe; et l'on sera porté à reconnaître un cœur généreux, une ame noble et grande dans celui qui n'hésitera pas à proclamer hautement et en tous temps, les utiles vérités qui s'y rattachent; on applaudira sincèrement surtout, comme on le doit, au zèle de l'homme public qui lui-même tentera de faire usage des talens et de l'éloquence pour entretenir le feu sacré prêt à s'éteindre, pour ranimer

17.

au sein de la magistrature ce salutaire et précieux sentiment de liberté et d'indépendance morale, sans lequel il ne peut exister ni véritable justice, ni même sagacité et discernement.

Mais ces efforts seront loin d'être efficaces, d'être assez puissans pour conserver, dans toute son intégrité nécessaire, l'indépendance morale de l'officier public et du magistrat, lorsque, s'il est permis de s'exprimer ainsi, elle ne sera pas d'ailleurs mise à couvert par son indépendance matérielle et physique, c'est-à-dire par l'exacte répartition des pouvoirs, par le perfectionnement et l'ordre dans les institutions. Hors de là, et peut-être même encore avec cela, les magistrats sont hommes, et seront conséquemment faillibles comme le sont tous ceux qui appartiennent à l'humanité. C'est bien souvent sans s'en apercevoir qu'ils fléchiront et dévieront de la ligne étroite d'une rigoureuse impartialité : plus ils tiendront véritablement à y rester fidèles, plus ils seront vertueux et éclairés, et plus ils craindront aussi que les institutions ne les laissent exposés à un seul des genres de séduction nom-

breux qui les environnent et les menacent secrètement, et plus ils désireront sincèrement
de se trouver circonscrits par toutes les précautions, par tous les moyens défensifs, et qui
peuvent leur servir de rempart.

« Le véritable honneur d'un juge consiste à
ne pas demander une confiance illimitée ou
trop étendue, à la refuser si l'on voulait la lui
accorder, à se mettre au-dessus des soupçons
en les empêchant de naître, et à donner au
public entier la garde de sa vertu et de sa
conscience » (*a*).

L'omission d'une seule de ces précautions
qu'indique la nature même des choses est donc
un vice d'organisation, une négligence, une
lacune dans les institutions sociales, que la prudence législative ne saurait tolérer et qui ne
lui permet pas de se livrer au repos, qu'elle
ne soit enfin parvenue à la faire disparaître.
Le respect et la conservation des vrais principes élémentaires de l'ordre, de la vie sociale,
et du droit public; la sûreté, la liberté, la propriété des citoyens, et conséquemment aussi

_____

(*a*) Annales de Législation et de Jurisprudence, imprimées à Genève. Ann. 1821. Tom. ii, 2ᵉ part., p. 284.

le bien-être et la prospérité générale, se lient tellement et si intimement à cette indépendance de la magistrature, que l'homme juste et libre ne saurait, d'accord avec le législateur, craindre de voir s'élever autour du sanctuaire trop de remparts destinés à la conserver intacte.

Ainsi, l'inamovibilité des places de judicature, admise en France, par l'article 58 de la charte du mois de juin 1814, comme moyen de garantie, peut en effet être placé au rang de ceux qu'une sage constitution peut prescrire ; mais ce préservatif isolé est incomplet et insuffisant : et si l'on se rappelait bien ce que nous avons eu lieu d'exposer précédemment au sujet de l'organisation des Chambres représentatives, nationales, départementales, cantonales et communales, dont les membres doivent aussi jouir d'une entière et complète indépendance (*a*), il n'en faudrait peut-être pas davantage pour faire comprendre que l'application du principe de l'inamovibilité n'est bien réellement qu'un des moyens que peut

---

(*a*) *Voy.* ci-dessus, entre autres, vol. vi, pag. 276 *et suiv.*; et vol. vii, pag. 238 *et suiv.*

adopter la constitution, sans être le plus efficace et le plus essentiel ; c'est au surplus ce
qu'on reconnaîtra d'autant mieux encore par
ce qu'il nous reste à développer par la suite,
relativement à chacun de ces moyens, en particulier.

Mais observons du moins ici, en ce qui concerne celui qui résulte de l'inamovibilité, qu'il
a été fait à cet égard des réflexions d'une telle
justesse et d'une si grande évidence, qu'il faudrait être tout à-la-fois sourd et aveugle pour ne
pas en apprécier le mérite : et ce qu'il est bon
de remarquer encore, c'est que ces réflexions
sont sorties de la bouche ou de la plume
d'hommes qui professent des opinions fort différentes, ou qui tout au moins sont connus
comme appartenant à des partis très-opposés ;
tant il est vrai que la vérité étend et fait partout ressentir son empire.

Dans un écrit ayant pour titre : De la Charte,
de la Légitimité, de la Justice, de l'Indépendance des magistrats et de quelques moyens
de l'assurer, par M. Agier, aujourd'hui maître
des requêtes au Conseil d'état, et conseiller à
la Cour royale, se trouve le passage suivant :

« Est-il certain, par exemple, qu'il n'y a pas
plusieurs moyens d'éluder cette loi d'inamovibilité pour les premiers présidens, pour les
présidens, et même pour les conseillers et les
juges, soit en les changeant de Cour ou de
tribunal, soit en leur ôtant une place plus
avantageuse, pour leur en donner une qui le
soit moins, soit en les forçant, par des dégoûts,
des injustices, à rompre d'eux-mêmes, par
une démission, l'obstacle que la loi opposait
à la passion » (a) ?

Un journal d'une couleur opposée à celui
dans lequel nous avons recueilli ce passage a
annoncé un autre écrit dont nous ne croyons
pas que l'auteur ait été nommé, mais qui doit
avoir pour titre, si notre mémoire ne nous in-
duit pas en erreur : *De l'Indépendance de l'Ordre judiciaire.* Au nombre des questions qui
paraissent y avoir été habilement traitées, se
trouve aussi celle de l'Inamovibilité des juges;
et, d'après l'extrait qu'en donne le journal
dans son analyse, on voit que l'auteur s'attache à établir qu'il faut entendre cette expres-

---

(a) *Voy.* la 10ᵉ livraison du Conservateur, pag. 452.

sion, ou, si l'on aime mieux, le principe qu'elle a pour objet d'indiquer, dans toute l'étendue de son acception, ou qu'autrement l'indépendance des tribunaux n'est qu'illusoire. « En effet, dit-il, envoyer le premier président de la Cour de Paris, à la Cour d'Ajaccio, n'est-ce pas là une disgrace, une véritable peine? Et le juge qui peut être puni de ses jugemens est-il indépendant? Celui qu'on peut faire voyager après chaque sentence est-il inamovible? Sous l'ancien régime, le conseiller d'un parlement qui déplaisait à la Cour pouvait-il être envoyé dans un autre? Non sans doute, et la vénalité des charges, qui était justement odieuse, offrait plus de garantie à la société qu'un système d'après lequel il peut y avoir des récompenses pour le juge qui oublie ses devoirs, et des peines pour le juge qui s'en souvient » (a).

Dans la session de 1822, un membre de la Chambre des Députés a dit à la tribune, dans le même sens : «Quelle confiance, quel respect

_____

(a) *Voy.* le Journal *Constitutionnel*, du lundi, 30 janvier 1820, n° 213.

peuvent obtenir des fonctionnaires ambulans?
car enfin en les voyant ainsi courir de ville en
ville après des places si mincement salariées,
on pourrait demander s'ils n'ont ni feu ni lieu,
ni famille, ni considération personnelle dans
leur pays natal. Ce système est destructif de
toutes les garanties sociales; et cependant on
veut, et il faut que la magistrature soit ho-
norée » (a).

Un autre membre de la même Chambre s'est
aussi exprimé dans les termes suivans : « Les
tribunaux tels qu'il sont institués sont indépendans de droit et dépendans de fait. Des
changemens forcés de résidence ne peuvent-
ils pas changer leur sort? Et quand il vaque
une haute magistrature, un siége à la Cour
de cassation, un fauteuil au Conseil d'état,
une préfecture de police; quand les sceaux
mêmes de l'État paraissent incertains dans les
mains qui les tiennent, tout juge ne peut-il
pas être ambitieux, et, s'il résiste à l'espoir
de la faveur, pourrait-il résister à la faveur

(a) Discours de M. Guitard. Séance du 21 mars 1822.
— Courrier français, du 23 mars, n° 72.

obtenue? La reconnaissance est une vertu si douce qu'on croit n'être pas injuste, quand on n'est pas ingrat » (*a*).

— « L'inamovibilité, comme toutes les garanties, n'est utile que lorsqu'elle est réelle; illusoire, elle est funeste, plus funeste que l'amovibilité.

« Un magistrat amovible résiste quelquefois à l'ascendant du pouvoir, parce qu'il a peur que le pouvoir, après l'avoir entraîné à des injustices, ne soit entraîné lui-même à l'abandonner à l'opinion. L'une des ressources de l'autorité, quand elle est entrée dans une mauvaise route, est d'en sortir aux dépens de ses agens, et ses agens le savent.

« Un magistrat qui n'est inamovible au contraire que parce qu'il est sûr de conserver la place qu'il occupe, mais qui peut en obtenir de meilleures, n'est retenu par aucune crainte, et peut être séduit par toutes les espérances. Il ne peut que gagner, il ne peut jamais perdre à ses complaisances. Son inamovibilité le ras-

---

(*a*) Discours de M. Étienne. Séance du samedi, 19 janvier. — Moniteur du 20, n° 20, *supplément.*

sure, sans mettre un frein à ses vues ambi-
tieuses. Son pis-aller est de rester ce qu'il est.
Il ne rentre pas dans la classe commune où
la désapprobation pourrait le suivre; et docile
envers le pouvoir, parce que le pouvoir lui
promet des récompenses, il est à l'abri de l'o-
pinion, parce que l'opinion ne saurait l'atteindre » (a), du moins pour nuire à ses intérêts de fortune déja acquise.

Enfin, dans une cause remarquable surtout
par l'arrêt auquel elle a donné lieu, et que
nous avons déja eu l'occasion de citer, un
avocat à la Cour de cassation, M. Isambert, a
fait cette judicieuse remarque, utile à recueillir : « Saint-Louis, a-t-il dit, rendait la justice
au pied d'un chêne ; mais ce qu'on tolérait
dans un si grand monarque on ne le souffrirait pas dans un autre homme. La garantie des
bons jugemens est dans le nombre des magistrats et dans l'instruction judiciaire. Saint-
Louis avait son parlement, et tout porte à
croire qu'à Vincennes, ce prince ne rendait

_____

(a) Discours de M. Benjamin-Constant. Chambre des
Députés. Session de 1821. Séance du 4 février 1822. —
Courrier du 5, n° 30.

pas de véritables jugemens, mais qu'il écoutait seulement les plaintes du peuple contre les exactions de ses officiers » (*a*).

IV°.

Publicité des Audiences et des Jugemens.

Sous le Despotisme, le secret de l'instruction, des jugemens, et même des exécutions, peut-être utile comme moyen de terreur.

Sous une Monarchie constitutionnelle, la publicité des audiences et des jugemens est indispensable comme ajoutant aux motifs de sécurité et de confiance; elle ne l'est pas moins à l'égard de la jurisprudence que de la législation; dans les Cours, tribunaux et autres Corps judiciaires, que dans les Chambres représentatives nationales et provinciales.

« Avant l'époque de la Révolution, les procès criminels n'étaient pas « instruits en public, et non-seulement il se commettait beaucoup « d'erreurs, mais on en supposait encore davantage; car tout ce qui « n'est pas mis en évidence en fait d'actes de tribunaux, passe toujours « pour injustice » (*b*).

Dans toutes, ou presque toutes les sociétés naissantes, la justice se rend en public; il

---

(*a*) Plaidoyer de M. Isambert, à la Cour de cassation, dans l'affaire des Journaux le Constitutionnel, le Courrier, le Pilote et le Journal du Commerce. — *Voy.*, entre autres, le Courrier du samedi, 7 octobre 1822, n° 341. (*Voy.* encore, entre autres, sur cette matière, le Traité de la Justice criminelle en France, par M. Bérenger. Tit. II, chap. III, § 2, pag. 238 *et suiv.*).

(*b*) Considérations sur la Révol. fr., par Mad. de Staël, tom. I, chap. IV, intitulé : « *Des biens opérés par l'Assemblée constituante*, pag 276.

en était ainsi chez la plupart des peuples de l'antiquité.

En France, dans les premiers temps de la Monarchie, les assises ou plaids se tenaient, de même que chez ces nations d'une origine plus ancienne, dans un champ, en rase campagne, aux portes des villes, dans une rue, sur un rempart, devant les églises, dans un cimetière, toujours dans un lieu public et ouvert, où les parties et le peuple pussent avoir un accès libre et facile.

Cependant il paraîtrait que, vers le milieu du quatorzième siècle, l'abus des informations secrètes s'était déja introduit dans quelques justices locales. « Philippe de Valois, disent les auteurs des Maximes du Droit public français, ayant senti l'abus et les dangers des informations secrètes, avait proscrit cette procédure intolérable, en prononçant des peines sévères contre ceux qui oseraient l'employer » (a).

Probablement aussi, secondé par les mœurs et par l'ancien usage, ce prince réussit à les réprimer; puisque d'autres auteurs ont pensé

_____

(a) Maximes du Droit publ. fr., tom. II, pag. 105.

que la publicité de l'instruction et de la défense existait encore au commencement du seizième siècle. Suivant l'expression énergique de Dumoulin, entre autres, ce fut l'impie Poyet qui la fit abolir par l'ordonnance de 1539 (*a*).

Voici ce que M. de Montesquieu dit à ce sujet et en traitant cette question, *comment la procédure devint secrète* : « Les duels avaient introduit une sorte de procédure publique ; l'attaque et la défense étaient également connues. *Les témoins*, dit Beaumanoir (*b*), *doivent dire leur témoignage devant tous.*

«Le Commentateur de Boutillier dit avoir appris d'anciens praticiens et de quelques vieux procès écrits à la main, qu'anciennement, en France, les procès criminels se faisaient publiquement, et en une forme non guère différente des jugemens publics des Romains. Ceci était lié avec l'ignorance de l'écriture, commune dans ces temps-là. L'usage de l'écriture arrête les idées, et peut faire établir le

---

(*a*) *Voy.* ci-dessus, vol. VIII, pag. 20.
(*b*) Chap. LXI, pag. 315.

secret (*a*) : mais quand on n'a point cet usage,
il n'y a que la publicité de la procédure qui
puisse fixer ces mêmes idées.

« Et comme il pouvait y avoir de l'incertitude sur (*b*) ce qui avait été jugé par hommes,
ou plaidé devant hommes, on pouvait en rappeler la mémoire toutes les fois qu'on tenait
la Cour, par ce qui s'appelait la procédure par
record (*c*) : et dans ce cas, il n'était pas permis
d'appeler les témoins au combat; car les affaires n'auraient jamais eu de fin.

« Dans la suite, il s'introduisit une forme
de procéder secrète. Tout était public : tout
devint caché; les interrogatoires, les informations, le récollement, la confrontation, les
conclusions de la partie publique; et c'est
l'usage aujourd'hui (*d*). La première forme de

(*a*) On peut convenir, par exemple, que ce ne fut pas
là un de ses plus grands bienfaits.

(*b*) «Comme dit Beaumanoir, chap. xxxix, pag. 209».

(*c*) «On prouvait par témoins ce qui s'était déja passé,
dit, ou ordonné en justice».

(*d*) M. de Montesquieu écrivait dans les premières années du 18ᵉ siècle. Il est mort le 10 février 1755, à l'âge
de soixante-six ans révolus.

procéder convenait au Gouvernement d'alors, comme la nouvelle était propre au Gouvernement qui fut établi depuis (*a*).

« Le Commentateur de Boutillier fixe à l'ordonnance de 1539 l'époque de ce changement. Je crois qu'il se fit peu à peu, et qu'il passa de seigneurie en seigneurie, à mesure que les seigneurs renoncèrent à l'ancienne pratique de juger, et que celle tirée des établissemens de Saint-Louis vint à se perfectionner (*b*). En effet, Beaumanoir (*c*) dit que ce n'était que dans les cas où on pouvait donner des gages de bataille, qu'on entendait publiquement les témoins; dans les autres, on les oyait en se-

---

(*a*) Ce n'était pas là, ce nous semble, dans les idées même de l'auteur, faire un bien grand éloge de ce Gouvernement.

(*b*) C'était, il est vrai, un véritable perfectionnement que l'abolition du combat judiciaire, comme c'en serait un fort grand aussi aujourd'hui que l'entière abolition du préjugé qui fait du duel un point d'honneur ; mais ce n'est sûrement pas quant à ce qui regarde l'établissement du secret dans l'instruction et le jugement des procès, que M. de Montesquieu entend parler de perfection.

(*c*) Chap. XXXIX, pag. 218.

cret, et on rédigeait leurs dépositions par écrit.
Les procédures devinrent donc secrètes, lorsqu'il n'y eut plus de gages de bataille » (*a*).

Avant *mil sept cent quatre-vingt-neuf,* les
ordonnances prescrivaient la publicité, en matières civiles; mais, par une contradiction qui,
surtout aujourd'hui, doit paraître étrange,
cette publicité, à coup sûr plus nécessaire encore lorsqu'il s'agit de la liberté, de la vie, de
l'honneur des citoyens, que lorsqu'il n'est
question que de leur fortune, n'était point
alors admise dans les matières dites de *grand-
criminel.* A la honte du siècle de Louis XIV,
l'ordonnance de 1670 maintint le secret de
l'instruction, malgré la réclamation touchante
que fit à cet égard M. le président de Lamoignon, lors de la rédaction du procès-verbal;
et, même au civil, dans les affaires appointées
les rapports se faisaient, en général, en la
Chambre du Conseil, hors de la présence des
parties et de leurs défenseurs. Divers arrêts et
règlemens l'avaient ainsi prescrit.

Les publicistes et les jurisconsultes les plus

(*a*) Esprit des Lois, liv. xxvⅢ, chap. xxxⅣ.

éclairés élevaient la voix contre ces abus, ces violations réelles du Droit, contre cette absurde, révoltante et monstrueuse inconséquence. Voici, entre autres choses, ce qu'on lit dans l'ancien Répertoire de jurisprudence : « Ce n'est pas une chose indifférente pour le bien de la justice, que le lieu, le temps et la manière de tenir les audiences. Les juges sont faits pour écouter les parties; et puisque les parties elles-mêmes sont obligées de recourir à eux, il faut qu'elles puissent leur parler avec une certaine liberté, ce qui ne serait pas, si les juges pouvaient les obliger de venir s'expliquer chez eux. Il pourrait se faire qu'une partie, par son crédit ou par ses habitudes chez un juge, y prît un ton que l'autre partie, ou timide, ou malheureuse, n'oserait prendre de son côté, et le bon droit pourrait très-souvent en souffrir. D'ailleurs, il est intéressant que les audiences soient publiques, parce que chaque particulier peut trouver par là le moyen de s'instruire en y assistant. Les juges eux-mêmes, environnés du public, qui est un juge sans partialité, sont comme obligés d'user d'une plus grande circonspection, et de ré-

18.

gler, le plus qu'il leur est possible, leurs décisions sur les principes du droit et de l'équité. L'estime et la confiance de leurs concitoyens sont l'objet de leur plus noble ambition, et ce n'est qu'en donnant ainsi publiquement des preuves de sagesse et de lumières, qu'ils peuvent les mériter.

« Le lieu de l'audience doit donc être un lieu de liberté, ouvert à tous ceux qui jugent à propos de s'y présenter; et c'est ce lieu qu'on appelle l'Auditoire de la juridiction. C'est là que les juges doivent entendre les parties et porter publiquement leurs décisions. Les ordonnances leur défendent de les rendre ailleurs que dans l'endroit consacré à cet effet, même à peine de nullité (a).

« Dans les parlemens, les cours souveraines, les présidiaux, les baillages, et dans les juridictions royales, on sait parfaitement que la

_____

(a) On peut voir, à ce sujet, l'*art.* 94 du chap. 1er, et l'*art.* 12 du chap. 12 de l'ordonnance du mois d'octobre 1535, ainsi que l'*art.* 55 de l'ordonnance d'Orléans, et l'*art.* 19 de la coutume de Bretagne ; le Code de procédure civile, *art.* 87 et 106 ; et le Code de procédure criminelle, *art.* 190, 191 et 369.

justice doit être administrée dans un lieu public et de liberté. Rien n'est plus majestueux surtout que la chambre où se tiennent les grandes audiences du parlement de Paris : c'est cet endroit qu'on peut appeler le sanctuaire de la justice ; il semble qu'elle y préside d'une manière spéciale. Un juge environné de tous les attributs de cette divinité, cesse en quelque façon d'être homme en ces momens, pour ne songer qu'à ses devoirs ; et le public lui-même, frappé de l'éclat et de la majesté du lieu, devient plus attentif et plus respectueux..... (*a*).

« Quoique les juges doivent tenir leurs audiences en lieu décent, et porter leurs décisions publiquement, il est cependant de certaines affaires qui ne peuvent se juger sur-le-champ, et qui demandent un examen particulier. Telles sont les affaires qui présentent des questions difficiles sur des points de droit particuliers. Ces sortes d'affaires, qu'on appelle ordinaire-

---

(*a*) L'auteur de cet article signale ensuite plusieurs abus qui existaient alors dans les juridictions subalternes, relativement aux lieux où se rendait la justice et à la manière dont on y procédait.

ment affaires *appointées*, se mettent entre les mains d'un des juges. Ce juge les examine seul, en particulier; il fait un extrait des pièces et des moyens respectifs, il en fait ensuite son rapport aux autres juges, lesquels délibèrent et rendent entre eux un jugement. Quoique ce jugement ne se prononce point publiquement, il faut cependant qu'il soit rendu à l'auditoire ou dans la chambre particulière destinée au jugement des affaires en rapport.

« Lorsqu'au lieu d'un appointement, on se contente d'un délibéré, il faut que ce délibéré se prononce à l'audience où il a été rendu, ou à une audience subséquente.

« A l'égard des affaires criminelles, on distingue entre celles du grand et du petit criminel : les affaires de grand criminel, instruites par récolement et confrontation, doivent bien, à la vérité, se juger dans l'auditoire ou dans la chambre destinée à cet effet ; mais le jugement ne se rend point sous les yeux du public. On ne juge publiquement que celle du petit criminel, où il ne peut y avoir lieu à aucune peine afflictive ou infamante.

« Plusieurs criminalistes modernes désire-

raient fort qu'on abrogeât l'usage de juger secrètement les accusés prévenus de ces crimes
qui emportent des peines publiques. Après le
rapport et l'examen de la procédure, pourquoi ne serait-il point permis d'entendre publiquement ce qu'un accusé ou son défenseur
viendraient proposer, ou pour l'atténuation du
crime, ou pour le triomphe de l'innocence.
Dans les affaires civiles, les juges sont souvent
redevables aux avocats de nombre d'utiles réflexions; et ces réflexions leur seraient encore
bien plus précieuses en matière criminelle,
quand elles ne les auraient préservés qu'une
seule fois d'une erreur aussi cruelle que celle
qui fait perdre la vie à un innocent.... » (a).

M. de Lacroix, avocat au parlement, dit
encore dans le même ouvrage : « L'usage de

(a) L'auteur entre ensuite dans quelques explications
au sujet des actes ou des affaires dans lesquelles il n'y a
point de litige formé, qui requièrent une grande célérité,
qu'il ne serait pas possible d'expédier à l'audience, et
dont il est permis au juge de s'occuper en son hôtel.
(*Voy.*, à ce sujet, le Code de procédure civile, liv. v,
aux titres xv et xvi, *De l'Emprisonnement*, et *des Ré-
férés*, etc., art. 786, 806 et suiv., 845, 921, 944).

rendre publiquement la justice a, suivant toute apparence, pris naissance dans le désir de prouver à tous les citoyens, à tous les sujets d'un empire, que les jugemens prononcés sur leurs demandes, sur leurs différens, étaient si conformes à l'équité et aux lois, qu'ils pouvaient être entendus de la multitude, sans avoir rien à craindre de sa censure.

« Nos rois, en imposant à ceux qui les représentent dans une des plus belles fonctions de la souveraineté (a), la nécessité de tenir leur auditoire ouvert au public, ont voulu les environner de témoins imposans, les placer entre l'équité et la perte de toute considération, donner au faible un appui dans la foule qui entend sa cause, et qui peut la juger intérieurement avec le magistrat (b).

(a) *Voy.*, entre autres, au sujet de cette expression, l'article ci-dessus, pag. 254 *et suiv.*

— Les rois participent à l'exercice de la puissance législative; ils exercent dans toute leur intégrité les attributions de la puissance exécutive; quant à la puissance judiciaire, elle ne peut leur appartenir : la souveraineté, dans la rigueur de l'acception, ne repose donc pas entière dans leurs mains. *Voy.* aussi, ci-dess., vol. IV, p. 72, n. *a.*

(b) Il est évident que la liberté de la presse et le compte

« La publicité de l'audience non-seulement retient le juge dans les bornes de l'équité, mais encore donne plus de confiance au défenseur du malheureux, et relève les fonctions de la magistrature, en lui communiquant l'éclat et la dignité d'une représentation plus auguste. Aussi a-t-on remarqué qu'en général les affaires portées à l'audience étaient mieux jugées que celles qui se décident obscurément sur de simples rapports et dans des chambres où les juges seuls sont admis.

« Malheureusement il est beaucoup d'affaires qui ne peuvent pas se juger (c'est-à-dire s'instruire complètement) à l'audience, soit parce que la décision dépend de l'examen des titres

---

rendu par les journaux doit contribuer à rendre cet appui plus puissant, plus efficace. Il importe seulement pour atteindre ce but d'obliger par une juste sévérité les rédacteurs à ne donner qu'un récit exact et fidèle des audiences. Avec cette précaution, indispensable, le sanctuaire de la justice deviendra en quelque sorte accessible à tous les regards ; il se trouvera, pour ainsi dire, transporté sur le *forum*, et l'on pourra dire avec vérité que la société entière sera, comme dans son origine, appelée et admise à assister à l'examen de toutes les affaires et au prononcé de tous les jugemens.

qui doivent passer sous les yeux même des magistrats, et dont la lecture emporterait trop de temps; soit parce qu'elles sont si compliquées, qu'elles exigent un recueillement et des éclaircissemens qui ne peuvent se concilier avec la présence du public. Mais, dans ce cas, il serait bon, pour ne pas perdre l'avantage qui résulte de la publicité des jugemens, qu'à l'heure qui précède celle des audiences, et à laquelle les parties ou leurs défenseurs seraient appelés (a), la Cour, après avoir nommé un magistrat chargé du rapport de l'affaire, annonçât publiquement le prononcé de l'arrêt.

« Si la juste crainte que les injustices ou les négligences ne fussent plus fréquentes dans le silence et l'obscurité, que dans la chaleur et l'éclat des audiences, a déterminé à les rendre publiques, c'était principalement de l'impor-

---

(a) Pourquoi pas à l'audience même ? D'ailleurs, l'appointement ou la mise en délibéré d'une affaire ne devrait jamais exclure les explications verbales et publiques des parties ni même les plaidoieries de leurs avocats. (*Voy. ci-après*, la suite de ce même article).

tance et de la grandeur des intérêts à discuter que devait dépendre cette publicité. Ainsi, par exemple, dans un État où l'on fait plus de cas de l'honneur que de l'argent, il était nécessaire de porter à l'audience publique, plutôt les causes qui intéressaient l'honneur, que celles qui intéressaient seulement la fortune. Comme aux yeux de l'homme rien n'est plus précieux que sa vie ou sa liberté, il était encore d'une nécessité plus absolue, que les affaires, du jugement desquelles l'une ou l'autre dépendait, fussent défendues et jugées publiquement, de préférence à toute autre. Mais, comme malheureusement les hommes font presque toujours le contraire de ce que leur intérêt bien entendu semblerait leur prescrire, il est arrivé que, toutes les fois qu'une affaire appartenait à ce qu'on nomme le *grand criminel*, c'est-à-dire, qu'il pouvait en sortir une condamnation qui mît la partie accusée en péril de perdre l'honneur, la liberté ou la vie, cette affaire était écartée de l'audience publique, tandis que, s'il était bien reconnu qu'il n'en pouvait résulter ni peine afflictive ni peine infamante, elle était renvoyée à l'audience, pour y être défendue et jugée sous les yeux du public » (a).

(a) Il faut aussi citer, à ce sujet, ce que disaient MM. de la cour des aides, dans leurs remontrances du 6 mai 1775 (pag. 689, *édit. in-4°*) : « Celui qui se pourvoit en cour souveraine a le droit de faire imprimer ses mémoires et de les faire publier ; et quand il est appelant de la sentence d'un tribunal inférieur, le mémoire imprimé est nécessairement la critique du jugement de ce tribunal. Nous n'ignorons pas non plus que les particuliers qui se pourvoient à votre majesté, contre un arrêt de cour souveraine par demande en cassation, en révision ou autrement, usent du même droit, et qu'il s'imprime et se publie des mémoires signés d'avocats au conseil, où les particuliers critiquent les arrêts de cour souveraine par lesquels ils se croient lésés. Nous savons que cette publicité des mémoires n'est pas unanimement approuvée : on dit qu'il est même des magistrats qui la regardent comme un abus, et qui soutiennent que les mémoires ne devraient être faits que pour l'instruction des juges qui doivent prononcer sur chaque procès, mais que le public ne doit pas se constituer juge des tribunaux. Pour nous, nous avons toujours cru et nous croyons toujours devoir répondre à votre majesté et à la nation, de la justice que nous rendons aux particuliers, et nous.... devons avouer qu'il faut récuser le témoignage des juges quand ils s'opposent à la publicité des mémoires.

« L'ordre commun de la justice en France, est qu'elle soit rendue publiquement. C'est à l'audience publique que

Après avoir parlé des réclamations que cette inconséquence avait provoquées de la part de plusieurs auteurs qui ont écrit sur les matières criminelles et d'un ouvrage publié par lui sur le même sujet, le rédacteur de l'article dont nous extrayons ce passage, cite particulièrement deux écrits qui venaient alors d'être pu-

----

se portent naturellement toutes les causes, et quand on prend le public à témoin par des mémoires imprimés, ce n'est qu'augmenter la publicité de l'audience. Si on objectait que la profusion avec laquelle se publient les mémoires, est une nouveauté introduite depuis peu d'années, ce reproche d'innovation ne serait pas une objection suffisante : car il y a des nouveautés utiles, et si l'on avait rejeté les innovations, nous vivrions encore sous l'empire de l'ignorance et de la barbarie. Mais d'ailleurs, bien loin que cet usage puisse être regardé comme une innovation dangereuse, nous pensons que c'est le rétablissement de l'ancien ordre judiciaire de ce royaume, qui tient peut-être à la constitution de la monarchie ».

L'auteur de l'article *Avocat* dans la Collection des décisions nouvelles, etc., de Dénisart, après avoir rapporté ce passage, ajoute aussi (§ 7, n° 14) : « En développant cette idée, on fait voir que les jugemens avaient autrefois la plus grande publicité, et que l'usage établi d'instruire et d'intéresser le public par des mémoires imprimés produit aujourd'hui le même effet ».

bliés, l'un par un jurisconsulte très-estimé, l'autre par un jeune magistrat, et ayant pour titre, le premier : « *Essai sur les réformes à faire dans notre législation criminelle ;* » le second, « *Observations sur les Lois criminelles* » : et il expose et réfute les objections renfermées dans ce dernier ouvrage contre le principe de la publicité (*a*).

Au surplus, cette voix de la raison et de l'humanité, si lente à s'élever et surtout à se faire comprendre, fut enfin entendue et recueillie par l'Assemblée constituante.

Le 7 octobre 1789, dans une série d'articles adoptés sur la procédure criminelle, cette Assemblée abolit la question ainsi que l'usage de la sellette au dernier interrogatoire, reconnut et proclama solennellement la nécessité d'entendre publiquement les témoins que l'accusé voudrait produire, et ceux de l'accusateur sur la continuation ou addition d'information, comme aussi celle de prononcer en séance

---

(*a*) *Voy.* l'ancien et le nouveau Répertoires de jurisprudence, aux mots, *Audience*, et *Publicité de l'audience ;* et *ibid.*, aux mots, *Chambre du Conseil*, *Delibéré*, *Jugement*, § 2, 7, 8 ; et au mot *Rapport*.

publique les jugemens en matière criminelle,
même d'après les procès jugés à l'extraordinaire (par trois juges au moins). Ces articles
furent sanctionnés par lettres-patentes du mois
d'octobre, promulguées le 3 novembre 1689.
Une nouvelle rédaction des décrets concernant la réforme de la procédure criminelle fut
adoptée le 22 et sanctionnée le 25 du mois
d'avril 1790. Entre autres dispositions, elle
portait : « *Art.* 14. A l'avenir, tous les procès
de petit criminel seront portés et jugés à l'audience, et ne pourront, en aucun cas, être
réglés à l'extraordinaire, à quelque somme
que les dommages et intérêts paraissent devoir
s'élever en définitif, dérogeant à toutes lois et
règlemens à ce contraires ».

La loi sur l'organisation judiciaire du 16
août 1790, sanctionnée le 24, porte : « Tit. 11,
art. 14. En toute matière civile ou criminelle,
les plaidoyers, rapports et jugemens seront
publics ; et tout citoyen aura droit de défendre
lui-même sa cause, soit verbalement, soit par
écrit.

« *Art.* xv. La procédure par jurés aura lieu
en matière criminelle ; l'instruction sera faite

publiquement, et aura la publicité qui sera
déterminée » (*a*).

(*a*) Cette même loi renferme encore les dispositions
suivantes :

« Tit. II, *art.* 16. Tout privilége en matière de juridiction est aboli : tous les citoyens, sans distinction,
plaideront en la même forme, et devant les mêmes juges,
dans les mêmes cas.

« *Art.* 17. L'ordre constitutionnel des juridictions ne
pourra être troublé, ni les justiciables distraits de leurs
juges naturels par aucunes commissions, ni par d'autres
attributions ou évocations que celles qui seront déterminées par la loi.

« *Art.* 18. Tous les citoyens étant égaux devant la loi,
et toute préférence pour le rang et le tour d'être jugé étant
une injustice, toutes les affaires, suivant leur nature, seront jugées, lorsqu'elles seront instruites, dans l'ordre selon lequel le jugement en aura été requis par les parties.

« *Art.* 19. Les lois civiles seront revues et réformées
par les Législateurs ; et il sera fait un code général de lois
simples, claires et appropriées à la Constitution.

« *Art.* 20. Le code de procédure civile sera incessamment réformé, de manière qu'elle soit rendue plus simple,
plus expéditive et moins coûteuse.

Art. 21. Le code pénal sera incessamment réformé, de
manière que les peines soient proportionnées aux délits ;
observant qu'elles soient modérées, et ne perdant pas de
vue cette maxime de la Déclaration des Droits de l'homme,
que *la loi ne peut établir que des peines strictement et
évidemment nécessaires* ».

La loi du 27 novembre 1790 institutive de la Cour de cassation veut : « *Art.* 13, que les rapports ne puissent être faits qu'à l'audience ».

La Constitution du 3 septembre 1791 prescrit : « Chap. v, *art.* ix, que l'instruction sera publique, en matière criminelle, et que l'on ne pourra refuser aux accusés le secours d'un Conseil ».

Celle du 3 fructidor an III portait aussi : « Tit. viii, *art.* 208. Les séances des tribunaux sont publiques; les juges délibèrent en secret ; les jugemens sont prononcés à haute voix; ils sont motivés, et on y énonce les termes de la loi appliquée ».

L'*art.* 87 du Code de procédure civile du 14 avril 1806 (liv. ii, tit. v) est ainsi conçu : « Les plaidoieries seront publiques, excepté dans les cas où la loi ordonne qu'elles seront secrètes (*a*); pourra cependant le tribunal ordonner qu'elles se feront à huis clos, si la discussion

---

(*a*) N'est-il pas évident que, par une semblable rédaction, par cette manière restrictive de statuer, le Législateur ruine et détruit le principe, tout en paraissant vouloir le conserver, ou parce qu'il n'ose pas le méconnaître formellement ?

publique devait entraîner un scandale ou des inconvéniens graves ; mais, dans ce cas, le tribunal sera tenu d'en délibérer et de rendre compte de sa délibération au procureur-général près la Cour royale ; et si la cause est pendante dans un tribunal d'appel, au ministre de la justice ».

L'*art.* III du même Code (liv. II, tit. VI) contient la disposition qui suit : « Tous rapports, même sur délibéré, seront faits à l'audience ; le rapporteur résumera le fait et les moyens sans ouvrir son avis : les défenseurs n'auront, sous aucun prétexte, la parole après le rapport ; ils pourront seulement remettre sur-le-champ au président de simples notes énonciatives des faits sur lesquels ils prétendraient que le rapport a été incomplet ou inexact » (*a*).

(*a*) (*Voy*. aussi la loi du 3 brumaire an II, *art.* 10, et celle du 21 avril 1806, *art.* 7). — La cour de cassation, par deux arrêts rendus, le premier, le 13 mai 1806, sur le rapport de M. Target, et rappelé dans le Nouveau Répertoire de jurisprudence, par M. Merlin, au mot *Délibéré* ; et le second, le 22 octobre 1807, aussi rapporté dans le même ouvrage, au mot *Rapport*, a cassé deux arrêts de cours royales, pour cause de rapports faits à

Le Code d'instruction criminelle du 27 septembre 1808, porte : « Liv. 11, tit. 1, chap. 11, *art.* 190, L'instruction sera publique, à peine de nullité....

« Le jugement sera prononcé de suite, ou au plus tard à l'audience qui suivra celle où l'instruction aura été terminée ».

Les chapitres 111 et 1v, sauf quelques restrictions trop fortes, au fond cependant reconnaissent toujours le principe de la publicité; tels sont, entre autres, les termes de l'*art.* 369 (sect. 2) : « Les juges délibéreront et opineront à voix basse : ils pourront, pour cet effet, se retirer dans la chambre du Conseil; mais l'arrêt sera prononcé à haute voix, par le président, en présence du public et de l'accusé » (*a*).

---

l'audience avant les jours indiqués pour prononcer les jugemens définitifs, et sans indication des jours où les rapports avaient eu lieu ; en sorte que les parties avaient été privées de la faculté d'assister auxdits rapports et de proposer leurs observations. (*Voy.* encore le Nouveau Répertoire, par M. Merlin, aux mots *Audience, Chambre du Conseil,* et *Jugement,* § 2, 7, 8).

(*a*) Le même article prescrit ce qui suit : « Avant de

Ainsi, le salutaire et indispensable principe de la Publicité en matières tant civiles que criminelles reste donc reconnu et consacré, en France, par la législation, et il ne peut que s'y affermir et y recevoir une plus entière et plus complète application, aussi bien que dans tous les pays qui obtiendront le bienfait d'une organisation constitutionnelle et représentative (a).

Mais il reste encore, même dans ce royaume, une grande lacune à remplir à cet égard, un pas immense, mais nécessaire, à faire relative-

---

le prononcer (l'arrêt), le président est tenu de lire le texte de la loi sur laquelle il est fondé.

« Le greffier écrira l'arrêt; il y insérera le texte de la loi appliquée, sous peine de cent francs d'amende ».

Et l'*art.* 370 porte : « La minute de l'arrêt sera signée par les juges qui l'auront rendu, à peine de cent francs d'amende contre le greffier; et, s'il y a lieu, de prise à partie tant contre le greffier que contre les juges.

« Elle sera signée dans les vingt-quatre heures de la prononciation de l'arrêt ».

(a) En Bavière, la Chambre des Députés de Munich, dans sa séance du 26 mai 1819, a adopté, à la majorité de 72 voix contre 12, une résolution ayant pour objet de supplier le Roi d'introduire la publicité dans les débats des causes civiles et criminelles. (*Voy.* le Journal des *Débats* du lundi, 7 juin 1819).

ment à cette importante partie de l'organisation judiciaire; c'est l'application de ce même
principe de Publicité à l'instruction et au jugement de toutes les affaires litigieuses de
comptabilité et d'autre nature, qui s'élèvent
entre les comptables ou tout autre citoyen et
le Gouvernement lui-même, dont la reconnaissance et le jugement sont aujourd'hui si
mal-à-propos attribués à la section du Conseil
d'état, dite du *Contentieux*, et que l'on désigne en général sous la fausse et inexacte dénomination *d'affaires contentieuses administratives.*

Cette dénomination ne convient proprement
en effet qu'aux discussions et différens que les
agens de la puissance exécutive peuvent avoir
entre eux; et c'est, ainsi que nous l'avons précédemment démontré, à l'examen et au jugement de ces sortes d'affaires que doivent s'é-
tendre les attributions de la section contentieuse du Conseil d'état.

Elle n'appartient pas, au contraire, aux li-
tiges qui existent entre les particuliers et le
Gouvernement, et une conséquence funeste
de cette inexactitude de définition est, comme

on le voit, l'irruption, l'envahissement manifeste entrepris et exécuté par l'un des Corps secondaires de la puissance exécutive, dans la sphère d'activité de la puissance judiciaire (a).

Nous avons aussi déja eu quelques occasions de le dire, cette usurpation d'une partie importante des attributions de la puissance judiciaire par la puissance exécutive fut en partie l'œuvre de l'Assemblée constituante, qui en même temps qu'elle renversait de grands abus, ouvrait la porte à quelques autres; elle peut être considérée comme une suite, comme un des résultats les plus désastreux de la doctrine mal comprise de la souveraineté du peuple, que cette Assemblée proclama, dont elle fit la base mobile et chancelante de l'édifice qu'elle voulut élever et qu'elle vit en quelque sorte s'écrouler avant qu'il fût terminé. Les Gouvernemens qui construisirent sur ses ruines, et jusqu'au Gouvernement impérial même, s'emparèrent successivement de cette même doctrine, et elle devint dans leurs mains un prétexte et un instrument actif de despotisme,

_____

(a) Voy. ci-dessus, vol. viii, pag. 245 et suiv.

d'envahissement, d'excès de pouvoir; mais, par ce motif aussi, elle fut pour tous, sous les apparences de la force, une cause inévitable de faiblesse et de ruine.

Sous l'ancienne Monarchie, avant la Révolution, il existait des Parlemens, une Cour des aides, une Cour des comptes, dont les membres jouissaient du moins d'une sorte d'indépendance constitutionnelle et morale (*a*); ils furent détruits, et rien sous ce rapport ne les remplaça. Les Assemblées, le Directoire, le Chef du dernier Gouvernement voulurent tous exercer une suprématie absolue sur les tribunaux, aussi bien que sur les agens de l'administration; mais certains de le faire avec plus de facilité et de succès sur ces derniers, que sur les Corps de l'ordre judiciaire, ils confondirent et déplacèrent les attributions, étendirent celles des uns au-delà de leurs justes limites, et restreignirent celles des autres dans une sphère beaucoup plus étroite que celle qui leur appartient naturellement.

Il faut donc faire de nouveau la part de

(*a*) *Voy.*, *ci-dessus*, entre autres, vol. IV, pag. 109.

chacune des puissances; et tôt ou tard restituer au Pouvoir judiciaire celle qu'il doit obtenir. Or, en principe et d'après les règles du
droit les plus incontestables, le Pouvoir exécutif, non plus que quelque autorité que ce soit,
ne doit pas être tout à-la-fois juge et partie dans
sa propre cause; et la force, l'avantage de sa
position comparée à celle du simple citoyen,
sembleraient même exiger, pour que l'équilibre fût exactement maintenu dans les balances
de la justice, que les garanties de l'impartialité
des jugemens fussent, s'il était possible, plutôt
étendues et multipliées que restreintes. En se
renfermant du moins dans l'application des
règles ordinaires en matière d'ordre, d'organisation judiciaire, il est clair, d'après ce que nous
venons d'établir, qu'à l'égard de tout ce qui
rentre dans les attributions de cet ordre, le
principe de la Publicité ne doit pas être éludé.

Vainement argumenterait-on de ce que la
plupart des contestations de la nature de celles
qui sont aujourd'hui dévolues à la section contentieuse du Conseil d'état ou à la Cour des
comptes, entre le Gouvernement, et les simples citoyens, comptables ou autres, ne peu-

vent s'instruire et se juger que sur le vu des pièces et par suite d'un examen très-approfondi. Cela ne doit pas empêcher que la partie ne puisse produire publiquement ses observations soit par elle-même, soit par l'intermédiaire d'un conseil ou avocat; cela ne doit pas empêcher que le rapport ne soit fait et le jugement prononcé en audience publique, et en présence des parties. C'est ainsi que dans les affaires présentement portées devant les tribunaux civils, l'instruction par écrit, l'appointement ou la mise en délibéré ne sont point un obstacle aux plaidoieries ou observations verbales et n'excluent jamais la publicité des rapports et des jugemens (a).

Que l'on n'oppose donc pas, pour enfreindre un principe fondamental et sacré, l'allégation d'une prétendue impossibilité qui n'est ni justifiée ni vraisemblable. Il n'y a pas encore un si grand nombre d'années que ce même principe reçoit son application en matières criminelles. Avant qu'il la reçût, la même impossibilité était mise en avant, et signalée aussi

***

(a) *Voy. ci-dessus*, pag. 290.

comme un obstacle insurmontable à son exécution. En effet, il se rencontre quelquefois
des affaires de ce genre qui exigent aussi l'examen et la vérification d'un grand nombre de
pièces, la présence, la décision préalable d'un
jury contribuent encore à augmenter les difficultés et la complication, cependant ces affaires se jugent en présence des parties et de
leurs défenseurs; le principe de la Publicité
est, en partie du moins, reconnu et respecté;
il ne serait même pas impraticable qu'au moyen
de quelques améliorations, que le temps amè-
nera sans doute, il ne le fût davantage.

De même encore aujourd'hui, les hommes
superficiels, paresseux et craintifs, qui ont tant
de résignation et de tolérance pour le mal,
surtout lorsqu'ils n'en reçoivent aucune atteinte directe, qui préfèrent de croire sans
examen à l'impossibilité de l'ordre, du règne
de la justice, parce qu'il n'existe pas encore
complètement, plutôt que de faire quelques
efforts pour contribuer à l'établir, ces hommes peuvent bien se persuader, précisément
par la raison qu'ils n'ont jamais pris la peine
d'approfondir la question, ni même d'y réflé-

chir avec quelque attention, que la Publicité est un principe de pure théorie, non susceptible d'application dans le sens et la direction nouvelle qu'il serait en effet convenable de lui donner; mais ceux qui sont le plus éclairés par l'étude, la méditation et la pratique ne semblent pas en juger ainsi. Nous pouvons à ce sujet rappeler une citation tirée de l'ouvrage ayant pour titre, du Conseil d'état selon la Charte. « Presque jamais, dit l'auteur de cet ouvrage (avocat au Conseil et à la Cour de cassation), un procès n'est perdu en justice administrative, sans que le plaideur qui succombe ne suppose que ses titres n'ont pas été bien connus, que ses moyens n'ont pas été bien entendus, que son rapporteur a manqué d'exactitude. Or, de cette conjecture sur les faits, au soupçon sur la personne, il n'y a qu'un pas; et quel est le magistrat qui ne veuille à tout prix être au-dessus du soupçon....! — Et le même auteur ajoute : « Il est impossible de n'être pas alarmé quand on songe que l'action, et conséquemment le droit de tout particulier dépend d'une décision qui sera rendue à huis clos par des juges qui

n'ont pas de règles fixes. Que sera-ce donc si
l'on songe que les déchéances extinctives de
l'action et du droit sont opposées avec succès,
même par le Domaine; et que la justice administrative se trouve ainsi exercer un pouvoir
discrétionnaire, pour enrichir le fisc, en rui-
nant les citoyens.... Proposer la publicité, du
moins une certaine publicité, pour les séances
du Comité contentieux, c'est alarmer tous les
partisans de l'usage antique : cependant où est
le danger? Les mémoires des parties, ainsi que
les pièces, peuvent être rendus publics par
l'impression ; les décisions intervenues peuvent
également être rendues publiques par l'impression : il n'est pas jusqu'aux observations
que les ministères font sur nos mémoires, que
nous ne puissions rendre publiques, même
pendant le litige, en les insérant dans nos
contre-observations : ainsi, tous les élémens
de la décision administrative sont ou peuvent
être publics. Pourquoi donc environner de té-
nèbres ou du secret, le rapport duquel dépend l'issue du litige, la fortune ou la ruine
des citoyens, la sagesse ou l'iniquité de la décision à intervenir?

« Pourquoi ne pas souffrir, au moins, que les avocats assistent au rapport de leurs affaires, avec faculté d'adresser au président quelques notes rectificatives, sur les inexactitudes qui ont pu échapper au rapporteur? L'usage actuel ne saurait être justifié : il n'a pour lui que son ancienneté ; mais les usages antiques doivent ou peuvent tous subir une réforme, selon le texte ou l'esprit de la Charte : or, la Charte veut impérieusement que toute institution offre les garanties qu'exigent les droits privés, et que comporte l'ordre public » (*a*).

Opposerait-on les inconvéniens que l'on sup-

(*a*) (Du Conseil-d'État selon la Charte, par M. Sirey; pag. 4o2, 4o8 *et suiv.*). — Entre nombre d'exemples que chacun des avocats au Conseil pourrait citer en preuve des dangers de la non-publicité, on peut voir celui que l'auteur rapporte en l'un des endroits du même ouvrage, pag. 478.

— Autrefois, à la Chambre des comptes, lorsque les comptables étaient à Paris, ils étaient tenus d'assister en personne, avec leurs procureurs, à la présentation de leurs comptes ; s'ils étaient absens, les comptes étaient présentés par leurs procureurs. (*Voy.* le Répertoire, par Guyot, au mot *Compte*).

pose pouvoir résulter, pendant quelque temps
encore, de ce que les intérêts qui se rattachent
à la vente des biens nationaux seraient discu-
tés devant les tribunaux ordinaires et en séance
publique? D'abord, cette autre objection, de
l'aveu même de ceux qui la font, serait fondée
sur des considérations passagères et de pure
circonstance. Quelque importance donc qu'on
lui accordât au fond, elle ne pourrait jamais
combattre et faire rejeter indéfiniment l'application du principe : en bonne logique, il n'en
résulterait qu'un ajournement plus ou moins
long; et un peu plus tôt, un peu plus tard,
il en faudrait toujours venir à mettre à exécution le principe qu'elle confirme bien loin
de le réfuter.

Mais, il y a plus; c'est que, sous aucun rapport, l'objection n'est fondée, même pour le
moment. La propriété des biens nationaux
entre les mains des acquéreurs ou détenteurs
est aujourd'hui aussi incontestable, aussi sacrée, que celle de toute autre nature de biens.
On en pourrait trouver des motifs assez peremptoires dans ce que nous avons exposé
(1re PART., liv. 1er, chap. II, tit. 1er) au sujet de

la prescription, quant à la propriété, en matière de droit public (*a*); c'est là d'ailleurs une
de ces dispositions, garanties par la charte et
par la législation transitoire, qui doivent rester
à jamais irrévocables, à moins de tout violer,
de tout enfreindre, et sous peine par conséquent aussi de tout remettre en question, de
tout ébranler, de tout bouleverser, de tout
détruire. S'il existe encore un débiteur, ce
n'est pas le possesseur actuel, ni l'acquéreur
originaire, mais le Gouvernement. C'est lui
qui avait contraint quelques-uns des anciens
propriétaires de s'expatrier, qui a séquestré,
confisqué, vendu leurs biens et touché le prix
des ventes. Si quelqu'un devait restituer, ce
serait donc lui et lui seul. Or, pour que ce
principe, pour que la législation, à cet égard,
soit strictement observée, craint-on de confier la décision à la Haute-Cour de justice, aux
Cours d'appel, aux Tribunaux indépendans
et publics de leur nature, aux règles et aux
formes ordinaires de la justice, de même que le
jugement de toutes les autres espèces de pro-

_____

(*a*) *Voy.* vol. 1er, pag. 96 *et suiv.*

priétés, auxquelles elles doivent être en tout
assimilées, dans lesquelles elles doivent finir
par se fondre sans distinction aucune? Il semble qu'il n'y a pas cependant de meilleur et de
plus sûr moyen; et que, ce que l'on doit bien
plutôt redouter, c'est précisément d'en confier
le jugement, par exception, à un Corps dont
l'indépendance n'est pas de droit aussi rigou-
reux, qui juge à huis clos, en quelque sorte
secrètement, et en l'absence des parties, et qui
se trouve naturellement soumis d'une manière
beaucoup plus directe à l'influence ministé-
rielle, dont tous les membres sont amovibles,
et dont par conséquent aussi la jurisprudence
et la doctrine, sans base et sans fixité, peut
changer du tout au tout aussi souvent, plus
souvent même que le ministère. « Que le Gouvernement ait un Conseil, que l'administration
ait un tribunal, pour la validité de ses actes,
je ne contesterai pas cette opinion, disait M. de
Villèle à la Chambre des Députés, dans la session de 1817; mais que, si ce tribunal peut
prononcer sur ma propriété, il soit organisé
par la loi, contraint de juger d'après les lois,
et que les membres qui le composent soient

inamovibles et hors de la dépendance du Gouvernement : car la Charte nous a *assuré* (c'est-à-dire *promis*) cette garantie ; et elle nous est d'autant plus nécessaire ici que ce tribunal doit connaître de nos contestations avec le Gouvernement lui-même » (*a*).

En résumé, l'observation, la mise en vigueur du Principe fondamental de la Publicité, en matières de comptabilité ou autres de nature véritablement contentieuse, n'est donc pas *impossible*. Et ce Principe doit être considéré comme l'un des principaux élémens, comme l'une des bases essentielles et indispensables d'une bonne organisation judiciaire dans un Gouvernement constitutionnel et libre, où il faudrait encore, au besoin, se rappeler que ce fut à la tribune et devant un tribunal public qu'Eschine traduisit Démosthène, pour le forcer à rendre compte de l'administration des spectacles, et des dépenses relatives à la réparation des murs d'Athènes dont celui-ci avait été chargé.

On se souvient aussi que le Chef du dernier

_____

(*a*) Chambre des Députés, séance du 24 avril 1817.

Gouvernement disait que le mot *impossible* devait être rayé du dictionnaire de la langue : c'est lorsqu'il s'agit d'établir les principes réels de l'ordre et du droit, qu'il faut regarder cette pensée comme grande et essentiellement vraie (*a*).

V°.

Liberté de la Défense.

« *Reum enim non audiri, latrocinium est, non judicium* ».
AMMIEN MARCELLIN.

« *Si judicas, agnosce :* C'est le premier devoir des Juges ».
D'AGUESSEAU.

La défense est de droit naturel, et la loi ne doit en priver personne ; tout jugement qui sera prononcé sans que les parties aient été appelées et entendues est une tyrannie monstrueuse, contre laquelle la conscience de l'homme juste se soulevera toujours.

Cette vérité de sentiment autant que de raison ne doit pas non plus être restreinte à quelques cas particuliers : elle doit au contraire recevoir l'application la plus générale ;

(*a*) On peut voir aussi, sur ce sujet, les Annales de législation et de jurisprudence, imprimées à Genève, en 1821, *art.* signé *Rossi*, tom. 11, 2ᵉ part., pag. 274 *et suiv.*

en d'autres termes, il faut qu'elle soit respec-
tée quels que soient le genre de l'attaque, la
nature de la contestation, et conséquemment
aussi l'ordre, la classe ou la branche de juridiction devant laquelle cette contestation
est portée et qui en devra connaître; en matières civile, commerciale, correctionnelle,
criminelle ou de police, en matières réellement contentieuses d'administration ou de
comptabilité, soit entre particuliers seulement,
soit entre particuliers et le Gouvernement ou
la société, en tout, partout, le droit de la défense doit être sacré et religieusement respecté.

Toutes les allégations tirées de circonstances
ou de faits particuliers, de l'état ou de la forme
des institutions, de raisons soi-disant politiques; tous ces échafaudages d'argumentations
et de lieux communs auxquels on peut recourir pour chercher à étayer et à établir
en thèse générale un système contraire, ou
pour affaiblir et miner par la voix sourde et
la tactique funeste des exceptions, la doctrine
qui adopte le vrai principe pour base; tous
ces moyens de destruction, à force ouverte

20.

ou détournée, ne doivent être, aux yeux du
publiciste et du législateur, que de vaines et
et futiles considérations sans force et sans fondement réel : car (il ne faut jamais qu'ils l'ou-
blient) la société, quoiqu'on en ait pu dire
et écrire, ne demande pas aux citoyens le sacrifice d'un seul de leurs droits et libertés naturels (*a*); la société n'existe au contraire ou
du moins ne doit exister qu'afin que chacun
de ses membres puisse jouir de ces mêmes
droits avec une plus entière et plus parfaite
sécurité : et, si l'ordre de choses présent, la
forme, la nature des institutions ne permettent
pas d'atteindre complètement ce but, c'est la
preuve évidente et manifeste qu'elles ne sont
pas ce qu'elles doivent être, qu'il reste un tra-
jet plus ou moins long à parcourir pour arriver au terme d'une véritable civilisation, terme
auquel le législateur est spécialement chargé
de les conduire, et que la raison, le véritable
amour de ce qui est bon, utile et juste ne

(*à*) Cette assertion est rigoureusement vraie, si l'on ne
confond pas la jouissance avec l'abus de ces droits et libertés. *Voy.*, au surplus, leur définition, ci-dess. 1re Part.,
entre autres, vol. 1er, chap. 11, pag. 57 *et suiv.*

cessera de réclamer, tant qu'il ne sera pas atteint et à jamais assuré.

Nous ne nous arrêterons donc pas plus long-temps ici à démontrer une vérité, un principe senti, reconnu et proclamé par les hommes les plus éclairés, les plus humains, les plus admirés et les plus véritablement dignes des éloges et de la reconnaissance de la postérité; mais nous nous hâterons d'en tirer une conséquence immédiate et non moins incontestable, savoir, qu'en droit cette faculté de la défense, pour que l'exercice n'en soit pas illusoire et peut-être plus dangereux que favorable, doit, en toutes matières et dans quelque branche de juridiction que ce soit, être accordée et garantie par la loi dans toute sa plénitude et l'étendue de l'acception.

D'où il suit 1° que ce plein et entier exercice du droit de défense, soit au civil, soit au criminel, ne doit pas devenir la cause d'une accusation nouvelle, servir à étendre l'accusation déja existante, ni en conséquence être un motif juste et fondé pour aggraver la peine que peut entraîner la première, lorsqu'elle est prouvée : car, s'il en était autrement, si

l'accusé en était réduit à craindre que ce qu'il
pourrait entreprendre de dire pour sa justification ne tournât contre lui, et ne rendît sa
position plus périlleuse qu'elle ne le serait s'il
n'eût fait aucun effort pour repousser l'agres-
sion et éclairer ses juges, il est certain que
l'exercice du droit ainsi réglé serait dans la
vérité à peu de chose près destructif du droit
lui-même, l'homme qui se trouverait sous le
poids d'une accusation, hésitant à proférer un
seul mot pour se disculper, par une suite naturelle de l'appréhension sans cesse présente à
sa pensée d'attirer sur sa tête une accusation
plus terrible et plus foudroyante que la première. Quelle que soit donc la gravité des inconvéniens que l'on veuille bien supposer être
la conséquence inévitable de la latitude que
doit avoir la défense, jamais ils n'entreront en
comparaison avec les dangers imminens qui
sont le résultat infaillible des restrictions que
l'on voudrait indirectement y apporter, en la
considérant comme pouvant donner lieu à une
deuxième, troisième ou quatrième accusation
subsidiaires et successives. Ne suffit-il pas de
la faculté accordée aux juges de prononcer le

maximum de la peine? Il importe assurément beaucoup que le prévenu n'ajoute pas à ses torts, au délit ou au crime dont il peut s'être rendu coupable, le tort d'une défense scandaleuse, d'une conduite inconvenante dans le sanctuaire de la justice ou irrespectueuse pour la magistrature : mais, d'une part, son intérêt le lui prescrit assez et est une garantie bien suffisante qu'en général il n'en agira point ainsi; et, d'autre part, quand il serait vrai que cet inconvénient ne dût pas être sans quelque exemple plus ou moins rare, ne fera-t-il pas toujours exception? n'importe-t-il donc pas d'ailleurs bien davantage à la société, à la justice, à l'humanité que l'innocent, gêné, contraint, paralysé par la crainte dans ses moyens de justification, ne puisse pas, par cela même, être confondu avec le coupable et exposé à une injuste et quelquefois irréparable condamnation? On le demande; entre ces deux hypothèses, quelle similitude, quelle proportion, quelle comparaison y a-t-il à établir?

2° De cette même conséquence première qui découle immédiatement du principe de la

liberté de la défense, et qui lui sert de commentaire ; de cette maxime qu'il faut accorder
à la défense toute la plénitude, toute l'étendue
possible, se déduit encore cette autre règle
d'une application également générale, que, si
l'accusé ou les parties soit en demandant soit
en défendant ne se sentent point la capacité,
la présence d'esprit, la facilité d'élocution ou
autres qualités et talens nécessaires pour exposer, développer leur cause, présenter et faire
valoir les moyens de fait et de droit dont leur
fortune et celle de leur famille, leur liberté,
leur vie, leur honneur, dépendent, il ne peut
leur être interdit de se choisir un ou plusieurs
conseils et avocats, et de placer en eux leur
confiance ; et si elles sont dans l'impossibilité
de procéder par elles - mêmes à ce choix, il
doit être fait d'office pour elles. Tibère, le plus
farouche des tyrans, accorda six défenseurs à
Pison accusé d'avoir empoisonné Germanicus
son fils (a). En France, depuis la création du
Parlement, on ne cite guère que trois grands
procès, celui d'Enguerrand de Marigny, celui

_____

(a) *Foy.* TACIT. *Annal.*

de Jacques-Cœur et celui du maréchal de Gié,
dans lesquels les accusés furent privés de l'assistance d'un avocat, et encore ces trois procès
furent-il jugés *non par justice, mais par commissaires.* Ce droit fut interdit en matière criminelle aux accusés, de quelque qualité qu'ils
fussent, par l'ordonnance de 1670, si ce n'était
« *pour crime de péculat, concussion, banque-
route frauduleuse, vol de commis ou associés
en affaires de finances ou de banque, fausseté de pièces, supposition de part et autres
crimes où il s'agissait de l'état des personnes,
à l'égard desquels, faculté était donnée aux
juges d'ordonner, si la matière le requiérait,
que les accusés, après l'interrogatoire, communiqueraient avec leur Conseil ou leur commis* ». Et cependant lors de la rédaction du
procès-verbal de cette ordonnance, M. le président de Lamoignon disait : « Le Conseil donné
aux accusés n'est point un privilége, c'est une
liberté acquise par le droit naturel, qui est
plus ancien que toutes les lois humaines. La
nature enseigne à l'homme à avoir recours aux
lumières des autres, quand il n'en a pas assez
pour se conduire, et d'emprunter des secours

quand il ne se sent pas assez fort pour se défendre (a).

Et cette faculté de se choisir des conseils et des défenseurs ne doit pas non plus être bornée ni quant à la limitation du nombre, ni d'aucune autre manière. Si l'accusé n'a pas assez de confiance dans les lumières d'un seul, il doit pouvoir recourir à celles de plusieurs; si les avocats qui exercent leur ministère dans le lieu, près de la cour ou du tribunal où le procès doit s'instruire et se juger lui sont inconnus, s'il lui paraît utile à ses intérêts de prendre des défenseurs parmi les jurisconsultes et les avocats qui n'exercent pas habituellement près de cette cour ou de ce tribunal, si des relations antérieures de confiance ou d'amitié, ou même une certaine réputation de talent les lui présentent comme les hommes dont ce talent et le zèle lui font concevoir plus de sécurité, la loi doit respecter religieusement ce

---

(a) *Voy*. Dumoulin. Commentaires de l'ordonnance de 1539. — Procès-verbal de l'ordonnance de 1670, tit. 14, *art*. 8. — Des vices de l'institution du Jury en France, par M. Gach, président, etc., pag. 58 et 59.

vœu du malheur; elle ne doit pas permettre qu'il soit repoussé et méconnu; et, à bien approfondir les choses, il n'existe encore ici aucun motif véritable et fondé d'arracher cette espérance de succès ou ce moyen de consolation aux prévenus qui pourraient être prématurément considérés comme étant le moins dignes de commisération et de pitié : car l'avocat digne de l'honneur de cette noble profession doit pouvoir l'exercer dans un lieu aussi bien que dans un autre, et celui contre lequel il pourrait exister des raisons fondées d'exclusion ne devrait pas plus être toléré ici que partout ailleurs.

3° Cette faculté de se choisir des défenseurs accordée aux parties qui n'ont pas la capacité ou la volonté de se défendre elles-mêmes, est dans la réalité un moyen des plus efficaces pour écarter, dans l'intérêt véritable de ces parties, dans celui de l'ordre et du respect dû à la magistrature, les longueurs, les désavantages d'une discussion diffuse, sans méthode et sans clarté, scandaleuse, ridicule ou inconvenante. Les travaux préliminaires, l'étude constante et soutenue, les connaissances éten-

dues, les talens qu'exige la carrière du barreau, l'esprit de vérité et de justice qui la ca-
ractérise et la distingue éminemment, la haute
considération dont elle doit jouir et dont
elle a toujours senti vivement le besoin; telles
sont les fortes et précieuses garanties qu'elle
offre tout à-la-fois aux parties, aux magistrats
et à la société. Mais, pour que le conseil et
l'avocat puissent remplir l'objet principal de
leur généreuse et bienfaisante profession, sous
ce triple rapport de l'intérêt individuel, du
vœu de la justice et des magistrats eux-mêmes,
de l'ordre et du bien-être public et social,
pour que la faculté reconnue et accordée à
l'accusé de se choisir un défenseur, ou la sollicitude de lui en désigner un d'office, ne soient
pas plus qu'illusoires peut-être, pour qu'il n'y
ait pas déception enfin, il est manifeste que
ces conseils et avocats, du choix des parties,
ou nommés d'office, doivent trouver, dans les
dispositions de la loi et dans les intentions bé-
névoles ou bienveillantes des magistrats, toutes
les facilités dont ils ont besoin, qu'ils doivent
être assurés d'une liberté et d'une protection
égale à celle dont les parties, les accusés eux-

mêmes ont droit de jouir, et cela soit relativement à la connaissance qu'ils sont obligés de prendre de tous les faits, de toutes les circonstances des procès, des pièces, actes et procédures de l'instruction, soit dans les relations, conférences et communications intimes et nécessaires qu'ils sont dans la nécessité d'avoir avec leurs cliens, soit enfin relativement à la rédaction et publication de leurs mémoires, à leurs discours, plaidoieries, et observations écrites ou verbales.

Cette liberté, cette protection, la confiance, on peut dire illimitée, qu'elle exige et suppose de la part tant du législateur que de la partie privée, imposent à l'avocat d'importans devoirs, d'un côté, envers la société et la partie publique qui accuse au nom de celle-ci, de l'autre, envers les malheureux dont cette accusation compromet les biens, l'honneur, l'existence; devoirs d'autant plus difficiles à remplir qu'ils semblent s'entrechoquer, se combattre et se détruire; obligations embarrassantes et délicates qui nécessitent un tact, un discernement rares, une sagacité parfaite, et capable de concilier des choses en apparence diamétralement

opposées, des intérêts qui du moins sur beaucoup de points se choquent, se froissent et se
contrarient.

En toutes choses, la conduite, les écrits,
les discours de l'avocat doivent être, et an-
noncer d'un côté, loyauté, franchise, amour
de l'ordre, de la justice et de la vérité; de
l'autre, humanité, zèle, dévouement, sagesse,
science, honneur, probité, prudence, discré-
tion et circonspection. Que d'études, de temps,
de méditations, de veilles et de travaux, il a
dû employer seulement pour oser aspirer à la
possession de ces grandes vertus, de qualités
si éminentes? Que d'essais, de soins, de courage et de constance ne lui a-t-il pas fallu et
ne lui faut-il pas encore tous les jours pour
les conserver, les perfectionner, les étendre,
et en faire un louable et utile usage, lorsqu'une
tâche pénible appelle, sollicite son appui, réclame et prescrit l'exercice de son bienfaisant
ministère? Et quand admis enfin dans le sanctuaire révéré où la justice va prononcer sur le
sort de ceux dont la liberté, la vie, l'honneur
lui sont confiés, lorsqu'en présence des or-
ganes respectables et impassibles de la loi, il

se trouve placé entre tant d'écueils, pressé
sous le poids d'une accusation grave, obligé
de lutter avec désavantage contre la puissance
et la force déja si grandes de l'espèce de prévention et de défaveur que cette accusation
porte avec elle, soit pour la réfuter complètement, la terrasser, l'abattre, en démontrer
la fausseté et la faire entièrement évanouir, soit
du moins pour l'affaiblir, l'atténuer et en rendre les conséquences moins funestes et moins
terribles pour les accusés, que de présence
d'esprit, de pénétration, de promptitude dans
les aperçus, que de recueillement, de rapidité dans la conception, que d'ordre et de logique lui sont alors nécessaires? De quel souvenir
ou plutôt de quel sentiment profond de tous
ses devoirs, de quel tact sûr de toutes les con-
venances, de quelle alliance de modération et
de force, de calme et d'énergie, en un mot de
quel ensemble de facultés physiques et intellectuelles n'a-t-il pas alors besoin? quelle puissance pourra le mettre au niveau des fonctions
d'un si honorable mais si difficile ministère?
Et quelle reconnaissance, quel dédommage-
ment, ses généreux efforts ne lui mériteront-ils

pas, tant de la part de la magistrature dont ils servent à prévenir les erreurs et à éclairer la justice, que de la part de la société tout entière dont il arrête et désarme le bras prêt à frapper l'un de ses enfans présumé coupable, et, graces à ses soins, reconnu innocent? Est-il une profession qui ait plus de droit, qui puisse prétendre à plus juste titre à la considération publique, fruit précieux du travail, des sentimens nobles et généreux, et de la fidélité à tous les devoirs que prescrit le véritable honneur?

Si les devoirs de l'avocat sont grands envers la société et spécialement à l'égard de la magistrature, il a donc à réclamer aussi quelques droits particuliers dont l'exacte observation est d'autant plus nécessaire et plus sacrée que leur infraction serait un obstacle à ce qu'il pût de son côté remplir religieusement ces mêmes obligations que la nature des choses lui impose. Honneur, confiance et considération, telles sont, en termes généraux, les obligations naturelles et de droit dont la société et la magistrature en particulier sont bien véritablement tenues envers cette profession qui peut à tant d'égards être assimilée à la magistrature elle-même, qui fait en partie son lustre, et qui se trouve si spécialement placée sous sa protection (*a*).

(*a*) « Si l'avocat n'exerce pas un état aussi distingué que le magistrat, on sait néanmoins qu'il ne faut pas moins de mœurs et de lumières à l'un qu'à l'autre. Les magistrats eux-mêmes ont rendu à l'ordre des avocats toute la justice qui lui est due ; ils le regardent comme le séminaire de la magistrature. Anciennement, avant que tout fût réglé en titre d'office, les avocats étaient les conseillers nés des tribunaux auxquels ils étaient attachés. Et au fond, dans l'origine, les premiers magistrats furent ceux d'entre les avocats qu'on choisit pour assister avec plus d'assiduité aux audiences, aux assises, afin qu'il s'en trouvât toujours un nombre suffisant pour rendre des arrêts ou des jugemens. Les autres avocats, quand leurs occupations le leur permettaient, avaient toujours le droit de se présenter et d'opiner. Dans la suite des temps, cette faculté d'opiner a été restreinte aux anciens avocats, et ce droit, qui est de pure faculté, non sujet à prescription, appartient encore aux anciens du parlement de Paris. Tous les ans, à la rentrée de la cour, le greffier lit, d'après le tableau, le nom de plusieurs anciens avocats qui doivent s'asseoir, les uns au-dessous des conseillers laïques, les autres au-dessous des conseillers clercs. Ces anciens avocats étaient autrefois consultés avant la prononciation des arrêts ; c'est de là que les anciennes ordonnances donnent aux avocats le titre de *conseillers* (*advocati consiliarii*). (On en usait de même

Et s'il faut ici rendre la règle plus sensible en signalant quelques points essentiels de son application, nous dirons, par exemple, et on

chez les Romains.). Trop distraits dans la suite par les occupations du cabinet, ils ont cessé d'assister aux audiences; mais on n'a pas cessé de leur indiquer la place qu'ils doivent y avoir. L'invitation même *de la venir prendre sur les fleurs de lis*, leur fut particulièrement réitérée, en 1707, par le premier président Portail....

« Toute la différence qui se trouve aujourd'hui entre les magistrats et les jurisconsultes, c'est que la juridiction des uns est bornée et contentieuse, et que celle des autres est toute gracieuse, et qu'elle s'étend partout ; qu'elle est libre pour ceux-ci, et forcée pour ceux-là. Le magistrat n'a (comme tel) de juridiction que sur les affaires et sur les parties qui sont de son district ; il est obligé de les écouter et de leur donner sa décision. L'avocat au contraire a le globe pour territoire. Tous les hommes, de quelque pays ou qualité qu'ils soient, peuvent s'adresser à lui, et il est le maître de donner ou de refuser son opinion, suivant le degré d'estime et de confiance qu'on veut bien lui marquer. Il ne peut rien d'autorité, mais il peut tout par sa sagesse et ses lumières ; on peut même dire qu'il est le premier magistrat parmi ses concitoyens. Combien de querelles, de contestations, n'étouffe-t-il pas dans leur naissance ? Il est le génie tutélaire du repos, des familles, l'ami des hommes, leur guide et leur protecteur....

« Il y a une si grande affinité entre l'athlète du barreau

reconnaîtra facilement, que s'il est du devoir de l'avocat d'être véridique et fidèle dans l'exposition des faits, méthodique dans le développement et la discussion des moyens, concis et concluant dans le résumé qu'il doit en faire; que s'il doit en général concevoir et conduire

et le magistrat, qu'il est difficile de louer l'un au préjudice de l'autre. On ne sait s'il n'est pas aussi glorieux de combattre, que de juger du combat. Les plus grands magistrats, avant de passer aux charges, se croyaient aussi honorés du titre d'avocat que de la dignité de leur nouvel état. On en a même vu quelques-uns reprendre avec plaisir l'exercice d'une profession qui avait fait leurs délices dans la vie privée.

« Il est assez ordinaire que les cours dispensent ceux des avocats qui ont fréquenté noblement le barreau, ou qui se sont fait connaître par leurs travaux dans la jurisprudence, de l'examen qu'on est obligé de subir pour passer à des offices de judicature. On en jugea ainsi, en 1723, envers M. Furgaud, avocat exerçant depuis dix-huit ans, lors de sa réception à l'office d'auditeur des comptes; la chambre le dispensa de l'examen ordinaire par arrêt du 11 décembre; et M. le premier président lui dit *qu'elle avait été charmée de trouver cette occasion de marquer en sa personne aux avocats la considération qu'elle avait pour leur ordre* ». (Ancien et Nouveau Répertoires de Jurisprudence, par Guyot et par Merlin, au mot, *Avocat*).

21.

le plan de sa défense de manière à marcher directement et avec ensemble vers son but, et à ne point employer inutilement des momens toujours précieux pour la justice, en la fatiguant de redites, de discussions lâches ou sans objet; en un mot, s'il doit être laconique et précis autant que peut le permettre et que le réclame même l'intérêt de sa cause: de sa part aussi, le magistrat doit lui prêter une attention scrupuleuse et soutenue. La nature de ses importantes fonctions, les graves résultats qu'elles doivent avoir sur le sort et la fortune de ses concitoyens, l'intérêt même de la société, qu'il représente sur son siége, et qui ne lui délègue son autorité que pour en user avec une stricte équité et par conséquent avec une entière et parfaite connaissance de cause, que de considérations puissantes se réunissent pour mettre cette attention scrupuleuse au premier rang des devoirs essentiels et les plus sacrés du magistrat! Qu'un président ou un juge, venant à l'audience avec une opinion déja formée par avance, dans le monde, ou dans son cabinet, sur le simple vu des pièces, ou, ce qui est pis encore, par suite de suggestions fausses, per-

fides et mensongères, dont il n'aura pas su se
garantir et se défendre, affecte ensuite, pendant le cours des plaidoieries, un air d'inatten-
tion et de préoccupation, de distraction ou
d'ennui; qu'il s'entretienne avec d'autres juges
de choses entièrement étrangères à l'affaire
qui se discute, sur laquelle il va bientôt donner sa voix; ou bien encore qu'il choisisse ce
moment pour sa correspondance particulière;
ou même pour la rédaction prématurée de l'arrêt ou du jugement qu'il lui faudra prononcer,
pourrait-il y avoir rien de plus choquant et de
plus contraire à la dignité, à l'honneur même
de la magistrature? Et dût-on voir revivre
dans le juge qui connaîtrait si mal ce qu'il doit
à ses hautes fonctions et ce qu'il se doit à lui-
même, les noms des hommes qui ont anciennement acquis le plus d'illustration dans la
même carrière, on n'en pourrait que regretter
plus vivement encore de ne point retrouver en
lui ces qualités éminentes, ces vertus auxquelles il est probable que ces grands hommes
durent leur célébrité et la respectueuse vénération dont ils sont encore aujourd'hui l'objet.

Il n'est peut-être pas non plus pour la justice de plus grand fléau qu'un magistrat, chargé de présider l'audience, qui se persuade qu'il conçoit mieux la cause, sans avoir encore entendu ni les parties ni leurs avocats, que ceux-ci ne la comprennent dans l'intérêt et d'après les explications de ces mêmes parties, et qui dès lors prétendra tracer, diriger, conduire à son gré la marche et le plan des plaidoieries. Il ne serait pas impossible sans doute que, par l'effet d'une heureuse rencontre, il n'eût aperçu les divers points de la discussion sous leur véritable point de vue, et de telle sorte que, si les défenseurs les eussent saisis et présentés de même, il n'en fût réellement résulté quelque avantage sous le rapport de la promptitude et de l'économie du temps; mais, en voulant ainsi limiter, circonscrire et contraindre la discussion, forcer les avocats à abandonner subitement, au moment où ils prennent la parole, l'ordre de leurs idées et le plan qu'ils ont adopté avec réflexion, pour leur en faire suivre un autre qu'ils n'ont pas médité, qui ne leur a pas été développé, qu'ils pourraient même ne pas concevoir ou ne vouloir pas adopter, lors même qu'il leur eût été préalablement

expliqué, c'est éloigner la vérité, et non pas
être favorable à sa manifestation ; c'est aller
en sens inverse du but que l'on croirait pouvoir atteindre, et, bien loin d'économiser le
temps, provoquer les longueurs, les redites et
la diffusion.

Tel autre encore, trop confiant dans ses
forces, se croira doué d'une telle pénétration,
d'une sagacité si prompte et si infaillible, qu'il
s'imaginera de même saisir d'un seul coup
d'œil, aux premiers mots de l'exposé des faits,
de la discussion, ou même à la lecture de simples conclusions, le point décisif des causes
les plus compliquées ; il regardera donc comme
inutiles et superflus tous argumens, réfuta-
tions et explications ultérieurs ; en conséquence
il ne voudra plus rien entendre, et se croira
en droit d'interrompre, de prohiber en quelque sorte les plaidoieries, ou de n'y plus prêter
aucune attention. Cependant, fût-il même dans
l'intention de donner gain de cause au défenseur auquel il retire ou interdit la parole, il
est incontestable qu'en agissant ainsi il peut
porter le plus notable préjudice à la partie
même à laquelle son opinion est favorable : car

ce qui lui paraît évident peut n'être pas également clair pour les autres juges appelés avec lui à prononcer, et même ce qui a d'abord paru incontestable pour tous, aurait cependant pu changer de face et se montrer sous un aspect tout différent et cependant plus exact, si les plaidoieries n'eussent pas été inconsidérément scindées ou interrompues.

Si donc une saine logique, le laconisme et la précision sont des qualités essentielles et qui constituent en grande partie le talent de l'avocat plaidant, on peut dire aussi, avec non moins de vérité, que la patience, la modération, le calme, la défiance de soi-même, sont, aussi bien que l'intégrité et la bonne judiciaire, les premières vertus du magistrat; que, sans celles-là, les autres ne lui servent à rien, et que souvent même ces dernières, quelque brillantes qu'elles soient, peuvent devenir fort nuisibles.

Ces vertus magistrales, s'il est possible de les désigner ainsi, étaient, chez les Romains, mises à une bien plus rude épreuve qu'elles ne le sont aujourd'hui en France. On y voyait la même partie employer pour sa défense le secours de plusieurs orateurs, témoins la cause de Balbus, concernant le droit de bourgeoisie, que Cicéron, Crassus et Pompée plaidèrent alternativement; la cause de Muréna qui, accusé d'avoir corrompu les suffrages dans la poursuite du consulat, confia le soin de sa défense à Crassus, à Hortensius et à Cicéron; témoin encore la cause de Volusenus Catulus, qui fut défendue et par Domitius Afer et par Crispus Passiénus et par Décius Lélius (*a*). Nous avons dit déjà que Tibère accorda six défenseurs à Pison (*b*).

4° S'il arrivait pourtant qu'un avocat s'écartât des bornes de ses devoirs, des règles de la bienséance, du respect qu'il doit à la magis-

---

(*a*) Quintilien. Inst. de l'Orat., liv. ix, ch. 1.

(*b*) (*Voy.* ci-dessus, pag. 312).

— *Voy.* aussi Cicér. Epit. 1, liv. 1. *Ad Quintum fratrem*; *ibid.*, lib. ii, *De Orat.* — Pline le jeune, liv. 1, Ep. 20; liv. vi, Ep. 2. — Henrys. Dans ses Harangues, tom. 2, pag. 34 et 35. *Édit. de Paris*, 1708. — Brétonnier. Dissertation sur Henrys, tom. 2, pag. 818; *ibid.*, tom. 2, liv. vi, *Quest.* 20, pag. 749. — D'Aguesseau. Disc. sur l'Indép. de l'avocat, *prononcé à l'ouverture des audiences, en* 1698, tom. 1.—Camus. Lettres sur la profession d'avocat. *Huitième Lettre.* De la Défense des accusés, tom. 1, pag. 135; *ibid.* Lettre à M***, *où l'on*

trature, etc., et que la Cour ou le tribunal qui aurait à lui en adresser le reproche crût devoir sévir contre lui, l'avertir, le censurer ou réprimander, l'admonester, le suspendre ou l'interdire, n'y a-t-il pas quelques remarques et distinctions importantes à faire, fondées sur l'existence reconnue d'une espèce d'Ordre ou de Corporation, sur la formation d'une Liste

---

examine *si les juges qui président aux audiences peuvent légitimement interrompre les avocats lorsqu'ils plaident*, tom. **i**, pag. 495. 4ᵉ *Édit.*, augmentée de plusieurs lettres et pièces intéressantes, par M. Dupin, avocat.

— Boursault raconte à ce sujet deux faits que l'on ne saurait trop rappeler.

« L'avocat Dumont ayant été un peu plus long qu'il n'avait coutume d'être, M. le premier président de Novion lui dit de conclure. — *Je suis prêt à conclure*, répondit Dumont avec une louable hardiesse, *si la cour trouve que j'en aie assez dit pour gagner ma cause avec dépens ; sinon, j'ai encore des raisons si essentielles qu'il m'est impossible de les supprimer sans trahir mon ministère et la confiance dont m'a honoré ma partie.* M. de Novion laissa continuer l'avocat, qui dit en effet des raisons si décisives, qu'il gagna sa cause avec dépens.

« Fourcroy plaidait une cause où la cour trouvait si peu d'apparence de raison, qu'à peine avait-il commencé de parler, elle se leva pour aller aux opinions. Surpris de l'affront qu'on lui faisait de ne pas l'écouter, lui que

ou Tableau des noms de tous les avocats qui
font partie de cet Ordre, et sur cette espèce
de solidarité morale qui existe entre ses membres par suite de leur inscription?

Pour entrer dans cet examen, et pour résoudre les questions qui en découlent, il faut
connaître la nature de cette sorte d'association
que l'on peut appeler extra-légale; et dans

---

l'on prenait tant de plaisir à entendre, il éleva sa voix
qui était assez tonnante d'elle-même; et, pendant que
l'on opinait, *Messieurs*, dit-il, *Messieurs, que la cour
m'accorde au moins une grace qu'elle ne peut équitable-
ment me refuser. — Que voulez-vous,* lui demanda M. le
premier président? —*Je demande, Monsieur,* lui répon-
dit-il, *qu'il plaise à la cour me donner acte, pour me
justifier envers ma partie, de ce qu'elle juge ma cause sans
m'entendre.* — La cour frappée de ce que Fourcroy venait
de dire, et craignant peut-être qu'on ne l'accusât d'un
peu trop de précipitation, se remit, et le laissa plaider:
ce qu'il fit avec tant de succès que tout le barreau jugea
le gain de sa cause infaillible; mais, continue Boursault,
la cour qui, par le mouvement qu'elle avait fait un peu
auparavant, avait témoigné qu'elle la croyait insoute-
nable, ne voulant pas se dédire devant tout le monde,
l'appointa, et ce qui arriva dans la suite fut que Fourcroy
la gagna avec moins d'éclat qu'il n'en aurait eu à l'audience ». (Boursault. Lettre à l'évêque de Langres, tom. 2,
pag. 223 et 224, *Édit.* 1712).

cette vue, nous devons d'abord extraire briève-
vement ce que l'ancien et le nouveau Répertoire de jurisprudence disent à ce sujet :
« *Discipline des avocats.* Quoiqu'il soit de
maxime que les avocats ne font point un
Corps, et qu'il n'y ait d'autre liaison entre eux
que celle de l'estime et du savoir, ils ne laissent pourtant pas, dans les siéges où ils peuvent
se trouver en certain nombre, de se réunir
en société, afin d'avoir par là des occasions
plus particulières de se connaître et de s'instruire. Pour donner à cette société une existence plus sensible, ils sont dans l'usage de
se nommer un chef, qu'on appelle le *Bâtonnier* (a) : c'est ce chef qui veille au maintien
de la régularité et du bon ordre parmi ses
confrères, à moins que cette commission

(a) « Le titre de *Bâtonnier* des avocats n'a été introduit
qu'à l'occasion de la confrérie de Saint-Nicolas, établie en
la chapelle du Palais ; confrérie dont le *bâtonnier* des
avocats était le chef.

« On l'a appelé *Bâtonnier*, parce que, dans les cérémonies de la confrérie, il portait le bâton de saint Nicolas,
que l'on posait en face de la chapelle, aux deux fêtes de
Saint-Nicolas ».

ue soit dévolue au plus ancien d'entre eux, suivant que cela se pratique dans quelques siéges.

« Ils sont aussi dans l'usage de donner tous les ans au public, ou, si l'on veut, au tribunal auquel ils sont principalement attachés, un catalogue de ceux qui sont admis à faire la profession avec eux ; et ce catalogue, on l'appelle le *Tableau des avocats.* C'est ordinairement le Bâtonnier, assisté d'un certain nombre des anciens, qui le renouvelle tous les ans, et qui le dépose au greffe de la juridiction.

« Ce tableau a pris dans la suite des temps la plus grande faveur dans l'opinion des juges et dans celle du public. Les juges l'ont regardé comme propre à maintenir les mœurs et à faire naître l'émulation, parce qu'on n'y inscrit que ceux qui, après un certain temps d'épreuve, se sont fait connaître par leurs talens et leur bonne conduite (*a*). Ils ont cru dès lors qu'il

---

(*a*) « Ce temps d'épreuve est appelé le temps du *stage*, lequel était autrefois plus ou moins long suivant les différens siéges. Le stage, au parlement de Paris, était anciennement de deux ans ; il a été ensuite de trois ans, il avait été porté à quatre, par une délibération homologuée le 5

convenait d'attribuer à ces avocats la discussion par écrit des affaires principales, préférablement aux autres avocats qui ne commençaient qu'à s'exercer dans la carrière. C'est ce qui fait que tout avocat aujourd'hui aspire à être sur le tableau formé près de la Cour où il entend exercer la profession. Le public, de son côté, croit pouvoir se livrer avec plus de confiance aux talens et aux lumières de ceux qui se trouvent inscrits sur ce même tableau.

« Quand le temps d'épreuve est écoulé, on ne fait nulle difficulté d'inscrire tout avocat contre lequel il ne se trouve aucun motif d'exclusion. C'est cette même facilité qu'ont les avocats d'admettre parmi eux les nouveaux confrères qui se présentent avec la recommandation des mœurs et des talens, qui a fait plus particulièrement agiter, dans ces derniers temps, la question de savoir si les avocats sont tellement maîtres de leur tableau, qu'il leur soit entièrement libre de refuser ceux qui peuvent leur déplaire, ou même de supprimer

---

mai 1751 ». Il est aujourd'hui de trois années (*voy.* l'ordonnance du 22 novembre 1822, et la suite de cet article).

ceux dont ils croient avoir lieu d'être mécon-
tens, et cela, de leur seule autorité, sans être
obligés de rendre raison à personne de leur
conduite à cet égard.

« On dit, à ce sujet, que la profession d'a-
vocat est de droit public; que dès lors la possibilité ou l'impossibilité de l'exercer ne doit
pas dépendre de ceux-mêmes qui l'exercent,
et qu'il doit être réservé aux magistrats, qui
veillent à la manutention de l'ordre public, de
juger si l'avocat qui se présente pour la profession du barreau, est digne ou non de l'exercer; qu'aussitôt qu'il n'y a rien à lui reprocher,
on ne peut sans lui faire injure refuser de l'admettre au rang de ceux qui l'ont embrassée.

« Les avocats répondent qu'ils sont maîtres
de leur Tableau, maîtres d'en faire ou de n'en
pas faire, et que cette faculté ne saurait se
concilier avec la nécessité d'y inscrire malgré
eux un sujet quelconque; qu'ils ne peuvent, à
la vérité, empêcher ce sujet d'exercer la profession, qui, sous ce point de vue, est de droit
public, dès que les magistrats le trouvent
agréable; mais qu'on ne saurait les forcer à
fraterniser avec lui.... ».

Dans le même article, on lit encore ce qui suit : « Il semblerait qu'avec les licences qu'on rapporte d'une faculté, on pût tout de suite, sans d'autres formalités, se présenter au barreau et y exercer la profession ; mais on est encore obligé de faire serment devant la Cour où l'on se propose de plaider, qu'on observera les édits, les règlemens, etc. Ce serment, qui n'est autre que celui qui se renouvelle tous les ans à la Saint-Martin, est d'un ancien usage ; il fut introduit du temps de Justinien : on le réitérait à chaque entrée de cause, avec déclaration qu'on n'entendait nullement favoriser la fraude ni la calomnie ; on le prêta ensuite de trois mois à autres, puis chaque année ; et on le continue ainsi, plutôt par habitude qu'autrement. Nous avons lieu de croire que ce serment n'est nécessaire que pour ceux qui sont appelés au barreau, pour discuter, en présence des juges, les droits de leurs cliens ; et que ceux qui sont licenciés en bonne forme, peuvent, de plein droit, sans autre serment que celui qu'ils ont prêté dans la faculté, écrire et conseiller librement. Lorsque ce serment a été prêté dans une Cour supérieure, on peut postuler dans tous les siéges du ressort sans autre affirmation : mais il ne s'étend point d'une Cour à une autre; ainsi il faut un nouveau serment si l'on change de ressort. On fait cependant une exception pour le parlement de Paris. L'opinion commune est que, lorsqu'on a prêté serment dans cette Cour, on n'est point obligé de le réitérer dans les autres Cours du royaume » (a).

Nous devons ensuite remarquer qu'aux termes formels de l'article 10 de la loi du 2 septembre 1790 (faisant suite au décret du 16 août précédent), concernant l'organisation judiciaire, sanctionné par le roi le 11 du même mois de septembre, et conforme aux lois des 26 octobre, 5 décembre 1789, également sanctionnées par le roi les 27 octobre; 3 et 6 novembre de la même année, les avocats ne durent plus former, et ne formèrent plus en effet ni ordre ni corporation.

Et depuis, la loi du 22 ventose an XII, sur l'établissement des écoles de droit, sans abro-

_____

(a) *Voy.* l'ancien Répertoire de Jurisp., par Guyot; et le nouveau Répertoire, par Merlin, au mot : *Avocat.*

ger cette disposition positive des lois antérieures, particulièrement de celle du 2 septembre 1790, porta simplement : « Tit. v, *art.* 29,
il sera formé un Tableau des avocats exerçant
près les tribunaux ».

Mais le décret du 14 décembre 1810 ne se
borna pas à ordonner et régler l'exécution de
cet *art.* 29 de la loi du 22 ventose an XII ou
le rétablissement des anciens usages ; on y in-
séra cette disposition que l'on peut regarder
comme extensive : « Tit. 1, *art.* 9, ceux qui
seront inscrits au Tableau formeront seuls
l'Ordre des avocats » (*a*).

(*a*) Toujours dans le sens de la même extension, un
décret du 2 juillet 1812 contient, entre autres dispositions, celles qui suivent : « *art.* 1er. Dans toutes les cours
impériales de notre empire, les causes portées à l'audience seront plaidées par les avocats inscrits sur le tableau des avocats de la cour ou admis au stage, conformément à l'*art.* 16 de notre décret du 14 décembre 1810.

« *Art.* 2. Les demandes incidentes qui seront de nature
à être jugées sommairement, et tous les incidens relatifs
à la procédure pourront être plaidés par les avoués pos-
tulans en la cour, dans les causes dans lesquelles ils occuperont.

« *Art.* 3. Il en sera de même dans les tribunaux de pre-

Et aujourd'hui l'ordonnance qui vient d'être publiée, le 20 novembre 1822, renferme aussi une disposition dont le résultat est de même d'étendre celles de la loi du 22 ventose an XII, qui lui sert de base, et dont elle a aussi pour objet, ainsi qu'elle le déclare, de régler l'exécution.

Voici, au surplus, quelle est, dans son entier contexte, cette ordonnance qu'il est nécessaire de transcrire ici. « Louis....., etc., ayant résolu de prendre en considération les réclamations qui ont été formées par les divers barreaux du royaume, contre les dispositions du décret du 14 décembre 1810, et voulant rendre aux avocats exerçant dans nos tribunaux, la

---

mière instance séant aux chefs-lieux des cours impériales, des cours d'assises et des départemens : les avoués pourront y plaider toutes les causes sommaires.

« Dans les autres tribunaux de première instance, ils pourront plaider toute espèce de cause dans laquelle ils occuperont.

« *Art.* 4. Il n'est point dérogé à la disposition du décret du 14 décembre 1810, portant que les avocats pourront, avec l'autorisation du Grand-Juge, ministre de la justice, aller plaider hors du ressort de la cour impériale du département où ils sont inscrits.... etc. ».

plénitude du droit de discipline qui, sous les rois nos prédécesseurs, élevait au plus haut degré l'honneur de cette profession et perpétuait dans son sein l'invariable tradition de ses prérogatives et de ses devoirs :

« Voulant d'ailleurs attacher à la juridiction que l'Ordre doit exercer sur chacun de ses membres, une autorité et une confiance fondées sur les déférences et sur le respect que l'expérience des anciens avocats leur donne le droit d'exiger de ceux qui sont entrés plus tard dans cette carrière ;

« Sur le rapport de notre garde-des-sceaux, ministre secrétaire-d'état au département de la justice,

« Nous avons ordonné et ordonnons ce qui suit :

« Tit. 1er. *Du Tableau. Art.* 1er. Les avocats inscrits sur le Tableau dressé en vertu de l'article 29 de la loi du 13 mars 1804 (22 ventose an XII), seront répartis en colonnes ou sections.

« *Art.* 2. Il sera formé sept colonnes si le Tableau comprend cent avocats ou un plus grand nombre; quatre, s'il en comprend moins de cent et plus de cinquante; trois, s'il en com-

prend.moins de cinquante et plus de trente-
cinq ; et deux seulement , s'il en comprend
moins de trente-cinq et plus de vingt.

Art. 3. La répartition prescrite par les articles précédens sera faite par les anciens bâtonniers et le Conseil de discipline actuellement
en exercice, réunis sur la convocation de nos
procureurs-généraux pour les avocats exerçant
près les Cours royales, et de nos procureurs
près les tribunaux de première instance pour
les avocats exerçant dans ces tribunaux.

« *Art.* 4. Cette répartition pourra être renouvelée tous les trois ans, s'il est ainsi ordonné
par nos Cours royales, sur la réquisition de
nos procureurs-généraux ou sur la demande
du Conseil de discipline.

« *Art.* 5. Nul ne pourra être inscrit sur le
Tableau des avocats d'une Cour ou d'un tribunal, s'il n'exerce réellement près de ce tribunal ou de cette Cour.

« *Art.* 6. Le Tableau sera réimprimé au commencement de chaque année judiciaire, et déposé au greffe de la Cour ou du tribunal auquel les avocats inscrits seront attachés.

« Tit. II. *Du Conseil de discipline. Art.* 7. Le

Conseil de discipline sera composé : 1° des avocats qui auront déja exercé les fonctions de
bâtonniers ; 2° des deux plus anciens de chaque
colonne, suivant l'ordre du Tableau ; 3°, d'un
secrétaire choisi indistinctement parmi ceux
qui seront âgés de trente ans accomplis, et qui
auront au moins dix ans d'exercice.

« *Art.* 8. Le bâtonnier et le secrétaire seront
nommés par le Conseil de discipline, à la majorité absolue des suffrages.

« Ces nominations seront renouvelées au
commencement de chaque année judiciaire,
sur la convocation de nos procureurs près nos
Cours et nos tribunaux.

« *Art.* 9. Le bâtonnier est chef de l'Ordre, et
préside le Conseil de discipline.

« *Art.* 10. Lorsque le nombre des avocats
portés sur le Tableau n'atteindra pas celui de
vingt, les fonctions des Conseils de discipline
seront remplies, savoir : s'il s'agit d'avocats
exerçant près d'une Cour royale, par le tribunal de première instance de la ville où siége la
Cour ; dans les autres cas, par le tribunal auquel
seront attachés les avocats inscrits au Tableau.

« *Art.* 11. Les tribunaux qui seront chargés,

aux termes de l'article précédent, des attributions du Conseil de discipline, nommeront annuellement, le jour de la rentrée, un bâtonnier, qui sera choisi parmi les avocats compris dans les deux premiers tiers du Tableau, suivant l'ordre de leur inscription.

Art. 12. Les attributions du Conseil de discipline consistent : 1° à prononcer sur les difficultés relatives à l'inscription dans le Tableau de l'Ordre ; 2° à exercer la surveillance que l'honneur et les intérêts de cet Ordre rendent nécessaires ; 3° à appliquer, lorsqu'il y a lieu, les mesures de discipline autorisées par les règlemens.

« *Art.* 13. Le Conseil de discipline statue sur l'admission au stage des licenciés en droit, qui ont prêté le serment d'avocat dans nos Cours royales ; sur l'inscription au Tableau, des avocats stagiaires après l'expiration de leur stage, et sur le rang de ceux qui, ayant déja été inscrits au Tableau, et ayant abandonné l'exercice de leur profession, se présenteraient de nouveau pour le reprendre.

« *Art.* 14. Les Conseils de discipline sont chargés de maintenir les sentimens de fidélité à la monarchie et aux institutions constitutionnelles, et les principes de modération, de désintéressement et de probité sur lesquels repose l'honneur de l'Ordre des avocats.

« Ils surveillent les mœurs et la conduite des avocats stagiaires.

« *Art.* 15. Les Conseils de discipline répriment d'office, ou sur les plaintes qui leur sont adressées, les infractions et les fautes commises par les avocats inscrits au Tableau.

« *Art.* 16. Il n'est point dérogé, par les dispositions qui précèdent, au droit qu'ont les tribunaux de réprimer les fautes commises à leur audience par les avocats.

« *Art.* 17. L'exercice du droit de discipline ne met point obstacle aux poursuites que le ministère public ou les parties civiles se croiraient fondés à intenter dans les tribunaux, pour la répression des actes qui constitueraient des délits ou des crimes.

« *Art.* 18. Les peines de discipline sont : l'avertissement; la réprimande; l'interdiction temporaire; la radiation du Tableau.

« L'interdiction temporaire ne peut excéder le terme d'une année.

« *Art.* 19. Aucune peine de discipline ne peut être prononcée sans que l'avocat inculpé ait été entendu, ou appelé, avec délai de huitaine.

« *Art.* 20. Dans les siéges où les fonctions du Conseil de discipline seront exercées par le tribunal, aucune peine de discipline ne pourra être prononcée qu'après avoir pris l'avis écrit du bâtonnier.

« *Art.* 21. Toute décision du Conseil de discipline emportant interdiction temporaire ou radiation, sera transmise, dans les trois jours, au procureur-général, qui en assurera et en surveillera l'exécution.

« *Art.* 22. Le procureur-général pourra, quand il le jugera nécessaire, requérir qu'il lui soit donné une expédition des décisions emportant avertissement ou réprimande.

« *Art.* 23. Pourra également le procureur-général demander expédition de toute décision sur laquelle le Conseil de discipline aurait prononcé l'absolution de l'avocat inculpé.

« *Art.* 24. Dans les cas d'interdiction à temps ou de radiation, l'avocat condamné pourra interjeter appel devant la Cour du ressort.

« *Art.* 25. Le droit d'appeler des décisions

rendues par les Conseils de discipline, dans les cas prévus par l'article 15, appartient également à nos procureurs-généraux.

« *Art.* 26. L'appel, soit du procureur-général, soit de l'avocat condamné, ne sera recevable qu'autant qu'il aura été formé dans les dix jours de la communication, qui leur aura été donnée par le bâtonnier, de la décision du Conseil de discipline.

« *Art.* 27. Les Cours statueront sur l'appel en assemblée générale et dans la chambre du Conseil, ainsi qu'il est prescrit par l'*art.* 52 de la loi du 20 avril 1810, pour les mesures de discipline qui sont prises à l'égard des membres des Cours et tribunaux (*a*).

(*a*) Cette loi du 20 avril 1810, sur l'organisation de l'ordre judiciaire et de l'administration de la justice, contient les dispositions suivantes :

Chap. VII. *De la Discipline. Art.* 49. Les présidens des cours impériales et des tribunaux de première instance avertiront d'office, ou sur la réquisition du ministère public, tout juge qui compromettra la dignité de son caractère.

« *Art.* 50. Si l'avertissement reste sans effet, le juge sera soumis, par forme de discipline, à l'une des peines suivantes, savoir : la censure simple ; la censure avec réprimande ; la suspension provisoire.

« *Art.* 28. Lorsque l'appel aura été interjeté par l'avocat condamné, les Cours pourront, quand il y aura lieu, prononcer une peine plus forte, quoique le procureur-général n'eût pas lui-même appelé.

« *Art.* 29. L'avocat qui aura encouru la peine de la réprimande ou de l'interdiction, sera inscrit au dernier rang de la colonne dont il fera partie.

« Tit. III. *Du stage.* *Art.* 30. La durée du stage sera de trois années.

« *Art.* 31. Le stage pourra être fait en di-

« La censure avec réprimande emportera de droit privation de traitement pendant un mois ; la suspension provisoire emportera privation de traitement pendant sa durée.

« *Art.* 51. Les décisions prises par les tribunaux de première instance seront transmises, avant de recevoir leur exécution, aux procureurs-généraux, par les procureurs impériaux, et soumises aux cours impériales.

« *Art.* 52. L'application des peines déterminées par l'*art.* 50 ci-dessus, sera faite en la chambre du conseil par les tribunaux de première instance, s'il s'agit d'un juge de ces tribunaux, ou d'un membre de justice de paix, ou d'un juge de police de son arrondissement.

« Lorsqu'il s'agira d'un membre des cours impériales ou d'assises ou spéciales, l'application sera faite par les cours impériales en la chambre du conseil.... etc. ».

verses Cours, sans qu'il doive néanmoins être interrompu pendant plus de trois mois.

« *Art.* 32. Les Conseils de discipline pourront, selon les cas, prolonger la durée du stage.

« *Art.* 33. Les avocats stagiaires ne feront point partie du Tableau. Ils seront néanmoins répartis et inscrits à la suite de chacune des colonnes, selon la date de leur admission.

« *Art.* 34. Les avocats stagiaires ne pourront plaider ou écrire dans aucune cause, qu'après avoir obtenu des deux membres du Conseil de discipline appartenant à leur colonne, un certificat constatant leur assiduité aux audiences pendant deux années. Ce certificat sera visé par le Conseil de discipline.

« *Art.* 35. Dans les siéges où le nombre des avocats inscrits au Tableau sera inférieur à celui de vingt, le certificat d'assiduité sera délivré par le président et par notre procureur.

« *Art.* 36. Sont dispensés de l'obligation imposée par l'*art.* 34, ceux des avocats stagiaires qui auront atteint leur vingt-deuxième année.

« *Art.* 37. Les avocats licenciés en droit qui, après avoir donné leur démission, se présenteront pour être admis dans l'Ordre des avocats, seront soumis au stage.

« Tit. ɪᴠ. *Dispositions générales. Art.* 38. Les licenciés en droit sont reçus avocats par nos Cours royales. Ils prêtent serment en ces termes : *Je jure d'être fidèle au Roi et d'obéir à la Charte constitutionnelle, de ne rien dire ou publier, comme défenseur ou conseil, de contraire aux lois, aux règlemens, aux bonnes mœurs, à la sûreté de l'État et à la paix publique; et de ne m'écarter jamais du respect dû aux tribunaux et aux autorités publiques.*

« *Art.* 39. Les avocats inscrits aux Tableaux de nos Cours royales pourront seuls plaider devant elles.

« Ils ne pourront plaider hors du ressort de la Cour près de laquelle ils exercent, qu'après avoir obtenu, sur l'avis du Conseil de discipline, l'agrément du premier président de cette Cour, et l'autorisation de notre garde-des-sceaux ministre secrétaire d'état au département de la justice.

« *Art.* 40. Les avocats attachés à un tribunal de première instance, ne pourront plaider que dans les Cours d'assises et dans les autres tribunaux du même département.

« *Art.* 41. L'avocat nommé d'office pour la défense d'un accusé, ne pourra refuser son ministère, sans faire approuver ses motifs d'excuse et d'empêchement par les Cours d'assises, qui prononceront, en cas de résistance, l'une des peines déterminées par l'*art.* 18 ci-dessus.

« *Art.* 42. La profession d'avocat est incompatible avec toutes les fonctions de l'Ordre judiciaire, à l'exception de celle de suppléant; avec les fonctions de préfet, de sous-préfet et de secrétaire-général de préfecture, avec celles de greffier, de notaire et d'avoué; avec les emplois à gages et ceux d'agent comptable, avec toute espèce de négoce. En sont exclues toutes personnes exerçant la profession d'agent d'affaires.

« *Art.* 43. Toute attaque qu'un avocat se permettrait de diriger dans ses plaidoieries et dans ses écrits, contre la religion, les principes de la monarchie, la charte, les lois du royaume ou les autorités établies, sera réprimée immédiatement, sur les conclusions du ministère public, par le tribunal saisi de l'affaire, lequel prononcera l'une des peines prescrites par l'*art.* 18, sans préjudice des poursuites extraordinaires, s'il y a lieu.

« *Art.* 44. Enjoignons à nos Cours de se conformer exactement à l'*art.* 9 de la loi du 20 avril 1810, et en conséquence, de faire connaître, chaque année, à notre garde-des-sceaux ministre de la justice, ceux des avocats qui se sont fait remarquer par leurs lumières, leurs talens, et surtout par la délicatesse et le désintéressement qui doivent caractériser cette profession.

« *Art.* 45. Le décret du 14 décembre 1810 est abrogé. Les usages observés par le barreau relativement aux droits et aux devoirs des avocats dans l'exercice de leur profession, sont maintenus.

« Tit. v. *Dispositions transitoires. Art.* 46. Les Conseils de discipline dont la nomination a été faite antérieurement à la publication de la présente ordonnance, selon les formes établies par le décret du 14 décembre 1810, seront maintenus jusqu'à l'époque fixée par ce décret pour leur renouvellement.

« *Art.* 47. Les Conseils de discipline mentionnés en l'article précédent se conformeront, dans l'exercice de leurs attributions, aux dispositions de la présente ordonnance.

« *Art.* 48. Notre garde-des-sceaux, etc., est chargé de l'exécution de la présente ordonnance ».

Les faits, les lois, décrets et ordonnances étant ainsi connus, il convient d'émettre quelques réflexions sur le droit.

Commençons par rappeler que déjà nous avons eu plusieurs fois l'occasion de reconnaître en principe que ces décrets, ordonnances ou autres actes, émanant de la seule volonté du Chef de la puissance exécutive sans le concours et la participation des deux autres branches de la puissance législative, ne sont, ou du moins ne devraient jamais être que de simples actes d'exécution, et ne prescrire que des mesures de pure exécution, strictement renfermées dans le cercle tracé par la loi, dont leur objet est de régler l'application, et non pas de donner à cette loi une extension qui ne se trouve pas parfaitement conforme avec son texte et son esprit (*a*) : ce pourrait donc être

---

(*a*) *Voy.* ci-dess., entre autres, vol. IV, p. 75, 82 *et suiv.*

ici le lieu d'examiner de près si, dans la réalité, le décret du 14 décembre 1810 et l'ordonnance du 20 novembre 1822, qui le remplace (sans être elle-même irrévocable), sont bien d'accord dans toutes leurs dispositions avec la loi du 13 mars 1804 (22 ventose an XII), dont l'un et l'autre, ainsi qu'ils l'énoncent, ont dû avoir pour but de fixer et régler les détails d'exécution; ou si, au contraire, cette même ordonnance, aussi bien que le décret précédent, n'ont pas véritablement étendu le sens et par conséquent outre-passé la stricte application de cette disposition précédemment rapportée « *il sera formé un tableau des avocats exerçant près les tribunaux* », laquelle, dans l'intention du législateur, pouvait bien n'avoir rien en elle-même d'exclusif.

Mais, sans nous arrêter à cette première observation, il est plus utile et plus convenable d'aborder directement cette question, à laquelle en définitive il faudra toujours arriver, de savoir si, d'après les vrais principes et en droit strict, il est raisonnable, juste et possible, d'exiger l'inscription au Tableau indistinctement pour tous les licenciés en droit qui se consacrent à la profession d'avocat, soit comme jurisconsulte ou consultant, soit comme avocat plaidant aux audiences; ou si, au contraire, cette inscription ne doit pas être respective-ment facultative et toute volontaire tant de la part des avocats qui, se trouvant précédem-ment inscrits, forment en effet une sorte d'Or-dre ou de Corporation, qu'en faveur de ceux qui, après avoir d'ailleurs fait dans les écoles de droit le temps d'étude jugé utile et prescrit par la loi, subi les examens et soutenu les thèses également reconnues nécessaires, et obtenu successivement les grades et diplômes de bachelier et de licencié, se consacrent à l'exercice de la profession.

On ne cherchera pas à le dissimuler; en général, les Corporations ou associations de sciences, d'arts, de professions, de métiers, d'industrie, peuvent avoir un grand but d'u-tilité et obtenir d'heureux résultats (a); mais, pour qu'elles n'aient rien que de favorable, pour que l'esprit d'injustice, d'immunité, de

---

(a) *Voy.*, à ce sujet, l'ouvrage de M. Delaborde, ayant pour titre : *De l'Esprit d'association.*

privilége, ne s'y puisse point introduire et y prendre racine, qu'il ne les éloigne pas peu à peu d'une sage et bonne direction, et que leur existence seule ne devienne pas une violation manifeste des principes élémentaires et les plus évidens du droit public et de l'équité, la liberté la plus entière doit être une base fondamentale et première de leur institution : dans les règles et les détails de leur organisation, elles ne doivent rien admettre de contraint et de forcé; d'une part, nul ne doit être placé dans l'alternative de renoncer à l'exercice de la profession ou de l'industrie à laquelle il veut se consacrer, ou de ne pouvoir s'y livrer que par suite d'une association obligée; et d'autre part, comment pouvoir raisonnablement contraindre la faculté d'admission dans aucune de ces sociétés, ordres ou corporations, dont les membres, par le seul fait de cette admission, s'engagent entre eux à une réciprocité d'obligations et de devoirs particuliers, et contractent de plus, les uns pour les autres, une véritable solidarité morale envers l'État et envers la Société toute entière? Que les hommes capables d'exercer avec le plus d'honneur et de

23.

distinction une profession quelconque jugent utile, pour l'avantage et la considération dont cette profession doit jouir, de former entre eux une sorte d'association confraternelle, dont cette solidarité morale doit être la conséquence naturelle et nécessaire ; dès lors tous ceux qui se destineront à cette même profession, et qui voudront l'exercer pareillement avec honneur et distinction, commenceront par aspirer à l'avantage de faire partie du Corps : il ne sera pas nécessaire que la loi intervienne pour contraindre les uns à y entrer, les autres à admettre les aspirans ; il suffira qu'elle autorise et qu'elle protège : et d'un autre côté, par cela même que le Corps ou l'Ordre sera composé d'hommes dignes d'estime et jaloux de l'honneur de cet Ordre formé et spécialement placé sous leurs auspices, le Législateur ne peut pas avoir non plus de motif sérieux et fondé de redouter que quelques misérables vues d'intérêt personnel, de rivalité ou de jalousie portent ces mêmes hommes à repousser loin d'eux ceux qui seront véritablement dignes de la profession, et qui s'annonceront comme capables de soutenir ou même d'accroître la considération

qu'elle aura déja méritée et acquise dans l'o-
pinion ; et de semblables soupçons seraient
d'ailleurs d'autant plus dénués de véritables
motifs, que le défaut d'admission dans l'Ordre
ne serait pas une cause d'exclusion ou d'interdiction, c'est-à-dire que l'exercice de la profession serait indépendant de l'admission dans
la corporation. Telles semblent être les véritables et seules bases sur lesquelles de pareils
Ordres ou Associations peuvent être assis et
fondés, non-seulement de manière à ne pas
choquer les principes, à ne pas enfanter les
abus, mais encore pour qu'elles ne restent pas
sans efficacité et sans aucun des bons résultats
que l'on pourrait en attendre : car, si chacun
au contraire a le droit ou plutôt la faculté légale d'en faire partie, si la volonté générale
de l'Ordre peut être forcée par tout individu
auquel on ne pourrait pas opposer des motifs
formels et précis d'exclusion, il est manifeste
qu'alors toutes relations amicales et de confiance disparaissent, et que toute solidarité
morale s'évanouit.

Mais c'est particulièrement à l'égard de la
profession d'avocat que ces vérités sont sen-

sibles et incontestables. Cette noble profession exige, dans l'intérêt de la société, de la justice, de la vérité, comme pour l'honneur même et les avantages particuliers de ceux qui l'exercent, une réciprocité entière d'estime, de confiance, d'égards et de bons procédés (a). Or, sera-t-il possible qu'il en soit ainsi, lorsque la confraternité qui doit exister entre eux ne sera pas complètement libre et entièrement de leur choix?

Aussi venons-nous de voir, en commençant

(a) « C'est par une suite de cette confiance que les avocats associés au tableau ont les uns pour les autres, qu'ils se communiquent respectivement leurs écrits, leurs pièces, leurs procès sans aucun récépissé : tant est grande l'opinion de probité qu'ils ont les uns pour les autres ! et l'on ne voit pas que cet usage, qui est de toute ancienneté, entraîne aucun abus, ni aucune infidélité ».

— « Ils ne donnent pas non plus de récépissés aux procureurs (ou avoués); il suffit à l'avocat de déclarer qu'il a remis les pièces, pour qu'il en soit déchargé; cependant si l'on était en état de prouver, non pas qu'il les avait il n'y a qu'un moment, mais qu'il les a encore actuellement, on pourrait accueillir cette preuve, le forcer à les remettre, et même le punir de sa mauvaise foi ». (Répert. de Jurisprudence, par Guyot, au mot *Avocat*, tom. 1, pag. 795.)

cet article, que l'opinion générale du Barreau était anciennement conforme à cette doctrine, qui était considérée comme la base fondamentale de l'institution; qu'en conséquence *les avocats étaient reconnus entièrement maîtres de leur tableau, maîtres d'en faire ou de n'en pas faire, maîtres de n'y inscrire que qui bon leur semblait; qu'ils ne pouvaient empécher un licencié d'exercer la profession, qui, sous ce point de vue, était de droit public; mais qu'on ne pouvait les forcer à fraterniser* (a): et c'est ce que nous aurons encore lieu de confirmer bientôt.

5° Ainsi fixés sur l'acception et l'étendue qu'il faut donner, sous ce rapport, à la liberté, à l'indépendance de l'Ordre des avocats, c'est maintenant ici qu'il se présente une distinction toute naturelle et nécessaire, dont le simple exposé fera concevoir sous quel autre point de vue important l'existence de l'Ordre, que la liberté et l'indépendance de ses membres doit fonder, peut à son tour contribuer essentiellement à assurer et garantir cette même

---

(a) *Voy.* ci-dessus, vol. x, pag. 335.

indépendance. Par l'effet de cette distinction, si un avocat exerçant sans être inscrit au Tableau appelle sur lui, par sa conduite, par ses écrits, par ses discours ou plaidoiries, l'admonition, la réprimande et la censure, la suspension, ou même l'interdiction, le tribunal devant lequel le fait aura eu lieu, ou auquel il sera dénoncé et qui se trouvera ainsi appelé à en connaître, devra, d'après l'isolement dans lequel le prévenu sera placé, statuer directement, ou de plein droit, sans aucun intermédiaire, en premier ressort. Mais si une Cour ou un tribunal pense avoir mêmes motifs de sévir contre l'un des membres reconnus et admis au Tableau de l'Ordre, et que la peine à prononcer doive excéder celle d'un simple avertissement, ou tout au plus de la réprimánde, le fait devra être préalablement dénoncé au Conseil de l'Ordre, dans le but de provoquer l'interdiction pendant un temps ou même la radiation : car tant que cette interdiction ou cette radiation n'aura pas été prononcée, tant que ce membre n'aura pas été repoussé et exclus de la corporation, que la protection qu'elle lui a accordée ne lui aura pas été formellement retirée, et qu'en ce qui le concerne cette solidarité morale existante entre le Corps entier et chacun de ses membres n'aura pas été solennellement rompue et anéantie, la peine ne serait pas seulement personnelle, mais elle deviendrait une attaque directe, une offense réelle contre l'Ordre entier dans la personne de l'un de ses membres. Et si, par suite de cette investigation en quelque sorte judiciaire, aussi bien que dans le cas de faits parvenus directement à la connaissance du Conseil de l'ordre, l'interdiction temporaire ou la radiation définitive sont prononcées par ce Conseil, l'appel de sa décision ne pourra être porté devant les Cours ou tribunaux ; car, du moment où il est reconnu que les relations de confraternité résultant de l'inscription au Tableau, pour ne pas être insignifiantes et illusoires, ne doivent être que facultatives et volontaires, sans que d'ailleurs leur absence soit par elle-même exclusive de l'exercice (individuel, isolé et sans garantie respective) de la profession, il est clair que l'infirmation d'une décision du Corps ne doit et ne peut avoir aucune puissance propre à contre-balancer et dé-

truire les conséquences nécessaires de cette
résolution. Pour que sur l'appel la décision à
intervenir soit de nature à avoir quelque efficacité véritable, elle ne peut être provoquée
que devant l'assemblée générale de l'Ordre ou
du moins devant une majorité composée, par
exemple, de tous les membres âgés de trente
ans, et comptant dix années au moins d'inscription et d'exercice non interrompu (a).

Telles étaient autrefois l'ancienne tradition,
l'une des bases de l'institution, et l'opinion des
hommes dont les vertus, les lumières et les
talens contribuaient le plus à l'honneur et à
l'éclat de la profession. Voici du moins ce que
l'un d'eux a écrit, et ce que l'ancien et le nouveau Répertoire contiennent à ce sujet : « De
tous temps, l'Ordre des avocats a été en possession d'exercer sa discipline sur ses membres;
il a toujours eu le droit de les réprimander,

(a) C'est de cette manière qu'en général et particulièrement pour la composition du Conseil de discipline, les
Assemblées de l'Ordre pourraient être composées, sans
aucun des inconvéniens que l'on a paru redouter de la
composition de ces Assemblées, telle qu'elle résultait des
dispositions du décret du 14 décembre 1810.

de les suspendre et même de les exclure : cependant, en 1775, la radiation d'un homme
célèbre, qui a appelé à lui l'intérêt public et a
fait retentir la Grand'Chambre de ses plaintes,
a répandu pendant quelques instants des doutes
sur un pouvoir qui depuis a été reconnu et
confirmé solennellement par le parlement,
dont l'arrêt, rendu à ce sujet (*a*), écartera à
jamais tout avocat qui serait tenté de se sous-
traire à l'empire de son Ordre.

« Plus l'homme est censé tenir à l'état qu'il
a embrassé par choix, et auquel sont attachés
son existence et sa considération, plus il doit
trouver de moyens de se garantir des effets de
la haine ou de la prévention. Aussi a-t-il été
arrêté que l'avocat rayé par cette Chambre
qu'on nomme *la Députation*, et qui est insti-
tuée afin de recevoir les dénonciations, entretenir une police toujours active, admettre ou
rejeter les jeunes gens qui se présentent pour
être inscrits sur le Tableau, devait jouir de la
faculté d'appeler de son jugement à l'Ordre
assemblé.

(*a*) Le 19 mars 1775.

« Placé au milieu de ses pairs, c'est à lui de se disculper, s'il le peut, des chefs d'accusation élevés contre lui....

« Comme il y a une très-grande distance entre les égaremens de l'imagination et les fautes qui proviennent de l'altération des sentimens, il ne serait pas juste de punir de la même peine tous ceux qui ont élevé contre eux quelque sujet de plainte : aussi, dans plusieurs cas, se contente-t-on de réprimander, avec plus ou moins de sévérité, ou de suspendre pour un temps plus ou moins long, l'avocat qui s'est écarté de ses devoirs. La radiation est réservée pour ceux qui se sont déshonorés eux-mêmes par leurs actions, ou qui l'ont été par des jugemens publics.

« L'Ordre des avocats n'est pas le seul auquel le parlement ait reconnu le droit de se séparer d'un membre indigne de lui rester attaché. Nous avons vu, en 1777, la faculté de médecine bannir de son sein un de ses docteurs....

« La même faculté a fait juger, contre M. le procureur-général, par arrêt du mois d'avril 1781, qu'en déposant ses décrets au greffe de la cour, elle ne pourrait pas *être tenue d'en déclarer les motifs.*

« La difficulté qu'on avait d'abord paru faire de reconnaître le droit que les avocats ont de suspendre ou de cesser toute communication avec celui d'entre eux qu'ils ont jugé avoir mérité cette peine, a déterminé un avocat très-estimé à discuter et approfondir cette question importante. Il est difficile de rien dire de plus sage que ce qui se trouve dans l'écrit qu'il publia sous le titre *de la Censure.*

«S'il existe, dit l'auteur de cette brochure (a), un Corps particulier, dont les caractères soient tels, que la censure y soit exercée avec fruit, non-seulement laissez-lui, sans jalousie, son utile discipline, mais encouragez l'honneur à proportion qu'il est plus rare.

« Par exemple, je suppose un Corps de citoyens voués à des fonctions utiles et honorables ; un Corps dans lequel il faille des lumières et de la probité, où le travail soit payé par l'honneur, et rapporte peu d'argent, où de laborieuses veilles et des études fatigantes

---

(a) M. Target.

ne puissent être adoucies que par le sentiment
intérieur d'une considération méritée; je suppose un Corps qui n'existe que par la confiance
publique, dont les membres soient dans une
relation continuelle, entretenue de même par
une confiance réciproque; un Corps dans lequel chacun soit, sous la foi publique, dépositaire des plus grands intérêts, des titres les
plus précieux, des secrets les plus importans,
de la vie, de l'honneur et de la fortune des
citoyens; dans lequel une fraternité mutuelle
établisse des communications nécessaires, des
confidences sans précaution, des rapports indispensables et multipliés; où le ministère ha-
bituel soit de s'attaquer sans animosité, de se
ménager sans prévarications, de se pénétrer
des intérêts des autres, sans s'abandonner à
leurs emportemens; de juger froidement ce
qu'il faut défendre avec chaleur; d'interposer
un zèle éclairé, une raison active entre les passions et la justice; de nourrir une concorde
mutuelle au sein des combats journaliers; d'être
enfin toujours rivaux, jamais ennemis; toujours
zélés, jamais colères; toujours sages, jamais
défians : un tel Corps, s'il existait, aurait, si

je ne me trompe, des caractères particuliers,
qu'il faudrait bien se garder de confondre avec
ceux des autres Corps.

« Si l'honneur lui était cher, il faudrait l'en
combler; s'il allait jusqu'à la fierté, il faudrait
la relever encore ; s'il aimait la liberté, il faudrait rompre toutes ses chaînes; s'il était libre,
il faudrait le rassurer contre toute entreprise.
Quand ses prétentions auraient quelque chose
de chimérique, c'est une belle chimère que
celle qui conduit à l'honneur ; elle ne peut
blesser que l'orgueil; et comme elle n'est pas
nuisible, elle est toujours salutaire : il entre
nécessairement dans la constitution d'un tel
Corps d'avoir la censure de ses membres ;
comme citoyens, ils sont soumis à toutes les
lois de l'État; comme membres du Corps, ils
ne doivent dépendre que de sa police. Tout
est confiance dans leurs fonctions; la confiance
publique leur apporte des secrets, des titres,
des actes originaux, des intérêts de tout genre,
auxquels est attaché souvent le sort et la vie
de ceux qui les approchent; la confiance mutuelle établit entre eux une communication
qui n'a que l'honneur seul pour garant. La

paix, la concorde et la considération réciproque doivent cimenter leurs relations nécessaires. Eux seuls peuvent s'inspecter les uns les autres, se connaître, se suivre dans les moindres détails, prononcer sur le plus ou moins de délicatesse de leur conduite. Dans un Corps ainsi composé, le rapport entre les membres doit être dégagé de toute inquiétude, de toute alarme, de tout soupçon d'infidélité ou de turbulence. Aux yeux de l'honneur, une tache sur un seul membre doit être la tache du Corps entier : les vertus y sont solidaires ; les fautes sont communes, s'il ne les réprime pas ; en un mot, nulle autre compagnie n'est plus essentiellement disposée à rendre nécessaire le droit de censure. En tout ce qui ne tient pas à la fonction qui les distingue, ils ne sont que citoyens ; en tout ce qui intéresse cette fonction, ils sont soumis à la discipline du Corps. Le Corps doit avoir le droit de les admettre, de les avertir, de les réprimander, de les exclure.

« Si cette censure est nécessaire, les moyens par lesquels elle s'exerce ne le sont pas moins. C'est sur le caractère, le génie, la délicatesse,

et la conduite entière, qu'elle doit s'exercer ;
c'est la personne qui est soumise à l'opinion :
il n'y a point d'instruction possible, si ce n'est
celle que se prescrivent l'honneur et la probité. C'est l'ensemble des faits qui dirige l'opinion, ce n'est souvent aucun acte particulier ;
la censure a tous les caractères de l'estime ; elle
est libre, elle est sévère, elle est un résultat
d'impressions successives ; rarement, au milieu
de la vie, un seul acte la fait naître ou mourir.

« Si ce Corps présente de temps en temps
au public la liste des membres qui le composent, elle n'est et ne peut être autre chose que
la liste d'un certain nombre d'hommes qui ont
l'un pour l'autre une confiance mutuelle, et
que le Corps présente à la société comme étant
dignes de la sienne. En la publiant, le Corps
semble dire aux citoyens : Ne craignez rien ;
portez vos droits à soutenir, vos intérêts à ménager, vos secrets à garder, et vos titres à
faire valoir, votre confiance pleine et sans réserve, dans les demeures de ces hommes laborieux et purs, qui se sont consacrés au soin
pénible de votre défense ; ils méritent d'être
abordés sans inquiétude, et de devenir les dé-

positaires de vos pensées les plus intimes. Quel
que soit l'adversaire qu'on vous oppose, *on le
choisit* (ou du moins, *si on le choisit* dans
cette liste, ce sera un noble ennemi qui ne
confondra point la violence avec le zèle, les
injures avec l'énergie, l'astuce avec une adresse
légitime, le fiel et l'amertume avec la force et
la vigueur; cette fraternité, que vos démêlés
ne doivent point éteindre, rapprochera les
deux champions; vos titres passeront des mains
qui les tiennent dans celles qui doivent vous
combattre: ils y passeront sans aucune autre
précaution que la bonne foi et la droiture.
Mais ne tremblez pas : l'honneur se nourrit
par la confiance; c'est un gage plus assuré que
toutes les signatures; et depuis cinq cents ans,
graces à notre vigilance, il n'a jamais trompé
personne. Un seul exemple connu a été suivi
d'une justice rapide, et la réparation ne s'est
pas fait attendre. Votre abandon sans réserve
sera payé de la même générosité. Vous serez
maîtres de donner ou de refuser des marques
de reconnaissance; et si vous êtes assez in-
justes pour oublier les services rendus par le
zèle, jamais votre injustice ne retentira dans

les tribunaux ni aux oreilles du public. Voilà les lois de la confédération que nous avons formée pour le triomphe de la vérité et de la justice.

« C'est par l'honneur que se maintient l'honneur. Tout ce qui blesse la délicatesse est un crime à nos yeux : ce qui est permis aux autres Ordres de citoyens doit être interdit à celui-ci : signer une lettre de change, prendre une procuration, gérer des affaires, exiger de l'argent, sont choses permises, mais qui engendrent des tentations périlleuses, ou mettent dans la dépendance un homme qui ne doit dépendre que de l'honneur et de son devoir. Nous les regardons comme des fautes graves ; et ceux à qui cette sévérité paraîtra excessive ou ridicule, ne savent pas que, si la loi retient avec des chaînes, c'est avec des fils que l'honneur gouverne les hommes ; et que telle est la différence des moyens qu'emploient les jugemens de la censure.

« S'il faut que la censure s'astreigne à des formes prescrites et exige des preuves rigoureuses ; si le Corps qui l'exerce n'est pas libre dans sa police, comme fut libre dans le choix

24.

de son état celui qui s'y fit adopter, il n'y a
plus de censure ; le Corps ne sera pas plus pur
que le siècle ; les membres ne craindront plus
que la loi : s'ils ne sont pas criminels, ils seront
assez vertueux ; les bassesses ou les violences
aviliront ou agiteront l'association ; on se croira
fort en répandant le fiel contagieux, en affectant l'audace adroite, en se permettant le
mensonge intelligent, en préférant le riche,
l'homme en crédit ou à la mode ; sage, en mettant la confiance à contribution, en vendant
les fureurs, en se faisant un patrimoine des
passions les plus viles : le goût du luxe, du
faste, des fantaisies, pénétrera dans les ames
avides et corrompues ; le Corps sera divisé en
sujets flétris par la misère, ou dépravés par la
cupidité ; la gloire ne sera plus que l'orgueil,
et un mépris trop juste humiliera, sans corriger, des hommes à qui, comme à tant d'autres,
la chimère de l'honneur ne paraîtra plus que
ridicule. »

— « Ce que nous venons de citer de cet ouvrage, ajoute l'auteur de l'article inséré dans
le Répertoire, nous dispense de répondre à
plusieurs observations qui ont été faites par des

gens du monde, et même par des magistrats, sur l'abus d'un pouvoir qui, au premier coup d'œil, peut paraître arbitraire. Les avocats auront toujours une considération particulière à faire valoir en faveur de leur discipline. Lorsqu'un d'eux est inscrit sur le tableau, il ne tient son admission que de ses confrères ; on n'exige de celui qui se présente, que la durée d'un stage et le suffrage de ceux qui le connaissent.

« Dans les autres Corps, au contraire, ceux qui le composent n'y ont été agrégés qu'après avoir ou donné une finance ou obtenu des lettres du prince. L'existence de l'avocat ne reposant que sur l'estime de ses confrères, une fois qu'il a eu le malheur de la perdre, il ne doit pas se plaindre que son état croule, puisqu'il en a lui-même brisé la base.

« Mais, dira-t-on, celui qui aura blessé les yeux de la jalousie par des talens transcendans, en marchant d'un pas rapide à la célébrité, et en attirant vers lui la foule des cliens, pourra donc être immolé sans défense par l'envie ; il ne tiendra donc qu'à d'obscurs rivaux d'abreuver de dégoûts un orateur distingué, et de l'enlever à la société ? Peut-être une basse jalousie a-t-elle parfois pris dans l'ame de quelques individus la place de cette noble émulation qui seule devrait animer des hommes dévoués à de sublimes fonctions; mais elle n'a jamais dégradé que des ames vulgaires. On a souvent eu lieu de remarquer que les véritables talens, loin de blesser le grand nombre d'avocats qu'un mérite modeste retient dans une espèce d'obscurité, les flattait, en relevant à leurs yeux une profession dont l'éclat semble se répandre sur tous ceux qui l'exercent.

« S'il est arrivé à des jeunes gens qui ont eu un début glorieux d'éprouver quelques contradictions, d'essuyer quelques dégoûts, ils en ont été bientôt dédommagés par les témoignages d'estime et de considération de leurs anciens confrères : si l'on pouvait douter de ce que nous disons, nous invoquerions le souvenir des Cochin, des Normant, des Aubry, des Degênes, qui n'ont cessé de jouir, pendant le cours glorieux de leur vie, de la distinction la plus flatteuse dans leur Ordre.

« Ce serait donc vainement calomnier les avocats, que de prétendre que le mérite distingué est une cause de persécution parmi eux. Si le public pouvait pénétrer dans les motifs qui ont dicté les jugemens de radiation dont il a quelquefois murmuré, il serait convaincu qu'ils n'ont jamais frappé que des sujets qui avaient obscurci leurs talens, ou par des vices, ou par des injustices, ou par des contraventions aux austères principes de l'Ordre.

« Par exemple, celui qui, après avoir défendu avec chaleur, avec éloquence, un client dont il aurait gagné la cause, exigerait ses honoraires d'une manière opposée à l'esprit de générosité et de désintéressement, qui est un des plus beaux attributs de sa profession, encourrait la peine de la radiation.

« L'avocat qui, sous le voile de l'amitié, aurait l'imprudence de se charger d'une procuration, et de rendre des services au-dessous de son ministère, s'exposerait au même jugement.

« On userait de la même sévérité envers celui qui serait convaincu de s'intéresser dans des entreprises, dans des affaires incompatibles avec son état, ou qui contracterait des engagemens qui mettraient sa liberté en péril.

« Un des plus grands dangers auxquels un avocat soit exposé, c'est celui qui naît de la vivacité de son imagination, ou de l'excessive confiance qu'il donne à un client, aveuglé sur sa cause, ou faux dans ses récits.

« S'il anime son plaidoyer ou ses écrits par trop d'emportement, par un ton satirique et injurieux, ou par des reproches déplacés, il court les risques de voir son nom retranché de la liste des défenseurs publics (il faudrait dire du Tableau seulement). Cependant, si l'on reconnaissait qu'il a été lui-même trompé, qu'il était de bonne foi, et que son zèle l'a emporté au-delà des bornes d'une sage modération, l'Ordre ne le priverait pas tout-à-coup de son état : ce ne serait qu'autant qu'il se montrerait absolument incorrigible, qu'on se déterminerait avec regret à se séparer de lui.

« Le ministère de l'avocat, comme on l'a très-sagement observé dans une consultation *sur la Discipline des avocats,* n'est pas seulement nécessaire dans les tribunaux, où les droits des citoyens ne peuvent être défendus que par des hommes consacrés à l'étude des lois; la justice désire encore qu'il y ait des médiateurs entre elle et la partie, afin que le langage des passions ne trouble pas la paix de son sanctuaire, et que les causes y soient présentées avec la décence qu'il convient d'observer dans les lieux où la majesté du prince ne cesse point de résider.

« Lorsqu'un avocat met sur ses yeux le bandeau qui couvre ceux de sa partie, lorsqu'il ne se place entre le peuple et ses juges, que pour prêter aux haines, aux ressentimens de ses cliens, l'énergie de l'expression et la vivacité des images, il se rend indigne d'un ministère sacré; ses talens mêmes deviennent un titre qui l'en écarte.

« Quand on se connaît une imagination trop facile à s'enflammer et à épouser des passions étrangères, ils faut s'abstenir des fonctions d'un état qui exige une circonspection sévère, plutôt que courir le risque de faire à un honnête homme des blessures qui saigneront encore après que la justice aura rendu l'oracle qui le justifie.

« Ces réflexions ne peuvent être trop méditées par tous ceux qui se consacrent au barreau.

« Quoiqu'il n'entre pas dans les principes de l'Ordre de se livrer à des recherches trop exactes sur les mœurs privées des avocats, il n'en est pas moins vrai que celui qui se dégraderait aux yeux du public par des habitudes viles et honteuses, devrait s'attendre, s'il était indocile aux réprimandes qui lui seraient faites, à être rayé du tableau....

« Le Tableau des avocats étant, ou du moins devant être une liste de citoyens purs, laborieux, dignes de la confiance des plaideurs, l'avocat qui veut y avoir son nom conservé, doit éviter tout ce qui peut compromettre son honneur et sa réputation : il ne peut apporter trop de soins dans le choix de ses liaisons et même de ses amusemens.

« Une vertu sévère sied bien au défenseur de l'opprimé; elle dispose ses auditeurs à l'attention, elle rend ses effets plus puissans, et communique une sorte de dignité à son talent » (a).

_____

(a) Répertoires de Jurisprudence, ancien et nouveau, au mot *Radiation* (*art. de M. de Lacroix, avocat au parlement*).

— Il n'est pas inutile de remarquer, et c'en est peut-être ici le lieu, que le Corps des avoués a obtenu, dès l'origine de son établissement, une latitude de liberté et

Nous ne devons pas dissimuler que les deux écrits que nous venons de citer ont été atta-

d'indépendance qui fut refusée à l'Ordre des avocats. L'arrêté du 13 frimaire an IX, porte en effet, entre autres dispositions : « *art.* 3. Tous avis de la Chambre seront sujets à homologation, à l'exception des décisions sur les cas de police et de discipline intérieure déterminées en l'art. 8....

« *Art.* 8. La Chambre prononce contre les avoués, par forme de discipline, et suivant la gravité des cas, celles des dispositions suivantes, qu'elle croit devoir leur appliquer, savoir : 1° le rappel à l'ordre ; 2° la censure simple, par la décision même ; 3° la censure avec réprimande, par le président, à l'avoué en personne, dans la Chambre assemblée ; 4° l'interdiction de l'entrée de la Chambre.

« *Art.* 9. Si l'inculpation portée à la Chambre contre un avoué, paraît assez grave pour mériter la suspension de l'avoué inculpé, la Chambre s'adjoint, par la voie du sort, d'autres avoués en nombre égal, plus un, à celui des membres dont elle est composée ; et ainsi formée, la Chambre émet son opinion sur la suspension et sa durée, par forme de simple avis.

« Les voix sont recueillies, en ce cas, au scrutin secret, par *oui* ou par *non ;* et l'avis ne peut être formé si les deux tiers au moins des membres appelés à l'Assemblée n'y sont présens.

« Les dispositions de cet article ne sont point applicables aux avoués des tribunaux où leur nombre total

qués vivement, entre autres, par l'éditeur du
Journal de Politique et de Littérature, imprimé

---

n'est pas au moins triple de celui des membres de la
Chambre.

« *Art.* 10. Quand l'avis émis par la Chambre sera pour
la suspension, il sera déposé au greffe du tribunal ; expédition en sera remise au commissaire du Gouvernement, qui en fera l'usage voulu par la loi... ».

Et un arrêté du Gouvernement, en date du 2 thermidor an X, lequel n'a pas été imprimé, mais qui se trouve
rapporté dans le Nouveau Répertoire de Jurisprudence,
par M. Merlin, au mot *Chambre des Avoués*, porte :

« Les Consuls de la république, sur le rapport du ministre de la justice, vu les pièces de la contestation qui
s'est élevée entre le citoyen G, et la Chambre des avoués
du tribunal de première instance du département de la
Seine, relativement à l'arrêté de censure qu'elle a pris
le 7 floréal dernier ;

« Considérant que, pour terminer cette contestation,
et afin d'en prévenir de semblables, il est nécessaire
d'interpréter le réglement fait par les Consuls le 13 frimaire an IX, pour l'organisation de la police des avoués.

« Le Conseil d'état entendu, arrête ce qui suit :

« *Art.* 1. Dans les cas prévus par l'*art.* 8, où la Chambre
a le droit de prononcer le rappel à l'ordre, la censure
simple, la censure avec réprimande, l'interdiction de
l'entrée de la Chambre, *les décisions sont exécutées sans
appel ou recours aux tribunaux.*

« *Art.* 2. Dans les cas prévus par l'*art.* 9, où la Cham-

à Bruxelles, contre lequel avait été rendu l'arrêt du parlement que l'on y rappelle, et qui les considère comme étant indirectement dirigés contre lui (*a*); mais il nous semble qu'en renfermant l'autorité et la force des décisions du Conseil ou de l'Ordre dans les limites que nous leur avons reconnues, c'est-à-dire dans la simple privation des avantages et prérogative de la confraternité, sans y attacher la privation de l'exercice de la profession, toutes les objections fondées tombent, s'évanouissent, se trouvent dès lors sans application; et pour

---

bre n'a le droit de prononcer que par forme d'avis, les avis n'ont d'effet qu'après qu'ils ont été homologués par le tribunal, sur les conclusions du commissaire du Gouvernement.

« *Art.* 3. *Dans aucun cas, la Chambre des avoués ne pourra ordonner l'impression des arrêtés de police et de discipline intérieure* ».

(*a*) *Voy.*, entre autres, année 1775, tom. 2, p. 236, 279, 327, 336 *et suiv.* — On peut aussi consulter dans le même sens un mémoire fort étendu, publié en 1784, par et pour M. Morizot, avocat au parlement, contre le procureur-général; et une dissertation sur la communauté des avocats, et procureurs au parlement de Paris, insérée dans le troisième volume d'un Recueil, intitulé *Variétés historiques.* A Paris, chez Nyon, en 1752.

preuves nous pouvons produire les réflexions suivantes que nous tirons de l'un des articles insérés dans le journal ci-dessus indiqué : « Il est incontestable que chaque compagnie doit avoir une police, une censure, si l'on veut ; une faculté de réprimande sur tous ses membres : mais cette police est-elle un despotisme insensé, et sans frein, ou bien la juridiction douce, morale, qu'exerce un père de famille dans sa maison ? Celle-ci se borne à des avis, à des corrections secrètes, à des mortifications intérieures ; dès qu'il s'agit de crime, et de l'application des peines que la loi y attache, elle cesse. Le père qui prendrait sur lui de les ordonner, ne serait pas moins réputé meurtrier de son fils, que le dernier des étrangers.

« De même, une société quelconque a sur les enfans adoptifs qu'elle nourrit dans son sein une juridiction amicale et limitée. Par la constitution même de la monarchie, le droit de vie et de mort lui est interdit, parce qu'il est exclusivement confié au prince, ou à ses représentans. Elle ne peut pas prononcer sur l'état, c'est-à-dire, sur l'existence civile, parce que cet état, cette existence ne peuvent dépendre que des tribunaux.

« Les consultans (*a*) eux-mêmes établissent cette vérité. *Les jugemens des censeurs,* disent-ils, *ne diffèrent de ceux que l'on porte dans le monde sur les mœurs, et la conduite des hommes, qu'en ce qu'ils prennent des précautions propres à servir de barrière contre la légèreté et la précipitation.* Ils ne peuvent donc pas produire d'autres effets que ceux que l'on porte dans le monde? Il peut en résulter du mépris pour l'individu qui les aura encourus, une espèce de décri universel, dont les tribunaux ne pourront pas le venger, parce qu'en effet c'est dans le cœur, dans l'opinion qu'il aura sa source; mais il ne peut pas en résulter la perte de l'état.

« Cette censure restreinte, comme elle doit l'être, à des effets intérieurs, à une police domestique, sera indépendante de l'autorité, parce qu'elle ne dispose que de ce qui ne dépend

_____

(*a*) L'écrit ayant pour titre : *Consultation sur la Discipline*, etc., était signé par quinze avocats, parmi lesquels, disait l'éditeur du Journal, on remarquait quelques noms dignes d'égards.

pas de l'autorité : elle pourra l'exercer sans lois, sans formes : tout membre qui osera s'en plaindre et essayer d'en secouer le joug aura tort : il y a plus; elle produira tous les effets utiles que la consultation attribue faussement à un tribunal despotique et meurtrier, qualifié par elle de *censure*, et elle n'en aura aucun des inconvéniens, ou du moins ils ne seront que passagers.

« L'homme devenu suspect ne sera pas exclu de ses fonctions publiques, parce qu'il ne peut l'être que par l'autorité publique, et après la forfaiture jugée ; il ne le sera pas même des assemblées, parce qu'elles ne peuvent se tenir qu'en vertu des lois, et que tout citoyen qui n'est pas frappé d'une proscription légale doit y être admis : mais il y essuiera des désagré- mens, des affronts pires qu'une proscription ; s'il s'asseoit sur un banc, il verra bientôt ce banc déserté (*a*), comme il arriva à Catilina

---

(*a*) Nous ne croyons pas que les effets des décisions de l'Ordre puissent même aller jusque-là, ni jusqu'au refus de plaider contradictoirement avec un avocat non inscrit sur le Tableau : c'est uniquement à la privation des relations intérieures, amicales et confraternelles

au Capitole. Les sénateurs de Rome valaient bien tous les maîtres qui ont signé la consultation sur la *Discipline.* Ils ne rayèrent point Catilina de leur Tableau : mais ils le laissèrent seul du côté où il s'était assis. Le furieux incendiaire ne put souffrir cet affront ; il s'exila lui-même du sanctuaire qu'il souillait : voilà l'espèce de punition et de censure qui est au pouvoir des compagnies ; voilà ses effets à l'égard du coupable.

« Si au contraire, comme il n'arrive que trop souvent dans ces compagnies, elle a eu pour objet un innocent que l'envie ait décrié, un homme juste que la calomnie ait noirci, le premier moment sans doute sera douloureux pour lui ; mais, soutenu du témoignage de sa conscience, il continuera à se justifier par une conduite irréprochable ; les circonstances changeront ; la haine se lassera, ou plutôt s'attachera à d'autres objets ; les honnêtes gens (car il y en a toujours dans toutes

---

qu'ils doivent se borner ; et quant à ce que l'exercice de la profession a d'extérieur ou de public, ces mêmes décisions doivent être sans influence.

les compagnies) suivront sa conduite; ils ré-
fléchiront sur ses raisons et ses procédés; ils
rougiront des manœuvres dont ils auront été
les agens sans s'en apercevoir; ils reviendront,
ils feront revenir les autres : une absolution
flatteuse et honorable au corps sera le prix de
cette utile patience. Il se sera épargné à lui-
même une injustice, et conservé un membre
qui l'honore, ainsi qu'à la société un citoyen
qui la sert.

« Mais si vous attachez, même à vos plus
effrayantes méprises, le droit terrible de l'in-
faillibilité; si l'infortuné une fois réprouvé par
vous, est irrémissiblement condamné à la mort
et exécuté; s'il ne lui est pas même permis de
mettre des bandages sur ses blessures, et qu'il
faille absolument qu'il expire sous le coup
dont vous l'avez frappé, même injustement,
quelle ressource reste-t-il parmi vous à l'innocence compromise par l'imposture?

« Pour oser revendiquer un pareil droit, il faudrait être sûr de ne pouvoir jamais s'abuser....»

Ce n'est donc bien réellement que par un
système d'institution conçu au fond dans l'esprit, dans les vues, et d'après les points prin-

cipaux que nous avons exposés, et contenus en partie dans les articles que nous venons de transcrire, qu'il sera possible d'arriver à garantir efficacement cette indépendance morale de l'avocat, si nécessaire à la liberté et à l'efficacité de la défense, et qui, renfermée dans ses justes limites, n'est pas moins nécessaire à la dignité, à l'honneur du Gouvernement et à la sécurité publique, que l'indépendance même de la magistrature. Mais cette indépendance de l'avocat, principe qui ne saurait être méconnu dans une monarchie constitutionnelle, a-t-elle aujourd'hui, dans l'application, les véritables élémens de garantie que l'on a droit d'attendre de l'hommage généralement et solennellement rendu à son utilité ?

Ne parlons pas du décret du 14 décembre 1810, dont l'exécution s'était prolongée, sans aucune modification, depuis la restauration jusqu'à ce jour, mais qui vient enfin d'être aboli par une ordonnance nouvelle. On sait assez que ces garanties des principes, et particulièrement celle de l'indépendance de la Magistrature ou du Barreau, n'étaient pas la

25.

chose dont le Chef du Gouvernement parût, à cette époque, s'occuper le plus ; et l'on était même fondé à dire que la destruction successive de ces garanties se liait intimement à l'ensemble du système adopté, qui se développait chaque jour avec une force et une rapidité croissantes, et qui consistait simplement, ainsi que cela fut enfin déclaré, à ne reconnaître d'autre principe, d'autre règle, d'autre droit que celui résultant de la volonté absolue d'un seul. L'entier développement de ce système de Gouvernement l'a conduit à sa perte, ainsi que cela devait être. Très-malheureusement celui ou ceux qui l'avaient adopté n'avaient pas cette conviction : ils en avaient une diamétralement contraire, et ils en ont ressenti le funeste résultat ; mais, on l'a dit avec vérité, dans leur aveuglement ils étaient du moins d'accord et conséquens avec eux-mêmes.

Maintenant, éclairés par des faits si récens, par une expérience si chèrement achetée, les vrais principes de l'ordre, de la justice et du droit reprennent leur empire ; ils repoussent le despotisme, et doivent remporter un triomphe complet. On le reconnaît, on le proclame

du moins ; et c'est ce qu'a fait assez clairement,
entre autres, M. le garde-des-sceaux, dans le
rapport par lui adressé au Roi, le 20 novembre
1822 ; lequel sert en quelque sorte de préambule à l'ordonnance du même jour, et qu'il
est bon de transcrire ici : « La profession d'a-
vocat, y est-il dit, est si noble et si élevée, elle
impose à ceux qui souhaitent de l'exercer avec
distinction tant de sacrifices et tant de travaux,
elle est si utile à l'État par les lumières qu'elle
répand dans les discussions qui préparent les
arrêts de la justice, que je craindrais de manquer à l'un de mes devoirs les plus importans,
si je négligeais d'attirer sur elle les regards
bienveillans de Votre Majesté.

« Cette profession a des prérogatives dont
les esprits timides s'étonnent, mais dont l'expérience a depuis long-temps fait sentir la nécessité. *L'indépendance du barreau est chère
à la justice autant qu'à lui - même.* Sans le
privilége qu'ont les avocats de discuter avec
liberté les décisions même que la justice prononce, ses erreurs se perpétueraient, se mul-
tiplieraient, ne seraient jamais réparées, ou
plutôt un vain simulacre de justice prendrait

la place de cette autorité bienfaisante qui n'a d'autre appui que la raison et la vérité. *Sans le droit précieux d'accorder ou de refuser leur ministère, les avocats cesseraient bientôt d'inspirer la confiance et peut-être de la mériter. Ils exerceraient sans honneur une profession dégradée. La justice, toujours condamnée à douter de leur bonne foi, ne saurait jamais s'ils croient eux-mêmes à leurs récits ou à leurs doctrines, et serait privée de la garantie que lui offrent leur expérience et leur probité....* Enfin, *sans une organisation intérieure, qui l'affranchisse du joug inutile d'une surveillance directe et habituelle, cet ordre ne pourrait espérer de recevoir dans ses rangs les hommes supérieurs qui font sa gloire; et la justice, sur qui rejaillit l'éclat de leurs vertus et de leurs talens, perdrait à son tour ses plus sûrs appuis et ses meilleurs guides.*

« Il y aurait peu de sagesse à craindre les dangers de ces priviléges. On a vu sans doute des avocats, oubliant la dignité de leur ministère, attaquer les lois en affectant de les expliquer, et calomnier la justice sous le prétexte d'en dévoiler les méprises. On en a vu qu'un sentiment exagéré de l'indépendance de leur état accoutumait par degrés à n'en respecter ni les devoirs, ni les bienséances. Mais que prouveraient ces exemples, qu'on est contraint de chercher dans les derniers rangs du Barreau; et faudrait-il, pour un petit nombre d'abus, abandonner ou corrompre une institution nécessaire?

« Votre Majesté, qui recherche avec tant de soin les occasions d'honorer le savoir et les talens de l'esprit, ne partagera point les préventions que cette institution a quelquefois inspirées, et jugera bien plutôt qu'il convient de la consacrer et de l'affermir.

« Dans un temps déja éloigné et auquel l'époque actuelle ressemble si peu, on entreprit de constituer l'Ordre des avocats et de le soumettre à une organisation régulière. C'était le moment où les diverses classes de la société, fatiguées de la confusion dans laquelle la Révolution les avait plongées, éprouvaient je ne sais quel besoin de subordination et de discipline, qui les rendait en général plus dociles aux devoirs qu'on se hâtait de leur imposer. Un long oubli des formes, protectrices de l'ordre et de la décence, semblait exiger alors une sévérité plus constante et plus rigoureuse, afin de plier à des habitudes nouvelles ce reste d'esprits inquiets, que le spectacle de nos mal-heurs n'avait pas encore désabusés, et pour qui la règle la plus salutaire n'était que gêne et que servitude. Le Gouvernement, d'ailleurs, préoccupé des obstacles qui l'environnaient, était contraint, par l'illégitimité même de son origine, d'étendre perpétuellement ses forces et son influence. L'instinct de sa conservation l'entraînait à n'accorder aux hommes, unis par des intérêts communs et par des travaux ana-logues, que des priviléges combinés avec assez d'artifice pour lui donner à lui-même plus de ressort et d'activité.

« Telles sont les causes auxquelles on doit attribuer le fâcheux mélange de dispositions utiles et de précautions excessives dont se compose le décret du 14 octobre 1810. Ce fut ainsi que la formation du premier Tableau fut attribuée aux chefs des tribunaux et des cours, et que la volonté des procureurs-généraux fut substituée, pour la composition du Con-seil de l'Ordre, à cette désignation si respectable et si naturelle, qui, sous l'empire des vieux usages, résultait de l'ancienneté. Ce fut ainsi que les Conseils de discipline furent dépouillés du droit d'élire leur chef, *et qu'enfin, indépendamment de la juridiction de ces Conseils et des Cours de justice, une juridiction supérieure, directe et illimitée, fut réservée au ministre, comme pour se ménager une garantie contre la faiblesse des juges de l'Ordre et des magistrats.*

« Les avocats, dont ces mesures inusitées blessaient la fierté et offensaient tous les souvenirs, se plaignirent dès le jour même de la publication du décret, et n'ont cessé, depuis cette époque, de renouveller leurs réclamations. Retenu long-temps dans la position la plus favorable pour bien juger de la légitimité de ces reproches, le désir de corriger des réglemens si défectueux fut l'un des premiers sentimens que j'éprouvai lorsque Votre Majesté eut daigné arrêter ses regards sur moi, et m'imposer le soin difficile de cette haute administration qu'elle a confiée à mon zèle. Des travaux, dont Votre Majesté connaît l'importance, m'ont forcé pendant plusieurs mois de détourner mon attention de cet utile projet. Mais, aussitôt que le cours des affaires me l'a permis, je me suis livré avec empressement et même avec joie aux recherches et aux discussions préliminaires qu'exigeait une entreprise aussi délicate.

« Non content des observations que j'avais faites moi-même, j'ai soigneusement comparé toutes celles qu'ont bien voulu me fournir les hommes habiles, auxquels de longues études ont rendu notre législation familière. J'ai rassemblé près de moi des magistrats blanchis dans les exercices du barreau, et pour qui les fonctions publiques n'ont été que la récompense des longs succès qu'ils avaient obtenus dans cette carrière. J'ai interrogé des jurisconsultes pleins de savoir et d'expérience, en qui vivent encore toutes les traditions qui leur ont été transmises dans leur jeunesse, et qui sacrifieraient bien plutôt leur propre intérêt et leur propre gloire, que ceux de l'Ordre au milieu duquel leur honorable vie s'est écoulée. J'ai recueilli leurs vœux, et j'ai médité leurs conseils. Aussi, je n'hésite pas à le déclarer, Sire, ce règlement nouveau que je vous apporte est leur ouvrage plûtot que le mien. Ce sont eux qui m'ont indiqué la plupart des modifications que je soumets à l'approbation de Votre Majesté. C'est à eux surtout que je dois l'utile pensée de remplacer, par les formes employées dans l'ancien barreau de Paris, le mode d'élection établi par le décret du 14 décembre 1810. En un mot, je puis me rendre à moi-même ce témoignage, qu'ils ne m'ont rien proposé de favorable à l'honneur et à l'indépendance du barreau, que je ne me sois empressé de l'accueillir, certain, comme je l'étais, que Votre Majesté aimerait à accorder à un Ordre composé d'hommes utiles, éloquens et laborieux, ces hautes marques d'intérêt et de confiance » (a).

Assurément, la critique du décret du 14 décembre 1810, que contient ce rapport, est assez positive ; le principe de l'Indépendance de la Profession et de l'Ordre des avocats y est assez formellement reconnu ; et les intentions ne sauraient être plus louables et plus

(a) *Voy.* le Moniteur du jeudi, 21 novembre 1822, numéro 325.

généreuses. Il ne reste donc plus qu'à examiner si toutes les dispositions de l'ordonnance qui l'a suivi sont parfaitement conformes à ces vues, et opposées, ainsi qu'elles doivent l'être, à celles du décret du 14 décembre 1810.

Or, pour cela, il nous suffira de rappeler quelques-unes de ses dispositions, afin que l'on puisse les rapprocher tant des passages du rapport que nous avons pris soin de souligner, que des dispositions du décret du 14 décembre 1810, que nous rapporterons aussi en même temps, et des anciens usages. Il ne sera pas nécessaire d'y ajouter de longs commentaires.

Ainsi, par exemple, ce rapport reconnaît que « l'Indépendance du Barreau est chère à la justice autant qu'à lui-même, et que, sans une organisation intérieure qui l'affranchisse du joug inutile d'une surveillance directe et habituelle, cet Ordre ne pourrait espérer de recevoir dans ses rangs les hommes supérieurs qui font sa gloire.....».

Voilà la consécration du principe. Comment espérait-on anciennement de le garantir et de le conserver ? Les auteurs nous disent

« que, non seulement les avocats étaient maîtres de former leur tableau comme bon leur
semblait (*a*), mais encore que de tout temps
l'Ordre était en possession d'exercer sa discipline sur ses membres....; qu'un arrêt du parlement, entre autres, avait formellement consacré ce droit....; que l'avocat rayé devait appeler du jugement de la Députation, ou du
Conseil, à l'Ordre assemblé; que les seuls
membres de l'Ordre pouvaient s'inspecter les
uns les autres, se connaître, se suivre dans
les moindres détails, et prononcer sur le plus
ou le moins de délicatesse de leur conduite...;
que la censure doit s'exercer sur la conduite
tout entière, sur l'ensemble des faits et qu'il
n'y a point de mode d'instruction possible à
déterminer....; que si cette censure était as-
treinte à des formes particulières et précises
et exigeait des preuves rigoureuses, que si le
Corps qui l'exerce n'est pas libre dans sa police, il n'y a plus de censure, et que les bassesses aviliront l'association.... (*b*).

(*a*) *Voy.* ci-dessus, pag. 335 et 359.
(*b*) *Voy.* ci-dessus, pag. 362 *et suiv.*

Le décret du 14 décembre 1810 portait au contraire, ainsi que le remarque M. le garde-des-sceaux dans son rapport :

Relativement à l'organisation de l'Ordre ou à la composition du Tableau, à la réception et inscription ,

« *Art.* 4. Il sera procédé à la première formation du Tableau par les présidens et procureurs-généraux de nos cours impériales ; et, dans les villes où il n'y a pas de cours impériales , par les présidens et procureurs-impériaux des tribunaux de première instance. Les uns et les autres se feront assister et prendront l'avis de six anciens avocats , dans les lieux où il s'en trouve plus de vingt ; et de trois , dans les autres lieux.....

« *Art.* 6. Les Tableaux ainsi arrêtés seront soumis à l'approbation de notre grand-juge ministre de la justice, et ensuite déposés aux greffes....» ;

Relativement à la formation des Conseils de discipline et à leurs attributions,

« *Art.* 19. La liste des candidats sera transmise par le bâtonnier à notre procureur-général près nos cours , lequel nommera sur ladite liste les membres du Conseil de discipline, au nombre déterminé ci-après.

« *Art.* 21. Notre procureur-général nommera parmi les membres du Conseil un bâtonnier, qui sera le chef de l'Ordre et présidera l'assemblée générale des avocats lorsqu'elle se réunira pour nommer les Conseils de discipline.

« L'assemblée générale ne pourra être convoquée et réunie que de l'agrément de notre procureur-général:...

« *Art.* 29. Dans le cas de radiation du Tableau, si l'avocat rayé ne se pourvoit pas, la délibération du Conseil de discipline sera remise au premier président et au procureur général pour qu'ils l'*approuvent;* et en ce cas, elle sera exécutée sur le Tableau déposé au greffe.

« *Art.* 30. Il sera donné connaissance, dans le plus bref délai, à notre grand-juge ministre de la justice, par nos procureurs, des avis, délibérations et jugemens intervenus sur l'interdiction et sur la radiation des avocats...

« *Art.* 32. Dans les siéges où le nombre des avocats n'excédera pas celui de vingt, les fonctions du Conseil de discipline seront remplies par le tribunal. Lorsqu'il estimera qu'il y a lieu à interdiction ou à radiation, il prendra l'avis par écrit du bâtonnier, entendra l'inculpé dans les formes prescrites par les *art.* 26, 27 et 28, et prononcera, sauf l'appel.......»;

Relativement aux droits et pouvoirs prescrits à la profession,

« *Art.* 39. Si un avocat, dans ses plaidoiries ou dans ses écrits, se permettait d'attaquer les principes de la monarchie, et les constitutions de l'empire, les lois et les autorités établies, le tribunal saisi de l'affaire prononcera sur-le-champ, sur les conclusions du ministère public, l'une des peines portées par l'article 25, sans préjudice des poursuites extraordinaires, s'il y a lieu.

« Enjoignons à nos procureurs, et à ceux qui en font les fonctions, de veiller, à peine d'en répondre, à l'exécution du présent article.

« *Art.* 40. Notre grand-juge, ministre de la justice, pourra, de son autorité et selon les cas, infliger à un avocat l'une des peines portées en l'article ci-dessus cité. »

Et sous les mêmes rapports, sur les mêmes points, que prescrit l'ordonnance du 20 novembre 1822? le voici :

Au sujet de la formation du Tableau,

« *Art.* 3. La répartition (en colonnes) prescrite par les articles précédens sera faite par les anciens bâtonniers et le Conseil de discipline actuellement en exercice, *réunis sur la convocation de nos procureurs-généraux* pour les avocats exerçant près les cours royales, et *de nos procureurs près les tribunaux de première instance* pour les avocats exerçant dans ces tribunaux.

«*Art.* 4. Cette répartition pourra être renouvelée tous les trois ans, s'il est ainsi ordonné *par nos cours royales sur la réquisition de nos procureurs-généraux* ou sur la demande du Conseil de discipline....» ;

Au sujet des conseils de discipline,

« *Art.* 8.... Ces nominations (celles du bâtonnier et du secrétaire) seront renouvelées au commencement de chaque année judiciaire, *sur la convocation de nos procureurs près nos cours et nos tribunaux....*

« *Art.* 22. Le procureur-général pourra,

quand il le jugera nécessaire, requérir qu'il lui soit donné une expédition des décisions emportant avertissement ou réprimande.

« *Art.* 23. Pourra également, le procureur-général, demander expédition de toute décision sur laquelle le Conseil de discipline aurait prononcé l'absolution de l'avocat inculpé.

« *Art.* 24. Dans les cas d'interdiction à temps ou de radiation, l'avocat condamné pourra interjeter appel devant la cour du ressort.

« *Art.* 25. Le droit d'appeler des décisions rendues par les Conseils de discipline, dans les cas prévus par l'art. 15, appartient également à nos procureurs-généraux....

« *Art.* 28. Lorsque l'appel aura été interjeté par l'avocat condamné, les cours pourront, quand il y aura lieu, prononcer une peine plus forte, quoique le procureur-général n'ait pas lui-même appelé....

« *Art.* 10. Lorsque le nombre des avocats portés sur le Tableau n'atteindra pas celui de vingt, les fonctions des Conseils de discipline seront remplies, savoir : s'il s'agit d'avocats exerçant près d'une cour royale, par le tribunal de première instance de la ville où siége la cour ; dans les autres cas, par le tribunal auquel seront attachés les avocats inscrits au Tableau.

« *Art.* 11. Les tribunaux qui seront chargés, aux termes de l'article précédent, des attributions du Conseil de discipline, nommeront annuellement, le jour de la rentrée, un bâtonnier qui sera choisi parmi les avocats compris dans les deux premiers tiers du Tableau suivant l'ordre de leur inscription » ;

Au sujet des règles et devoirs,

« *Art.* 43. Toute attaque qu'un avocat se permettrait de diriger dans ses plaidoieries et dans ses écrits, contre la religion, les principes de la monarchie, la charte, les lois du royaume ou les autorités établies, sera réprimée immédiatement sur les conclusions du ministère public, par le tribunal saisi de l'affaire, lequel prononcera l'une des peines prévues par l'art. 18, sans préjudice des poursuites extraordinaires, s'il y a lieu » (*a*).

(*a*) L'article 16 porte aussi : « Il n'est point dérogé par les dispositions qui précèdent, au droit qu'ont les tribunaux de réprimer les fautes commises à leurs audiences par les avocats ».

26.

Jusqu'ici, s'il existe en effet, comme on le voit, quelques différences essentielles entre les dispositions du décret du 14 décembre 1810 et celles de l'ordonnance du 20 novembre 1822, particulièrement sous le rapport de la composition du Conseil de discipline, on ne peut cependant éviter de reconnaître entre elles certains points d'analogie et de similitude à l'égard de cette surveillance étrangère dont M. le garde-des-sceaux, dans son rapport au roi, reconnaît que l'influence ou le joug est inutile et propre à éloigner de l'Ordre les hommes supérieurs qui font sa gloire et qui sont les plus sûrs appuis et les meilleurs guides de la justice.

Il est vrai, il faut en convenir, que l'on ne retrouve pas dans l'ordonnance la disposition de l'art. 40 du décret « qui, ainsi que M. le garde-des-sceaux le fait remarquer avec raison, réservait au ministre une juridiction supérieure, directe et illimitée, comme pour se ménager une garantie contre la faiblesse des juges de l'ordre et des magistrats ».

Cette disposition rigoureuse se trouve, au contraire, remplacée dans l'ordonnance par un moyen d'influence, de forme moins acerbe et plus douce, lequel est renfermé dans l'*article* 44, ainsi conçu : «Enjoignons à nos cours de se conformer exactement à l'*art.* 9 de la loi du 20 avril 1810 (*a*), et en conséquence de faire connaître, chaque année, à notre garde-des-sceaux ministre de la justice, ceux des avocats qui se seront fait remarquer par leurs lumières, leurs talens, et surtout par la délicatesse et le désintéressement qui doivent caractériser cette profession ».

Mais il est un autre point assez important sur lequel, aux termes du même décret du 14 décembre 1810, cette même juridiction supérieure se faisait vivement sentir. Une conséquence naturelle, immédiate et irrécusable

_____

(*a*) Cet article 9 de la loi du 20 avril 1810 est ainsi conçu : « Dans la même séance, ou dans une autre indiquée à cet effet dans la même semaine, la cour arrêtera, pour être adressée au grand-juge, une liste des juges de son ressort qui se seront distingués par leur exactitude et par une pratique constante de tous les devoirs de leur état; elle fera aussi connaître ceux des avocats qui se feront remarquer par leurs lumières, leurs talens, et surtout par la délicatesse et le désintéressement qui doivent caractériser cette profession ».

de la liberté de l'avocat, c'est assurément la faculté de pouvoir exercer où il lui plaît et quand il lui plaît. Du moins c'est encore ce que nous apprennent les livres dépositaires *des vieux usages*, et de leurs anciennes traditions : « Un grand privilège attaché à la profession d'avocat, disent-ils, c'est cette liberté qu'il a de l'exercer *quand il lui plaît et où il lui plaît*. On ne peut pas lui faire une injonction d'être plus ou moins studieux, plus ou moins savant, *et de porter ses lumières plutôt dans un pays que dans un autre* : tout est à son choix, à sa liberté. L'avocat ne contracte avec personne, et personne ne contracte avec lui. Comme on est libre de recourir à ses conseils ou de les rejeter, *il est maître aussi de les donner ou de les refuser*. S'il a quelque empire, cet empire n'est autre que celui que donnent les lumières, les talens et la probité sur l'esprit et le cœur des hommes. Les hommes à leur tour, n'ont sur lui d'autre droit que celui qui naît de l'intérêt qu'inspirent aux ames sensibles et vertueuses le malheur et l'oppression. Lorsqu'il se présente au barreau, il y vient comme un homme libre, comme un homme dont les juges attendent la présence pour leur parler le langage de la justice et de la vérité....

« Quoiqu'il se trouve des cas où les juges nomment tel ou tel avocat pour servir de conseil ou de défenseur à telle ou telle partie, il ne faut pas en conclure qu'on entende par là gêner la liberté de cet avocat : *il est toujours le maître d'accepter ou de refuser;* mais s'il revenait à ses collègues que son refus n'est fondé que sur une raison d'intérêt personnel, il n'en faudrait pas davantage pour le faire rejeter de leur sein. Malgré la grande liberté de leur profession, les avocats ont toujours pour maxime, que leur zèle et leur entier dévouement sont dus à ceux qui se trouvent dans le cas d'en avoir besoin.

« Il s'est pourtant trouvé des cas où les juges ont enjoint à des avocats de plaider une cause. Ceci est arrivé au parlement de Toulouse. Mais les juges, dans ces momens, ne faisaient pas attention à la liberté inhérente à cette profession » (*a*).

(*a*) *Voy.* l'Ancien Répertoire de Jurisprudence, par Guyot, au mot *Avocat.*

Nous venons de voir que M. le garde-des-sceaux rend hommage à cette conséquence naturelle, à cette déduction évidente du principe, dans des termes bien plus énergiques encore. «Sans le droit précieux, dit-il textuellement, d'accorder ou de refuser leur ministère, les avocats cesseraient bientôt d'inspirer la confiance et peut-être de la mériter. Ils exerceraient sans honneur une profession dégradée. La justice, toujours condamnée à douter de leur bonne foi, ne saurait jamais s'ils croient eux-mêmes à leurs récits ou à leurs doctrines, et serait privée de la garantie que lui offrent leur expérience et leur probité».

Deux dispositions du décret impérial du 14 décembre 1810 choquaient un peu cette doctrine, savoir : celle du 3e § de l'*art*. 10, et celle de l'*art*. 42. Ils étaient ainsi conçus :

«*Art*. 10. Les avocats inscrits au tableau dans une cour impériale, seront admis à plaider dans toutes les cours et tribunaux du ressort.

«Ceux qui seront inscrits dans un tribunal de première instance, plaideront devant la cour criminelle et devant les tribunaux de tout le département.

« Les uns et les autres pourront néanmoins, *avec la permission de notre grand-juge ministre de la justice,* aller plaider hors du ressort de la cour impériale ou du département où ils sont inscrits.... ».

« *Art.* 42. L'avocat nommé d'office pour défendre un accusé, ne pourra refuser son ministère, sans faire approuver ses motifs d'excuse ou d'empêchement ».

Et ici on ne trouve plus, il faut le dire, entre l'ordonnance et le décret une opposition aussi grande que celle que l'on croit reconnaître entre le décret impérial et le rapport fait au roi par M. le garde-des-sceaux : car cette ordonnance porte :

« *Art.* 39. Les avocats inscrits aux tableaux de nos cours royales pourront seuls plaider devant elles.

« Ils ne pourront plaider hors du ressort de la cour près de laquelle ils exercent, qu'après en avoir obtenu, sur l'avis du Conseil de discipline, l'agrément du premier président de la cour, *et l'autorisation de notre garde-des-*

sceaux ministre secrétaire d'état au départe-
ment de la justice.

« *Art.* 41. L'avocat nommé d'office pour la
défense d'un accusé, ne pourra refuser son
ministère, sans faire connaître ses motifs d'excuse et d'empêchement par les cours d'assises,
qui prononceront, en cas de résistance, l'une
des peines déterminées par l'*art.* 18 ci-dessus».

Ici, plus est grande et palpable l'analogie
des dispositions de l'ordonnance avec celles
du décret, et plus il semble difficile de concevoir que ces dispositions puissent être en
harmonie avec le principe. Dira-t-on, pour
les justifier les unes et les autres, au moins
sur le premier point, qu'autrefois les avocats
exerçant près d'une cour ou d'un parlement
faisaient peu d'usage de la faculté d'aller plaider hors du ressort? Cela est possible; et nous
conviendrons même que ce pouvait être un
bien, quoique tenant peut-être à la diversité de
coutumes et de jurisprudence subsistante alors
en France, diversité qui par elle-même n'était
pas un bien. Quoi qu'il en soit, il n'en résulte
pas un motif suffisant ni plausible de détruire
cette faculté spécialement inhérente à l'indé-

pendance et à la liberté de la profession, et qui ne peut être renversée sans resserrer la latitude que doivent avoir les accusés relativement au choix de leurs défenseurs. S'il était possible qu'il ne s'élevât plus de procès, et que l'on n'eût plus besoin de recourir aux tribunaux et aux avocats, ce serait aussi un bien très-réel, et une preuve non équivoque de la prospérité sociale ; et cependant il ne faudrait pas pour cela abolir les tribunaux, les avocats, ni le droit de la défense.

D'ailleurs, comme nous n'en sommes pas encore là, nous devons, en nous résumant, dire sans dissimulation que, s'il est sage de ne pas chercher à faire revivre, contre tout principe de raison, d'ordre et d'équité, des lois ou des usages surannés et bien réellement subversifs de ces principes, comme aussi de profiter avec discernement de ce que la Révolution ou le Régime impérial ont pu créer d'utile, il est au fond très-préjudiciable de méconnaître et d'abolir ce que les anciennes coutumes pouvaient avoir de bon, de juste, de conforme aux principes, pour y substituer ou maintenir ce qui a été élevé en opposition sur leurs ruines ; et qu'ainsi il y a lieu d'espérer que quelques modifications seront apportées, par une ordonnance nouvelle, ou même par une loi, à l'état de choses que l'ordonnance du 20 novembre 1822 a pour but d'établir ; et cela, dans la vue de conserver et de garantir, dans toute son intégrité, le principe de la liberté de la défense, tant dans la personne même des parties, des prévenus et accusés, que dans celle de leurs défenseurs.

Sur le second point, relatif à l'injonction faite à l'avocat nommé d'office de ne pas refuser son ministère, si l'on objecte que tout accusé doit être assisté d'un conseil, que la loi l'exige et doit le vouloir ainsi; nous répondrons d'abord que la précaution est plus que superflue, parce que jamais le malheur, quelle que soit même la gravité du crime dont il est la suite, ne manquera, dans le barreau, d'appui et d'intermédiaire volontaire et généreux entre la justice et lui. Il n'y a que l'homme sans ame et sans humanité qui puisse penser qu'un accusé ne doive pas trouver de défenseur, si ce n'est pour le disculper entièrement, du moins pour atténuer sa faute, et pour ne pas laisser peser sur sa tête tout le poids d'une condamnation trop rigoureuse.

Nous ajouterons ensuite que si, contre toute espèce de probabilité, aucun défenseur ne devait se rencontrer, il serait préférable, dans l'intérêt de l'accusé, qu'il fût privé de ce secours et réduit à cet abandon, déshonorant pour l'humanité et surtout pour l'Ordre à l'égard duquel la défense est, quant au for intérieur, un devoir sacré : car, on le demande, qu'y a-t-il de moins utile et de plus préjudiciable peut-être, qu'un défenseur imposé par la contrainte et malgré sa récusation formelle et persévérante ? La liberté, l'indépendance sont tellement de l'essence de la défense, que là où elles n'existent pas, la loi, quelque grande que soit sa puissance, ne peut garantir que cette défense ne sera pas nuisible plutôt qu'efficace. Un des plus grands soins du Législateur doit être de savoir reconnaître les justes limites imposées par la nature même des choses à son autorité, et de ne jamais la compromettre en cherchant à les dépasser (a).

_____

(a) *Voy.* encore, sur cet article, la Collection de Déci-

Conclusion. Nous terminerons par une réflexion qui peut servir de conclusion aux cinq articles qui précèdent.

Pour régler et rétablir l'organisation des sociétés d'après les véritables principes de l'ordre et du droit, pour éviter les incertitudes, les méprises, les faux résultats, le Législateur doit s'élever à la hauteur du grand objet qu'il médite, en approfondir les détails et en embrasser l'ensemble, en distinguer et en reconnaître les points principaux et essentiels, en dériver une suite de conséquences exactes, établir ainsi une sorte de hiérarchie intellectuelle et morale, autant que physique et matérielle, telle que l'ordre naturel de la subordination dans les idées et dans les choses y soit scrupuleusement observé et suivi, telle que les objets secondaires ou de détail ne viennent pas s'offrir en première ligne et s'interposer de manière à faire perdre de vue les bases et les

---

sions nouvelles, de Denisard, au mot *Avocat*, particulièrement § III, numéro 12; § VII, numéros 1 3 et 14; § IX, numéro 4.

principes qui doivent avoir et conserver la suprématie, étendre et faire sentir leur pouvoir et leur influence sur tout le reste pour que l'ordre s'établisse réellement et s'affermisse enfin.

Ainsi, dans tout le cours de ce titre III concernant l'organisation du Pouvoir judiciaire, n'oublions jamais que les vérités fondamentales résultant de la solution des propositions que nous venons d'examiner dans les cinq articles qui précèdent, doivent servir de fondement à tous les détails de cette partie de l'organisation sociale, et que ces vérités sont incontestablement *la tendance ou réunion de toutes les branches de cette organisation judiciaire vers un centre commun, propre à conserver l'uniformité de la jurisprudence, l'existence des trois degrés de juridiction, l'indépendance de la magistrature, la publicité des audiences, et la liberté de la défense.* Hors de la stricte observation de ces principes, il n'y aura jamais parfaite justice, mais, plus ou moins, désordre et arbitraire.

§ Ier.

COUR SUPRÊME NATIONALE OU HAUTE-COUR DE
JUSTICE ET DE CASSATION.—COURS D'APPEL OU
DE DÉPARTEMENT. — TRIBUNAUX DE PREMIÈRE
INSTANCE OU D'ARRONDISSEMENT. — JUSTICES
DE PAIX CANTONALES OU COMMUNALES.

> « *Potentiora legum quàm hominum imperia* ».·
> TACIT.

> « *Legum idcircò omnes servi sumus, ut liberi esse pos-*
> « *simus* ».
> CICER. *pro Cluent.*

SOMMAIRE. Sujet et Division de ce Paragraphe.

La nature des choses, la classification qu'elle
nous force d'adopter d'après le plan et le but
de cet ouvrage, ramènent naturellement les
mêmes divisions dans chacun des titres de ce
chapitre II ; mais il existe cependant assez de
variétés et de nuances dans les aperçus, pour
qu'avec des recherches, de la méditation et du
travail, il ne soit pas entièrement impossible
d'éviter la monotonie et les inconvéniens des ré-
pétitions. C'est pour l'auteur une assez grande
difficulté à surmonter ; mais s'il y parvient, il

doit, entre autres, en résulter l'avantage essentiel, d'inculquer d'autant mieux dans l'esprit des lecteurs les points fondamentaux de l'ordre et du droit organique ou constitutionnel.

Suivant cet ordre naturel des choses, ce paragraphe sera donc partagé en deux divisions principales : *la première*, concernant l'organisation de la Cour Suprême nationale ou Haute-Cour de justice et de cassation, et ses attributions; *la seconde*, concernant l'organisation des Cours d'appel ou de département, des Tribunaux de première instance ou d'arrondissement, des Justices de paix cantonales ou communales, et les Attributions de ces Cours et Tribunaux divers.

DIVISION PREMIÈRE.

COUR SUPRÊME NATIONALE OU HAUTE-COUR DE JUS-
TICE ET DE CASSATION, ET SES ATTRIBUTIONS.

SOMMAIRE. Sujet de cette première division.

Cette première division est elle-même divi-
sée en deux parties, relatives : *la première*, à
l'Organisation de la Cour Suprême nationale
ou Haute-Cour de justice et de cassation ; *la
seconde*, à ses Attributions.

PREMIÈRE PARTIE.

ORGANISATION DE LA COUR SUPRÊME NATIONALE OU HAUTE-
COUR DE JUSTICE ET DE CASSATION, DE SON INVIOLABI-
LITÉ, DE SON INDÉPENDANCE, DE SA PUBLICITÉ.

SOMMAIRE. Sujet de cette première partie.

Cette première partie se divise en cinq sections, ayant pour titres : *la première*, « Application du Principe fondamental de Centralisation et d'Uniformité à l'organisation de la Cour
Suprême nationale ou Haute-Cour de justice
et de cassation »; *la seconde*, « Du Nombre
des membres de la Cour Suprême nationale
ou Haute-Cour de justice et de cassation, et
du rapport qu'il doit avoir avec la division du
territoire »; *la troisième*, « Principes relatifs à
la Nomination de ces membres de la Cour
Suprême et aux conditions de leur éligibilité »;
la quatrième, « Incompatibilités, Exercice ;
Durée de leurs fonctions »; *la cinquième*, « Indépendance et Inviolabilité de ce premier Corps
de la Magistrature ».

27.

SECTION PREMIÈRE.

Application du Principe fondamental de Centralisation et d'Uniformité à l'organisation de la Cour suprême nationale ou Haute-Cour de justice et de cassation.

Nous avons vu dans l'un des articles qui précèdent que, pour qu'il puisse exister une législation uniforme et générale dans un royaume, il importe de chercher les moyens d'empêcher que les lois ne soient interprétées et appliquées de diverses manières, et qu'il ne se forme ainsi une jurisprudence particulière dans les différentes cours et tribunaux du territoire; et que, pour prévenir ce grave inconvénient, il faut qu'il existe une Cour suprême chargée d'imprimer une direction uniforme à tous les corps judiciaires, et de veiller à l'observation et à l'application des lois (*a*).

En Angleterre, il n'y a pas uniformité suffisante de législation, les coutumes locales, la loi-commune et les statuts ayant force de loi selon les cas ou espèces particulières et quelquefois même concurremment; mais les douze

_____

(*a*) *Voy*. ci-dessus, vol. x, pag. 218 et 219.

grands juges composant (*a*) la Cour du banc du roi, la Cour des plaids-communs, la Cour de l'Échiquier, la Cour de chancellerie, la Cour de la chambre de l'Échiquier, et surtout la Chambre des Pairs, forment du moins une sorte de point de centralisation pour l'Ordre judiciaire, qui peut contribuer à corriger en partie le vice, les contradictions et les incohérences qui peuvent exister dans la législation.

(*a*) On dit communément en Angleterre qu'il n'y a que douze juges ou principaux magistrats en loi, pour le civil et le criminel, savoir : les deux lords juges en chef du banc du roi et des plaids communs, et les trois juges puînés ou plutôt inférieurs, de chacune de ces cours (ce qui fait huit); le Lord Baron en chef de l'échiquier, et les trois Barons puînés ou inférieurs de l'échiquier (en tout douze). A quoi l'on peut ajouter le Lord chancelier et le Maître des rôles.

Le juge en chef du Banc du roi est appelé *Capitalis Justiciarius Banci Regis vel ad placita coram rege tenenda.* Il est *Lord* tant qu'il jouit de cet emploi, et est appelé *Capitalis Justiciarius*, parce qu'il est le chef des autres juges; et par cette raison, on l'appelle communément Lord Juge en chef de l'Angleterre. Autrefois on le nommait par lettres-patentes scellées du grand-sceau. On le crée aujourd'hui par un writ ou ordonnance, en forme très-abrégée. (Extrait du *Law-Dictionary*, de Tomlins, au mot *Judges*).

«De même que cette institution (des juges de Wesminster envoyés dans les *circuits* pour y tenir les assises) empêche les cabales et les brigues d'influer dans l'examen des questions de droit, dit Blackstone, elle conserve aussi l'uniformité des règles et de l'administration des lois. Ces juges, quoique ainsi changés et différens à toutes les assises, ont tous prêté serment de se conformer aux lois; ils ont reçu la même éducation; ils ont suivi les mêmes études; ils confèrent et consultent ensemble, ils se communiquent leurs décisions, leurs déterminations; ils président dans des Cours qui ont des rapports mutuels, et dont les jugemens se lient, se confondent ensemble, puisqu'elles sont, réciproquement entre elles, Cours d'appel ou d'avis. De là résulte que leur manière d'administrer la justice et de conduire les examens judiciaires est uniforme et concordante, et qu'on évite cette confusion, ces contradictions qui naîtraient naturellement d'une variété de juges qui ne communiqueraient pas entre eux, ou d'établissemens qui seraient fixés dans les provinces » (a).

(a) (BLACKSTONE. Commentaires, vol. v, liv. iii, ch. 23,

Suivant la Constitution des États-Unis de l'Amérique, arrêtée par la Convention fédérale le 17 septembre 1787 (section 2, *art.* 3), le Pouvoir judiciaire doit résider, dans ce pays, entre les mains d'une Cour suprême indépendante du Pouvoir législatif et du Pouvoir exécutif, et entre les mains de plusieurs Cours d'un ordre inférieur. « Aux États - Unis, dit à ce sujet M. Beauséjour, le Pouvoir judiciaire est exercé par une Cour suprême, qui juge les différens des États entre eux, et qui est

---

pag. 12 et 13. *Trad. de M. Chompré.*—*Voy.* aussi, vol. iv, liv. iii, chap. iv, pag. 59 *et suiv. Ibid.*)

— Mais, comme Blackstone l'observe bien aussi, ce qui nuit le plus à la centralisation de la Puissance judiciaire en Angleterre, c'est particulièrement l'existence des cours ecclésiastiques, celle de quelques cours de juridiction spéciale, telles que la cour des polices d'assurance, celles de la Principauté de Galles, celle de la chambre ducale de Lancastre, les cours de justice des comtés palatins de Chester, de Lancastre et de Durham, et celle de la franchise royale d'Ely, celles des *Cinq-Ports*, les tribunaux des mines d'étain établis dans le Devonshire et la province de Cornouailles, et le tribunal du chancelier de chacune des deux universités. (*Voy.* Blackstone. Commentaires, vol. iv, liv. iii, ch. v et vi, pag. 101 *et suiv.* *Trad. de M. Chompré*).

en même temps Cour d'appel et de cassation, et par des Cours inférieures, que l'on nomme Cours de circuit et de district : il y a une Cour de circuit pour deux États et une Cour de district pour chaque État » (a).

Autrefois, en France, les pourvois en cassation étaient portés au Conseil du roi; et voici ce qu'à ce sujet on lit, entre autres, dans le Répertoire de jurisprudence, au mot *Cassation* :

« D'après les anciennes ordonnances, le seul moyen de se pourvoir contre un arrêt du parlement était d'obtenir du roi la permission de proposer qu'il y avait des erreurs dans cet arrêt.

« Mais comme on obtenait souvent par importunité des lettres pour attaquer des arrêts sans proposer des erreurs, et que ces lettres portaient même que l'exécution des arrêts serait suspendue jusqu'à un certain temps, et que les parties plaignantes se pourvoiraient par devant d'autres juges que le parlement, Philippe de Valois ordonna, en 1331, que, dans la suite, la seule voie de se pourvoir contre les

_____

(a) *Voy.* l'Aperçu des États-Unis au commencement du 19ᵉ siècle, chap. 11, pag. 67.

arrêts du parlement serait d'impétrer du roi
des lettres pour pouvoir proposer des erreurs
contre ces arrêts; que celui qui demanderait
ces lettres donnerait par écrit les erreurs qu'il
prétendrait être dans l'arrêt, aux maîtres des
requêtes de l'hôtel ou aux autres officiers du
roi qui ont coutume d'expédier de pareilles
lettres, lesquels jugeraient, sur la simple vue,
s'il y avait lieu ou non de les accorder; que si
ces lettres étaient accordées, les erreurs pro-
posées signées du plaignant, et contre-scellées
du scel royal, seraient envoyées avec ces lettres
aux gens du parlement, qui corrigeraient leur
arrêt, supposé qu'il y eût lieu, en présence des
parties.

« Il ordonna en même temps que ces propositions d'erreur ne suspendraient pas l'exécution des arrêts; que cependant s'il y avait
apparence qu'après la correction de l'arrêt, la
partie qui avait gagné son procès par cet arrêt
ne fût pas en état de restituer ce dont elle
jouissait en conséquence, le parlement pourrait y pourvoir; enfin que l'on n'admettrait
point de proposition d'erreur contre les arrêts
interlocutoires.,

« Ceux auquels le roi permettait de se pourvoir par proposition d'erreur contre un arrêt du parlement, devaient, avant d'être admis à proposer l'erreur, donner caution de payer les dépens et les dommages et intérêts, et une double amende au roi, dans le cas où ils viendraient à succomber.

« L'article 135 de l'ordonnance de 1539, ordonna que les propositions d'erreur ne seraient reçues qu'après que les maîtres des requêtes auraient vu les faits et les inventaires des parties.

« Par l'article 136 de la même ordonnance, il fut réglé que, pour les propositions d'erreur, on serait tenu de consigner 240 livres parisis dans les Cours souveraines.

« L'édit d'ampliation des présidiaux voulait que l'on consignât 40 livres aux présidiaux : mais l'ordonnance de Moulins défendit de recevoir à l'avenir les propositions d'erreur contre les jugemens présidiaux.

« L'ordonnance de Blois régla que celui qui aurait obtenu requête civile ne serait plus reçu à proposer erreur, et que celui qui aurait proposé erreur ne pourrait plus obtenir requête civile.

« Enfin l'article 42 du titre 45 de l'ordonnance de 1667 a abrogé les propositions d'erreur.

« Il y a aujourd'hui deux voies pour se pourvoir contre les arrêts ou jugemens en dernier
ressort : l'une est la requête civile, et l'autre la
demande en cassation.

« Les arrêts et les jugemens en dernier ressort peuvent être cassés, tant en matière civile
qu'en matière criminelle; on se pourvoit pour
cet effet au Conseil du roi, qui seul peut casser
les arrêts des Cours souveraines : mais comme
la ressource de la Cassation n'est qu'un remède extrême, qui ne peut avoir pour objet
que le maintien de l'autorité législative et des
ordonnances, on ne peut pas en faire usage
sous le simple prétexte qu'une affaire a été
mal jugée au fond; la raison en est que, si un
tel prétexte pouvait suffire, les requêtes en
cassation deviendraient aussi communes que
les appellations des sentences des premiers juges, ce qui entraînerait beaucoup d'inconvéniens.

« Il y a lieu à la demande en cassation d'arrêt, lorsque deux arrêts directement opposés

l'un à l'autre ont été rendus entre les mêmes
parties, soit dans une même Cour, soit dans
deux Cours différentes (a).

« Ceux qui n'ont point été parties dans un
procès, ou qui n'ont pas été dûment appelés,
peuvent aussi demander la cassation d'un arrêt rendu contre eux, ou duquel ils reçoivent
du préjudice.

« Il y a pareillement lieu de demander la
cassation d'un arrêt lorsqu'il a été rendu contre
la disposition des ordonnances ou des coutumes : la raison en est que les Cours souveraines ne sont pas moins assujetties que les
juges inférieurs à l'observation des lois : c'est
ce qui résulte de divers articles du titre 1er de
l'ordonnance du mois d'avril 1667.

« On peut encore demander la Cassation
d'un arrêt, lorsqu'une Cour l'a rendu par entreprise de juridiction sur une autre Cour,
ou lorsque la procédure prescrite par les règlemens n'a pas été suivie.

(a) « Suivant l'ordonnance d'Orléans, les contrariétés
d'arrêts des cours souveraines devaient être jugées où les
arrêts avaient été rendus ; cependant on pouvait aussi se
pourvoir au Conseil des parties ».

« Les formalités à observer pour demander la cassation d'un arrêt ou d'un jugement en dernier ressort sont prescrites par le titre iv de la première partie du règlement du Conseil du 28 juin 1738.

« Suivant cette loi, les demandes en cassation d'arrêt ou de jugement rendu en dernier ressort doivent être formées par une requête en forme de vu d'arrêt, et qui contienne les moyens de cassation.

« La requête doit être signée par l'avocat du demandeur, et en outre par deux anciens avocats au Conseil, choisis parmi les syndics en charge, ou parmi les trente plus anciens avocats. La requête ne peut pas être admise que cette formalité ne soit remplie (*a*).

« Les deux anciens avocats qui veulent signer une requête en cassation, doivent se faire représenter les preuves des faits sur lesquels les moyens sont fondés, afin qu'ils soient en état de rendre compte de leur avis, s'ils viennent à être mandés pour cet effet.

(*a*) Une semblable formalité, admise d'abord pour se pourvoir à la cour de cassation, a été supprimée par une loi du mois d'août 1793.

« Le demandeur en cassation doit joindre à sa requête la copie qui lui a été signifiée, ou une expédition en forme de l'arrêt contre lequel il prétend se pourvoir, sinon sa requête ne peut être reçue; et par l'article 1er de l'arrêt de règlement du 19 août 1769, il est défendu aux greffiers du Conseil de recevoir aucune requête en cassation pour être présentée au *committitur*, si toutes les pièces énoncées dans chaque requête n'y sont jointes.

« Aucune requête en cassation ne peut être admise après l'expiration du délai fixé pour la présenter et pour faire commettre un rapporteur....

« Enfin, le règlement du 28 juin 1738 a fixé la jurisprudence sur cette matière. L'article 5 du titre IV de la première partie veut que le demandeur en cassation consigne 150 livres pour l'amende envers le roi, lorsqu'il s'agit d'un arrêt ou jugement contradictoire, et 75 livres s'il n'est question que d'un arrêt ou jugement par défaut. Il faut d'ailleurs que la quittance de consignation soit jointe à la requête en cassation....

« Il est défendu par l'*art.* 24 de prendre la

voie de la requête civile contre les arrêts du Conseil; mais cet article permet d'employer comme moyens de cassation contre ces arrêts, les moyens de requête civile.

« Lorsque, sur le rapport d'une requête en cassation, le Conseil juge à propos de demander les motifs de l'arrêt contre lequel la requête est présentée (a), ces motifs doivent être envoyés au greffe du Conseil par le procureur-général; ou par les juges qui ont rendu l'arrêt, si c'est le procureur-général même qui en demande la cassation.

« Ces mêmes motifs doivent être remis cachetés au rapporteur de la requête en cassation. Il est défendu au greffier du Conseil de les décacheter.

« Quand le Conseil, en ordonnant l'envoi des motifs, ou après les avoir vus, juge que la demande en cassation mérite d'être instruite contradictoirement avec les parties intéressées, l'arrêt qui intervient ordonne que la requête en cassation leur sera communiquée pour y

_____

(a) Aujourd'hui, tous les jugemens doivent être motivés. Loi du 24 août 1790, tit. v, *art.* 15 : Code de procédure civile, *art.* 141.

répondre dans les délais du règlement; mais un tel arrêt, non plus que celui qui intervient pour demander les motifs, ne peuvent empêcher l'exécution de l'arrêt ou jugement en dernier ressort dont la cassation est demandée. Il ne peut être donné à cet égard, aucune défense ni surséance, que ce ne soit par un ordre exprès du roi.

« Lorsqu'il a été ordonné que la requête en cassation sera communiquée, le demandeur doit faire signifier cette ordonnance à son adversaire, à personne ou à domicile, dans trois mois au plus tard, à compter du jour qu'elle a été rendue; sinon, il demeure déchu de sa demande en cassation, sans qu'on puisse y avoir égard dans la suite, sous quelque prétexte que ce soit......

« Lorsqu'une demande en cassation d'un arrêt ou jugement a été rejetée, la partie qui l'a formée ne peut plus se pourvoir contre le même jugement, ni contre l'arrêt qui a rejeté sa demande, quand même elle prétendrait avoir de nouveaux moyens. C'est ce qui résulte de l'*art*. 39....

« Si le jugement de compétence vient à être

cassé, le procès doit être renvoyé pardevant le juge auquel les ordonnances ont attribué la connaissance du crime dont il s'agit, à la charge de l'appel au parlement. Observez toutefois que dans le cas de suspicion, ou pour quelque autre raison de droit ou de fait, le Grand-Conseil peut, en faisant droit sur la demande en cassation, ordonner que le procès sera poursuivi et jugé devant un autre siége royal prochain, à la charge pareillement de l'appel au parlement.

« Lorsque le cas est reconnu prévôtal ou présidial, et que cependant les procédures faites par le prévôt des maréchaux ou au présidial viennent à être déclarées nulles, le procès doit être renvoyé pardevant un autre prévôt des maréchaux ou un autre présidial pour y être instruit et jugé en dernier ressort.

« L'arrêt par lequel un jugement de compétence est cassé et annulé, doit être remis à l'avocat de celui qui l'a obtenu : mais si ce jugement vient à être confirmé, l'arrêt se délivre au procureur-général qui l'envoie ensuite au procureur du roi du siége déclaré compétent » (a).

Par la loi du 27 novembre, sanctionnée et promulguée le 1er décembre 1790, le Conseil des parties fut supprimé et le Tribunal de Cassation institué. Cette loi est ainsi conçue :

« *Art.* 1er. Il y aura un Tribunal de cassation établi auprès du Corps législatif.

« *Art.* 2. Les fonctions du Tribunal de cassation seront de prononcer sur toutes les demandes en cassation, contre les jugemens rendus en dernier ressort ; de juger les demandes de renvoi d'un tribunal à un autre pour cause de suspicion légitime, *les conflits de juridiction* (b) et les réglemens de juges, les demandes de prise à partie contre un tribunal entier.

« *Art.* 3. Il annullera toutes les procédures dans lesquelles les formes auront été violées,

_____

(a) *Voy.* le Répertoire de jurisprudence, par Guyot, entre autres, au mot *Cassation.*

(b) Ces mots ont été retranchés dans la Constitution du 3 septembre 1791, tit. III, chap. v, *art.* 19 ; dans celle du 5 fructidor an III, *art.* 254, et dans celle du 22 frimaire an VIII, tit. v, *art.* 65 ; et l'*art.* 76 de la loi du 27 ventose an VIII a modifié la disposition à laquelle ils avaient rapport. *Voy.* ci-après, pag. 455, 456 et 460.

et tout jugement qui contiendra une contravention expresse au texte de la loi.

« Et jusqu'à la formation d'un code unique des lois civiles, la violation des formes de procédure prescrites sous peine de nullité, et la contravention aux lois particulières aux différentes parties de l'empire, donneront ouverture à la cassation.

« *Sous aucun prétexte et en aucun cas* (a), le Tribunal ne pourra connaître du fond des affaires; après avoir cassé les procédures ou le jugement, il renverra le fond des affaires aux tribunaux qui devront en connaître, ainsi qu'il sera fixé ci-après.

« *Art.* 4. On ne pourra pas former la demande en cassation contre les jugemens rendus en dernier ressort par les juges de paix; il est interdit au Tribunal de cassation d'admettre de pareilles demandes.

« *Art.* 5. Avant que la demande en cassation ou en prise à partie soit mise en jugement, il sera préalablement examiné et décidé si la re-

---

(a) Cette disposition n'a pas été reproduite précisément dans les mêmes termes, par la Constitution du mois de septembre 1791. *Voy.* ci-après, pag. 447.

28.

quête doit être admise, et la permission d'assigner accordée.

« *Art.* 6. A cet effet, tous les six mois, le Tribunal de cassation nommera vingt de ses membres pour former un Bureau qui, sous le titre de *Bureau des requêtes*, aura pour fonctions d'examiner et de juger si les requêtes en cassation ou en prise à partie doivent être admises ou rejetées : ce Bureau ne pourra juger qu'au nombre de douze juges au moins.

« *Art.* 7. Si, dans ce Bureau, les trois quarts des voix se réunissent pour rejeter une requête en cassation ou en prise à partie, elle sera définitivement rejetée : si les trois quarts des voix se réunissent pour admettre la requête, elle sera définitivement admise ; l'affaire sera mise en jugement, et le demandeur en cassation ou en prise à partie sera autorisé à assigner.

« *Art.* 8. Lorsque les trois quarts des voix ne se réuniront pas pour rejeter ou admettre une requête en cassation ou en prise à partie, la question sera portée à tout le tribunal rassemblé, et la simple majorité des voix fera décision (*a*).

_____

(*a*) La section des requêtes a été autorisée à juger les

« *Art.* 9. Les demandes de renvoi d'un tribunal à un autre pour cause de suspicion légitime, *les conflits de juridiction* et réglemens
de juges, seront portés dans le Bureau *des
requêtes*, et jugés définitivement par lui sans
frais, sur simples mémoires, par forme d'administration et à la pluralité des voix.

« *Art.* 10. La Section *de cassation* seule, et
sans la réunion des membres du Bureau *des
requêtes*, prononcera sur toutes les demandes
en cassation, lorsque la requête aura été admise. La section de cassation ne pourra juger
qu'au nombre de quinze juges au moins ; la
simple majorité des voix suffira pour former
la décision.

« *Art.* 11. Les sections du Tribunal de cassation, soit qu'elles jugent séparément, soit
qu'elles se réunissent, suivant les cas spécifiés, tiendront toujours leurs séances publiquement.

« *Art.* 12. En toute affaire, les parties pour-

---

affaires de son attribution au nombre de huit membres,
par une loi du 29 septembre 1793 (qui a aussi autorisé
le Tribunal de cassation à se diviser en trois sections),
et au nombre de onze membres, sur seize, par la loi du
27 ventose an VIII. *Voy.* ci-après, pag. 458 et 459.

ront par elles-mêmes, ou par leurs défenseurs, plaider et faire les observations qu'elles jugeront nécessaires à leur cause ou à leur demande.

« *Art.* 13. Dans les procès qui seront jugés sur rapports, la discussion sera précédée du rapport par un des juges, sans qu'il énonce son opinion. Les parties ou leurs défenseurs ne pourront être entendus qu'après ce rapport terminé. Il sera libre aux juges de se retirer en particulier pour recueillir les opinions ; ils rentreront dans la salle d'audience pour prononcer leur jugement en public.

« Cette forme sera celle de tous les autres tribunaux du royaume dans toutes les affaires qui y seront jugées sur rapport (*a*).

« *Art.* 14. En matière civile, le délai pour se pourvoir en cassation, ne sera que de trois mois, du jour de la signification du jugement à personne ou domicile, pour tous ceux qui habitent en France, sans aucune distinction quelconque, et sans que, sous aucun prétexte,

---

(*a*) Le Code de procédure, *art.* cxi, porte au contraire qu'après le rapport les défenseurs pourront seulement remettre de simples notes au président. *Voy. ci-dess.*, p. 290. *Voy.* aussi le Règlement du 4 prairial an VIII, *art.* 15 et 16, ci-après, pag. 469.

il puisse être donné des lettres de relief de laps de temps, pour se pourvoir en cassation.

« *Art.* 15. Le délai de trois mois ne commencera à courir que du jour de l'installation du Tribunal de cassation pour tous les jugemens antérieurs à la publication du présent décret, et à l'égard desquels les délais, pour se pourvoir, d'après les anciennes ordonnances, ne seraient pas actuellement expirés.

« *Art.* 16. En matière civile, la demande en cassation n'arrêtera pas l'exécution du jugement; et, dans aucun cas et sous aucun prétexte, il ne pourra être accordé de surséance.

« *Art.* 17. L'intitulé du jugement de cassation portera toujours, avec les noms des parties, l'objet de leurs demandes, et le dispositif contiendra le texte de la loi ou des lois sur lesquelles la décision sera appuyée.

« *Art.* 18. Aucune qualification ne sera donnée aux plaideurs dans l'intitulé des jugemens; on n'y inscrira que leurs noms patronimiques et de famille, et celui de leurs fonctions ou de leurs professions.

« *Art.* 19. Lorsque la cassation aura été prononcée, les parties se retireront au greffe du tribunal dont le jugement aura été cassé,

pour y déterminer, dans les mêmes formes qui
ont été prescrites à l'égard des appels, le
nouveau tribunal auquel elles devront com-
paraître, et procèderont : savoir ; les parties
qui auront obtenu la cassation, comme il est
prescrit à l'égard de l'appelant ; et les autres,
comme il est disposé à l'égard des intimés (a).

« *Art.* 20. Dans les cas où la procédure aura
été cassée, elle sera recommencée à partir du
premier acte où les formes n'auront pas été
observées, l'affaire sera plaidée de nouveau
dans son entier, et il pourra encore y avoir
lieu à la demande en cassation contre le second jugement.

« *Art.* 21. Dans les cas où le jugement seul
aura été cassé, l'affaire sera aussitôt portée à
l'audience dans le tribunal ordinaire qui en
avait d'abord connu en dernier ressort (b) :
elle y sera plaidée sur les moyens de droit,
sans aucune forme de procédure, et sans que
les parties ou leurs défenseurs puissent plaider

(a) *Voy.* la Loi du 16—24 août 1790, tit. v ; et la Constitution du 5 fructidor an III, tit. vIII, *art.* 219.

(b) Par un décret du 14 avril 1791 (publié pour être
exécuté comme loi et inséré au Bulletin, en vertu d'un
Arrêté du Directoire exécutif, du 27 floréal—2 prairial

sur le point réglé par un premier jugement ; et si le nouveau jugement est conforme à celui qui a été cassé, il pourra encore y avoir lieu à la demande en cassation.

« Mais lorsque le jugement aura été cassé deux fois (*a*), et qu'un troisième tribunal aura jugé en dernier ressort, de la même manière que les deux premiers, la question ne pourra plus être agitée au Tribunal de cassation, qu'elle n'ait été soumise au Corps législatif, qui, en ce cas, portera un décret déclaratoire de la loi, et lorsque ce décret aura été sanctionné par le Roi, le Tribunal de cassation 's'y conformera dans son jugement.

« *Art.* 22. Tout jugement du Tribunal de cassation sera imprimé, et inscrit sur les registres du tribunal dont la décision aura été cassée.

« *Art.* 23. Il y aura auprès du Tribunal de cassation un commissaire du roi, qui sera

---

an V), cet article 21 du décret du 27 novembre 1790 a été rectifié comme impliquant contradiction avec l'art. 19 du même décret.

(*a*) Cette disposition, qui avait été rappelée dans la Constitution du 3 septembre 1791, *art.* 21, a été modifiée par l'art. 256 de la Constitution de l'an III, et par l'*art.* 78 de la loi du 27 ventose an VIII. *Voy.* ci-apr., pag. 451 et 461.

nommé par le Roi, comme les commissaires
auprès des tribunaux de district, et qui aura
des fonctions du même genre.

« *Art.* 24. Chaque année, le Tribunal de
cassation sera tenu d'envoyer à la barre de
l'assemblée du Corps législatif, une députation
de huit de ses membres, qui lui présenteront
l'état des jugemens rendus, à côté de chacun
desquels sera la mention abrégée de l'affaire,
et le texte de la loi qui aura décidé la cassation. (*a*).

« *Art.* 25. Si le commissaire du Roi auprès
du Tribunal de cassation, apprend qu'il ait
été rendu un jugement en dernier ressort,
directement contraire aux lois ou aux formes
de procéder, et contre lequel cependant aucune des parties n'aurait réclamé dans le délai
fixé, après ce délai expiré, il en donnera connaissance au Tribunal de cassation, et s'il est
prouvé que les formes ou les lois ont été violées, le jugement sera cassé, sans que les
parties puissent s'en prévaloir pour éluder les

(*a*) Cette disposition avait été reproduite dans la Constitution du 5 fructidor an III, *art.* 257; elle a été modifiée par la loi du 27 ventose an VIII, *art.* 86. *Voy.* ci-
après, pag. 464.

dispositions de ce jugement, lequel vaudra transaction entre elles.

« *Art.* 26. Un greffier sera établi auprès du Tribunal de cassation ; il sera âgé de vingt-cinq ans au moins : les membres du Tribunal le nommeront au scrutin, et à la majorité absolue des voix. Le greffier choisira des commis qui feront le service auprès des deux sections, qui prêteront serment, et dont il sera civilement responsable. Le greffier ne sera révocable que pour prévarication jugée.

« *Art.* 27. Chacune des sections se nommera un président tous les six mois ; celui qui l'aura été pourra être réélu. Lorsque les sections seront réunies, elles seront présidées par le plus ancien d'âge des deux présidens ; les autres membres du Tribunal se placeront sans distinction et sans aucune préséance entre eux.

« *Art.* 28. Provisoirement et jusqu'à ce qu'il ait été autrement statué, le réglement qui fixait la forme de procéder au Conseil des parties, sera exécuté au Tribunal de cassation, à l'exception des points auxquels il est dérogé par le présent décret.

« *Art.* 29. L'installation du Tribunal de cassation sera faite à chaque renouvellement par deux commissaires du Corps législatif, et deux commissaires du Roi, qui recevront le serment individuel de tous les membres du Tribunal, *d'être fidèles à la nation, à la loi et au roi*, et de remplir avec exactitude les fonctions qui leur sont confiées. Ce serment sera lu par l'un des commissaires du Corps législatif, et chacun des membres du Tribunal de cassation, debout dans le parquet, prononcera : *Je le jure.*

« *Art.* 3o. Le Conseil des parties est supprimé, et il cessera ses fonctions le jour que le Tribunal de cassation aura été installé.

« *Art.* 31. L'office de chancelier de France est supprimé ».

« *Forme de l'élection du Tribunal de cassation. Art.* 1. Les membres du Tribunal de cassation ne seront élus que pour quatre ans; ils pourront être réélus : tous les quatre ans, on procèdera à l'élection du Tribunal de cassation en entier (*a*).

« *Art.* 2. Les départemens de France con-

_____

(*a*) Aux termes de l'art. 259 de la Constit. du 5 fruct. an III, cet *art.* fut modifié ; et il fut dit que le renouvellement aurait lieu par cinquième tous les ans. *Voy. ci-apr.*, p. 452 ; et 456, la Constit. du 22 frim. an VIII, *art.* 68.

courront successivement par moitié(*a*), à l'élection des membres du Tribunal de cassation.

« *Art.* 3. Pour la première élection, on tirera au sort dans une des séances de l'Assemblée nationale, les quarante-deux départemens qui devront élire chacun d'eux un sujet pour remplir une place dans le Tribunal ; à la seconde élection, les quarante et un autres départemens exerceront leur droit d'élire, et ainsi successivement.

« *Art.* 4. Huit jours après la publication du présent décret, les électeurs de chacun des départemens qui auraient été désignés par le sort, pour nommer cette fois les membres du Tribunal de cassation, se rassembleront et éliront le sujet qu'ils croiront le plus propre à remplir une place dans ce Tribunal.

« *Art.* 5. L'élection ne pourra être faite qu'à la majorité absolue des suffrages. Si les deux premiers scrutins ne produisent pas cette majorité, au troisième scrutin les électeurs ne voteront que sur les deux sujets qui auront

_____

(*a*) La Constitution du 5 fructidor an III, *art.* 258, porta ce nombre jusqu'aux trois quarts du nombre des départemens. *Voy.* ci-après, pag. 452.

réuni le plus de voix au second; et en cas d'égalité de suffrages, le plus ancien d'âge sera élu.

« *Art.* 6. Pour être éligible lors des trois premières élections, il faudra avoir trente ans accomplis, et avoir, pendant dix ans, exercé les fonctions de juge dans une cour supérieure ou présidial, sénéchaussée ou bailliage, ou avoir rempli les fonctions d'homme de loi pendant le même temps, sans qu'on puisse comprendre au nombre des éligibles, les juges non gradués des tribunaux d'exception. Lors des élections suivantes, il faudra, pour être éligible, avoir exercé pendant dix ans les fonctions de juge ou d'homme de loi dans un tribunal de district; l'Assemblée nationale se réservant de déterminer par la suite les autres qualités qui pourront rendre éligible.

« *Art.* 7. Les électeurs de chacun des départemens qui nommeront les membres du Tribunal de cassation, éliront en même temps au scrutin et à la majorité absolue, un suppléant ayant les qualités ci-dessus fixées pour être éligible, lequel sera appelé et remplacera le sujet élu par le même département que lui, lorsque la place viendra à vaquer. A l'époque du renouvellement de quatre en quatre ans, quelque peu de durée qu'ait eu l'exercice des suppléans, ils cesseront leurs fonctions comme l'eussent fait les juges qu'ils auront remplacés, et comme eux ils pourront être réélus.

« *Art.* 8. Le président de l'Assemblée nationale présentera dans le jour le présent décret à l'acceptation du Roi ».

L'institution de ce Tribunal fut maintenue, sauf quelques modifications, par la Constitution du 3 septembre 1791, par celle du 5 fructidor an III, par l'Acte constitutionnel du 22 frimaire an VIII, par le Sénatus-Consulte organique du 16 thermidor an X, par celui du 28 floréal an XII, qui lui donna la dénomination de Cour de cassation.

Ces Constitutions renferment quelques dispositions qui ne se trouvent pas dans la première loi.

La Constitution du mois de septembre 1791 porte, entre autres : « Tit. III, chap. V.

« *Art.* 20. *En matière de cassation* (a), le Tribunal de cassation ne pourra jamais connaître du fond des affaires ; mais, après avoir

---

(a) L'*art.* 3 de la loi du 1er décembre 1790 portait : « *Sous aucun prétexte, et en aucun cas* ». *Voy.* ci-dess., pag. 435.

cassé le jugement qui aura été rendu sur une procédure dans laquelle les formes auront été violées, ou qui contiendra une contravention expresse à la loi, il renverra le fond du procès au tribunal qui doit en connaître.

« *Art.* 23. Une Haute-Cour nationale(*a*), formée de membres du Tribunal de cassation et de hauts-jurés, connaîtra des délits des ministres et agens principaux du Pouvoir exécutif, et des crimes qui attaqueront la sûreté générale de l'État, lorsque le Corps législatif aura rendu un décret d'accusation.

« Elle ne se rassemblera que sur la proclamation du Corps législatif et à une distance de 30,000 toises au moins du lieu où la législature tiendra ses séances....

« *Art.* 27. Le ministre de la justice dénoncera au Tribunal de cassation, par la voie du commissaire du Roi, et sans préjudice du droit des parties intéressées, les actes par lesquels les juges auraient excédé les bornes de leur pouvoir.

«Le Tribunal les annullera; et, s'ils donnent

(*a*) *Voy.* aussi, sur la formation de la Haute-Cour, la loi du 10—15 mai 1791, et le décret du 3 janvier 1792.

lieu à la forfaiture, le fait sera dénoncé au Corps législatif, qui rendra le décret d'accusation, s'il y a lieu, et renverra les prévenus devant la Haute-Cour nationale (*a*).

(*a*) (Cette disposition est modifiée par les *art.* 80 *et suiv.* de la loi du 27 ventose an VIII. *Voy.* ci-apr., p. 461, 462).

—Une loi des 7 et 10—15 avril 1792 contient, entre autres, les dispositions suivantes : « *Art.* 1ᵉʳ. Tous actes de procédures criminelles, de quelque nature qu'ils soient, et tous jugemens et ordonnances dans les procès criminels, seront faits et expédiés sur papier libre ; et l'enregistrement, dans les cas où il y aura lieu à la formalité, en sera fait sans frais.

« *Art.* 2. Lorsqu'un accusé, condamné par le tribunal criminel, aura déclaré, dans le délai prescrit par la loi, qu'il entend se pourvoir en cassation, il sera tenu de remettre sa requête, en la forme indiquée par la loi et par l'instruction sur les jurés, dans le délai de huit jours (*).

« Le commissaire du roi, aussitôt qu'il aura reçu cette requête, l'adressera au ministre de la justice : il lui en-

---

(*) Une autre loi du 14 thermidor an III a rapporté cet *art.* 2 de la loi du 15 avril 1792, en ce qu'il n'accordait aux condamnés, après les trois jours dans lesquels ils devaient déclarer qu'ils entendaient se pourvoir en cassation, qu'un délai de huitaine pour présenter leur requête, et porte qu'à l'avenir la déclaration de pourvoi en cassation faite par les condamnés dans les trois jours qui suivront leur jugement, en conformité de la loi du 16 septembre 1791, suffira pour saisir le tribunal de cassation, et pour que le condamné qui l'aura faite ne soit point sujet à la déchéance.

La Constitution.du 5 fructidor an III contenait aussi, entre autres, les dispositions suivantes :

« *Du Tribunal de cassation.* — *Art.* 256. Lors-

---

verra en même temps une copie du jugement, sur papier libre, signée par le greffier du tribunal criminel, et les procédures criminelles sur lesquelles ce jugement sera intervenu. Le ministre de la justice transmettra ces pièces au Tribunal de cassation, au plus tard dans les vingt-quatre heures de leur réception.

« *Art.* 3. Il en sera de même pour les demandes en cassation des jugemens qui seront rendus par les tribunaux de district dans les cas où ils jugent suivant les anciennes formes. Les commissaires du roi seront tenus, en ce cas, de dresser les expéditions des procédures criminelles qui auront été envoyées des tribunaux de première instance, sans que les greffiers des tribunaux d'appel puissent faire de secondes expéditions, à l'occasion des demandes en cassation.

« *Art.* 4. Les requêtes en cassation pourront être signées par le conseil de l'accusé, s'il ne sait signer; et à défaut de conseil, en ce cas le greffier attestera, au bas de la requête, que l'accusé a déclaré ne savoir signer.

« *Art.* 5. La section de cassation statuera sur les requêtes en cassation dans les affaires criminelles, et prononcera de suite la cassation, s'il y a lieu, des procédures et jugemens, sans qu'il soit besoin de jugement préalable pour admettre les requêtes.

« *Art.* 6. La loi du 1er décembre sur l'institution du

qu'après une cassation (*a*), le second jugement sur le fond est attaqué par les mêmes moyens que le premier, la question ne peut plus être agitée au Tribunal de cassation, sans avoir été soumise au Corps législatif, qui porte une loi à laquelle le Tribunal de cassation est tenu de se conformer....

Tribunal de cassation, et la loi et l'instruction sur les jurés, seront au surplus exécutées, en ce qui n'est pas contraire au présent décret.

« *Art.* 7. Les jugemens rendus par le Tribunal de cassation, lorsqu'ils rejetteront les requêtes en cassation, en matière criminelle, seront délivrés dans les trois jours au commissaire du roi, par simple extrait signé du greffier, et sur papier libre. Cet extrait sera adressé au ministre de la justice, qui l'enverra aussitôt au commissaire du roi près le tribunal criminel, chargé de faire exécuter les jugemens de condamnation.

« *Art.* 8. Le greffier du Tribunal de cassation délivrera sans frais, et sur papier libre, au commissaire du roi du Tribunal de cassation, tous les jugemens rendus sur ses réquisitoires, ou dont il est chargé de poursuivre l'exécution ».

(*a*) L'*art.* 21 de la loi du 1er décembre 1790 portait: « Lorsque le jugement aura été cassé deux fois et qu'un troisième tribunal aura jugé en dernier ressort de la même manière que les deux premiers ». *Voy.* ci-dessus, pag. 441.

« *Art.* 258. Le nombre des juges du Tribunal de cassation ne peut excéder les trois
quarts du nombre des départemens (*a*).

« *Art.* 259. Ce Tribunal est renouvelé par
cinquième tous les ans (*b*).

« Les Assemblées électorales des départemens
nomment successivement et alternativement
les juges qui doivent remplacer ceux qui sortent du Tribunal de cassation.

« Les juges de ce Tribunal peuvent toujours
être réélus....

« *Art.* 262. Le Directoire exécutif dénonce
au Tribunal de cassation, par la voie de son
commissaire, et sans préjudice du droit des
parties intéressées, les actes par lesquels les
juges ont excédé leurs pouvoirs.

« *Art.* 263. Le Tribunal annulle ces actes;
et, s'ils donnent lieu à la forfaiture, le fait est
dénoncé au Corps législatif, qui rend le décret

(*a*) Nous avons vu que, par la loi du 1ᵉʳ décembre
1790, ce nombre était fixé à la moitié de celui des départemens. *Voy.* ci-dessus, pag. 445.

(*b*) D'après la loi du 1ᵉʳ décembre 1790, le renouvellement devait avoir lieu en entier tous les quatre ans.
Voy. ci-dessus, pag. 444; et la Constitution du 22 frim.
an VIII, *art.* 68, ci-après, pag. 456.

d'accusation, après avoir entendu ou appelé les prévenus.

« *Art.* 264. Le Corps législatif ne peut annuller les jugemens du Tribunal de cassation, sauf à poursuivre personnellement les juges qui auraient encouru la forfaiture.

« *Haute-Cour de justice.* — *Art.* 265. Il y a une Haute-Cour de justice pour juger les accusations admises par le Corps législatif, soit contre ses propres membres, soit contre ceux du Directoire exécutif.

« *Art.* 266. La Haute-Cour de justice est composée de cinq juges et de deux accusateurs nationaux tirés du Tribunal de cassation, et de hauts-jurés nommés par les Assemblées électorales des départemens.

« *Art.* 267. La Haute-Cour de justice ne se forme qu'en vertu d'une proclamation du Corps législatif, rédigée et publiée par le Conseil des Cinq-Cents.

« *Art.* 268. Elle se forme et tient ses séances dans le lieu désigné par la proclamation du Conseil des Cinq-Cents.

« Ce lieu ne peut être plus près qu'à 12 myriamètres de celui où reste le Corps législatif.

« *Art.* 269. Lorsque le Corps législatif a proclamé la formation de la Haute-Cour de justice,
le Tribunal de cassation tire au sort quinze
de ses membres dans une séance publique ;
il nomme de suite, dans la même séance, par
la voie du scrutin secret, cinq de ces quinze ;
les cinq juges ainsi nommés sont les juges de
la Haute-Cour de justice ; ils choisissent entre
eux un président.

« *Art.* 270. Le Tribunal de cassation nomme,
dans la même séance, par scrutin, à la majorité absolue, deux de ses membres pour remplir, à la Haute-Cour de justice, les fonctions
d'accusateurs nationaux.

« *Art.* 271. Les actes d'accusation sont dres-
sés et rédigés par le Conseil des Cinq-Cents.

« *Art.* 272. Les Assemblées électorales de
chaque département, nomment, tous les ans,
un juré pour la Haute-Cour de justice.

« *Art.* 273. Le Directoire exécutif fait imprimer et publier, un mois après l'époque des
élections, la liste des jurés nommés pour la
Haute-Cour de justice » (*a*).

(*a*) *Voy.* encore, sur l'organisation et la composition du
Tribunal de cassation, le décret du 2 brumaire an IV

L'Acte Constitutionnel du 22 frimaire an VIII
(13 décembre 1799) et la loi du 27 ventose
an VIII rappellent plusieurs dispositions des
lois précédentes. Néanmoins, comme cet acte
et cette loi sont véritablement la base fondamentale de l'institution actuelle, en les citant,
nous transcrirons de nouveau ces mêmes dispositions pour la plus grande facilité de nos
lecteurs.

L'Acte Constitutionnel du 22 frimaire an VIII
porte :

« Tit. v, *art.* 65. Il y a, pour toute la République, un Tribunal de cassation, qui prononce
sur les demandes en cassation contre les jugemens en dernier ressort rendus par les tribunaux ; sur les demandes en renvoi d'un
tribunal à un autre pour cause de suspicion
légitime ou de sûreté publique; sur les prises
à partie contre un tribunal entier.

« *Art.* 66. Le Tribunal de cassation ne con-

(qui détermine les attributions spéciales des trois sections
dont ce Tribunal se compose, et que l'on peut dénommer,
d'après ces attributions, section *des requêtes*, section *civile*, et section *criminelle*) ; et la Loi du 24 messidor de
la même année; etc., etc.

naît point du fond des affaires; mais il casse les jugemens rendus sur des procédures dans lesquelles les formes ont été violées, ou qui contiennent quelque contravention expresse à la loi; et il renvoie le fond du procès au tribunal qui en doit connaître.

« *Art.* 67.... Les juges composant le Tribunal de cassation, et les commissaires établis près ce Tribunal, sont pris dans la *Liste nationale* (a).

« *Art.* 68. Les juges, autres que les juges de paix, conservent leurs fonctions toute leur vie, à moins qu'ils ne soient condamnés pour forfaiture, ou qu'ils ne soient pas maintenus sur les listes d'éligibles.

« Tit. VI... *Art.* 73... Le ministre mis en ju-

(a) Au sujet de la formation de cette liste, ce même Acte Constitutionnel porte : « Tit. 1er, *Art.* 7. Les citoyens de chaque arrondissement communal désignent par leurs suffrages ceux d'entre eux qu'ils croient les plus propres à gérer les affaires publiques. Il en résulte une liste de confiance, contenant un nombre de noms égal au dixième du nombre des citoyens ayant droit d'y coopérer. C'est dans cette première liste communale que doivent être pris les fonctionnaires publics de l'arrondissement.

« 8. Les citoyens compris dans les listes communales

gement par un décret du Corps législatif, est jugé par une Haute-Cour, sans appel et sans recours en cassation.

« La Haute-Cour est composée de juges et de jurés. Les juges sont choisis par le Tribunal de cassation, et dans son sein ; les jurés sont pris dans la liste nationale : le tout suivant les formes que la loi détermine.

« *Art.* 74. Les juges civils et criminels sont, pour les délits relatifs à leurs fonctions, poursuivis devant les tribunaux auxquels le Tribunal de cassation les renvoie après avoir annullé leurs actes.... ».

La loi du 27 ventose an VIII sur l'organisation judiciaire renferme les dispositions suivantes :

« Tit. VI. *Du Tribunal de cassation.—Art.* 58. — Le Tribunal de cassation siégera à Paris,

---

d'un département désignent également un dixième d'entre eux. Il en résulte une seconde liste, dite départementale, dans laquelle doivent être pris les fonctionnaires publics du département.

« 9. Les citoyens portés dans la liste départementale désignent pareillement un dixième d'entre eux : il en résulte une troisième liste qui comprend les citoyens de ce département, éligibles aux fonctions publiques nationales ».

dans le local déterminé par le Gouvernement.

« Il sera composé de quarante-huit juges.

« *Art.* 59. Lorsqu'il vaquera une place au Tribunal de cassation, le commissaire du Gouvernement en instruira les Consuls, qui en donneront connaissance au Sénat conservateur.

« *Art.* 60. Le Tribunal se divisera en trois sections, chacune de seize juges.

« La première statuera sur l'admission ou le rejet des requêtes en cassation ou en prise à partie, et définitivement sur les demandes soit en règlement de juges, soit en renvoi d'un tribunal à un autre.

« La seconde prononcera définitivement sur les demandes en cassation, ou en prise à partie, lorsque les requêtes auront été admises.

« La troisième prononcera sur les demandes en cassation en matière criminelle, correctionnelle ou de police, sans qu'il soit besoin de jugement préalable d'admission.

« *Art.* 61. Les sections se formeront d'abord par la voie du sort.

« *Art.* 62. Le Tribunal entier nommera un président, dont les fonctions, en cette qualité, dureront trois années.

« Il peut être réélu à la présidence.

« *Art.* 63. Chaque section ne pourra juger qu'au nombre de onze membres au moins ; et tous les jugemens seront rendus à la majorité absolue des suffrages.

« *Art.* 64. En cas de partage d'avis, on appellera cinq juges pour le vider : les cinq juges seront pris d'abord parmi ceux de la section qui n'auraient pas assisté à la discussion de l'affaire sur laquelle il y aura partage, et subsidiairement tirés au sort parmi les membres des autres sections.

« *Art.* 65. Chaque section élira au scrutin son président pour trois années.

« Il pourra être réélu.

« Le président du Tribunal le sera de plein droit de sa section.

« *Art.* 66. Chaque année, il sortira de chaque section quatre membres, lesquels seront également répartis dans les deux autres.

« Le sort désignera, pour les trois premières années, les quatre membres qui devront sortir de chaque section. Quant à leur distribution dans les deux autres sections, elle sera toujours réglée par le sort.

« *Art.* 67. Il y aura près du Tribunal de cassation, un commissaire, six substituts et un greffier en chef, nommés par le premier Consul, et pris dans la liste nationale....

« *Art.* 71. Les membres du Tribunal de cassation, le commissaire du Gouvernement et ses substituts, recevront un traitement égal *à l'indemnité des membres du Corps législatif...*

« *Art.* 73. La moitié du traitement attribué aux juges du Tribunal de cassation, au commissaire du Gouvernement et à ses substituts, sera mise en masse chaque mois, et distribuée en droits d'assistance....

« *Art.* 76. Outre les fonctions données au Tribunal de cassation par l'article 63 de la Constitution, il prononcera sur les règlemens de juges, quand le conflit s'élèvera entre plusieurs tribunaux d'appel, ou entre plusieurs tribunaux de première instance, non ressortissant au même tribunal d'appel.

« *Art.* 77. Il n'y a point ouverture à cassation, ni contre les jugemens en dernier ressort des juges de paix, si ce n'est pour cause d'incompétence ou d'excès de pouvoir, ni contre les jugemens des tribunaux militaires de terre et de mer, si ce n'est pareillement pour raison d'incompétence ou d'excès de pouvoir, proposée par un citoyen non militaire, ni assimilé aux militaires par les lois, à raison de ses fonctions.

« *Art.* 78. Lorsqu'après une cassation, le second jugement sur le fond sera attaqué par les mêmes moyens que le premier(*a*), la question sera portée devant toutes les sections réunies du Tribunal de cassation.

« *Art.* 79. Lorsqu'il y aura lieu à renvoi d'un tribunal à un autre pour cause de sûreté publique, ce renvoi ne pourra être prononcé que sur la réquisition expresse du commissaire du Gouvernement.

« *Art.* 80. Le Gouvernement, par la voie de son commissaire, et sans préjudice du droit des parties intéressées, dénoncera au Tribunal de cassation, section des requêtes, les actes par lesquels les juges auront excédé leurs pouvoirs, ou les délits par eux commis relativement à leurs fonctions. La section des requêtes annullera ces actes, s'il y a lieu, et dénoncera les juges à la section civile, pour

---

(*a*) A plus forte raison, un second pourvoi doit être admis par des moyens autres que ceux qui ont déterminé la cassation du premier jugement. *Voy.*, au surplus, sur cette question, le Nouv. Répert., par M. Merlin, au mot : *Conventions matrimoniales,* § 2. (*Plaid. du 12 germ. an VIII*).

faire à leur égard les fonctions de jury d'accusation : dans ce cas, le président de la section civile remplira toutes celles d'officier de police judiciaire et de directeur de jury; il ne votera pas.

« Il pourra déléguer sur les lieux, à un directeur du jury, l'audition des témoins, les interrogatoires, et autres actes d'instruction seulement.

« *Art.* 81. Si la section civile déclare qu'il y a lieu à accusation contre les juges, elle les renverra, pour être jugés sur la déclaration d'un jury de jugement, devant l'un de deux des tribunaux criminels les plus voisins de celui où les accusés exerçaient leurs fonctions. Ces deux tribunaux seront nommés dans l'acte qui prononce qu'il y a lieu à accusation, et le choix en sera laissé aux accusés.

« *Art.* 82. Lorsque, dans l'examen d'une demande en cassation, soit la section civile, soit la section criminelle, trouveront des actes emportant forfaiture, ou des délits commis par des juges, relatifs à leurs fonctions, elles dénonceront les juges à la section des requêtes, laquelle remplira à leur égard les fonctions de jury d'accusation, et son président toutes celles d'officier de police judiciaire et de directeur de jury.

« *Art.* 83. Si le juge renvoyé devant un tribunal criminel, se pourvoit en cassation contre le jugement définitif qui y interviendra, la demande en sera portée à celle des sections qui n'aura pas connu de l'affaire, pour y être instruite et jugée selon les formes usitées à la section criminelle.

« *Art.* 84. S'il se trouve, dans la section chargée de prononcer sur le recours, des juges qui aient connu de l'affaire dans l'une des deux autres sections, ils s'abstiendront sur la demande en cassation (*a*).

« *Art.* 85. Les jugemens de cassation seront transcrits sur les registres des tribunaux dont les jugemens auront été cassés; et la notice ainsi que le dispositif en seront insérés, chaque mois, dans un bulletin.

« Cette notice, rédigée par le rapporteur dans la quinzaine du jugement, et visée par le président de section, sera par lui remise au commissaire du Gouvernement.

(*a*) *Voy.*, sur les crimes commis par des juges, le Code d'instruction criminelle de 1808, *art.* 479 *et suiv.*

« *Art.* 86. Le Tribunal de cassation enverra, chaque année, au Gouvernement, une députation pour lui indiquer les points sur lesquels l'expérience lui aura fait connaître les vices ou l'insuffisance de la législation (*a*).

« *Art.* 87. Si les jugemens cassés émanent des tribunaux de première instance lorsqu'ils jugent en premier et en dernier ressort, le Tribunal de cassation renverra devant le tribunal de première instance le plus voisin : s'ils ont été rendus par les tribunaux criminels ou tribunaux d'appel, le renvoi sera fait devant le tribunal criminel ou d'appel le plus voisin.

« *Art.* 88. Si le commissaire du Gouvernement apprend qu'il ait été rendu en dernier ressort un jugement contraire aux lois ou aux formes de procéder, ou dans lequel un juge ait excédé ses pouvoirs, et contre lequel cependant aucune des parties n'ait réclamé dans le délai fixé, après ce délai expiré, il en donnera connaissance au Tribunal de cassation; et si les formes ou les lois ont été violées, le juge-

---

(*a*) Cette disposition n'était pas entièrement la même dans la loi du 1er décembre 1790, et dans la Constitution de l'an III. *Voy.* ci-dessus, pag. 442.

ment sera cassé, sans que les parties puissent se prévaloir de la cassation pour éluder les dispositions de ce jugement, lequel vaudra transaction pour elles.

« *Art.* 89. Le commissaire du Gouvernement sera entendu dans toutes les affaires ; il est chargé de défendre celles qui intéressent la République, d'après les mémoires qui lui seront fournis par les agens d'administration, régisseurs, préposés, etc.

« *Art.* 90. Jusqu'à la formation du Code judiciaire (*a*), les lois et règlemens précédens seront suivis, pour la forme de se pourvoir et celle de procéder, au Tribunal de cassation, pour la consignation d'amende, et autres objets non prévus par la présente loi.

(*a*) Le Code de procédure civile, promulgué le 24 avril 1806, ne contient guère de disposition relative à la Cour de cassation que celle de l'article 504 (liv. IV, tit. II), laquelle est conçue ainsi qu'il suit : « La contrariété de jugemens rendus en dernier ressort entre les mêmes parties sur les mêmes moyens en différens tribunaux, donne ouverture à cassation, et l'instance est formée et jugée conformément aux lois qui sont particulières à la Cour de cassation ».

—Dans le Code de commerce, se trouve la disposition

« *Art.* 91. Toutes les disposition des lois, antérieures sont abrogées en ce qu'elles auraient de contraire à la présente » (*a*).

---

suivante : « **Liv.** i , tit. ii, section 2. *Des Contestations entre associés, et de la manière de les décider. Art.* 52. Il y aura lieu à l'appel du jugement arbitral, ou au pourvoi en cassation, si la renonciation n'a pas été stipulée.... ».

—Nous verrons ci-après quelles sont les dispositions du Code de procédure criminelle qui peuvent avoir rapport aux attributions de la Cour de cassation.

(*a*) Le réglement du 4 prairial an VIII, sur le service du Tribunal de cassation est ainsi conçu : « *Extrait des registres des Délibérations des Consuls de la République.* — *Extrait des registres des Délibérations du Conseil d'état, séances des 24 floréal et 2 prairial an VIII de la République.* — *Extrait des registres des Délibérations du Tribunal de cassation, du 12 flor. an VIII.* — Le Tribunal de cassation, réuni dans la chambre du conseil, sous la présidence du citoyen Tronchet, après avoir entendu, dans la séance d'hier et dans celle de ce jour, le rapporteur de la commission nommée en exécution de son arrêté du 2 de ce mois, a adopté le projet de réglement suivant, et ordonné qu'une expédition en serait envoyée au ministre de la justice.

« *Art.* 1ᵉʳ. Toutes les affaires seront enregistrées au greffe par ordre de dates et de numéros, du jour qu'elles seront présentées.

« 2. Les affaires attribuées à chacune des sections, à mesure qu'elles seront en état, seront portées sur deux

Voici les dispositions du Sénatus-Consulte organique du 4 août 1802 (16 thermidor an X) :

« Tit. IX. *De la Justice et des Tribunaux.*

---

rôles de distribution, et numérotées suivant l'ordre des dates de la mise en état.

« 3. L'un de ces rôles comprend les affaires urgentes, savoir : les réquisitions du commissaire du Gouvernement ou de ses substituts ; les affaires criminelles où il s'agit de condamnations à la peine de mort ; celles, tant au civil qu'au criminel, où la nation est intéressée ; et généralement toutes celles pour lesquelles la préférence d'expédition est établie par la loi.

« L'autre comprendra, dans le même ordre, toutes les autres affaires.

« 4. Les affaires en état seront distribuées, par la voie du sort, entre tous les membres présens de chaque section : le président fera cette distribution tous les quinze jours pour les affaires urgentes, et tous les mois pour les autres.

« 5. Les rapporteurs feront l'examen des affaires urgentes d'abord, et des autres ensuite ; ils les rétabliront au greffe avec leurs notes ou extraits, savoir : les premières dans les vingt jours, et les autres dans le mois, au plus tard, du jour de la distribution.

« 6. Sera présenté par le greffier, le premier jour d'audience de chaque mois, à la chambre du conseil de la section, le relevé des affaires distribuées qui n'auraient pas été rapportées à temps par les rapporteurs : ceux-ci s'expliqueront sur les motifs du retard. La section accor-

30.

« *Art.* 78. Il y a un grand-juge ministre de la justice....

« *Art.* 80. Il préside le Tribunal de cassation

---

dera un délai tel qu'elle le jugera convenable : ce délai expiré sans que l'affaire ait été rétablie, il sera, sur le champ, procédé par le président à une autre distribution de l'affaire, toujours par la voie du sort.

« 7. Au jour où les affaires seront remises au greffe avec les notes ou extraits des rapporteurs, elles seront portées par ordre de numéros sur deux rôles d'audience, le premier pour les affaires urgentes, le deuxième pour les autres.

« 8. Ces deux rôles seront signés du greffier, arrêtés par le président, et affichés dans les salles d'audience et au greffe, l'un tous les 1ers et 15, l'autre tous les 1ers de chaque mois.

« 9. Si une affaire en état d'être jugée par défaut devient contradictoire, par la production du défendeur, elle sera retirée du rôle, et n'y sera rétablie qu'au jour où elle sera remise en état.

« 10. Au jour même où les rapporteurs remettront au greffe les affaires avec leurs notes et extraits, le greffier les transmettra de suite au commis du parquet, des mains duquel elle sera prise en communication par le commissaire ou l'un des substituts de service de la section.

« 11. Le commissaire ou le substitut fera l'examen des affaires ; il préparera ses conclusions dans le délai le plus bref qu'il lui sera possible, et suivant l'ordre des affaires urgentes d'abord, et des autres ensuite.

« 12. Le commissaire ou le substitut fera en sorte que

èt les tribunaux d'appel quand le Gouvernement le juge convenable. . . .

« *Art.* 82. Le Tribunal de cassation présidé

---

les affaires soient remises par lui au greffe deux jours au
moins avant celui où elles doivent venir à l'audience : les
dossiers seront remis sur-le-champ au rapporteur.

« 13. Les affaires seront jugées suivant le tour du rôle :
il sera néanmoins au pouvoir du président, sur la réquisition du commissaire ou substitut, d'accorder, sur le
rôle des affaires urgentes, la préférence à celles qui le
sont le plus.

« Les réquisitoires du commissaire ou substitut qui ne
peuvent souffrir de délai, peuvent être proposés à chaque
audience, et jugés sans qu'il soit besoin qu'ils aient été
inscrits sur les rôles.

« Chaque affaire inscrite sur les rôles, pourra être con-
tinuée une fois à jour fixe par les juges : il ne sera accordé aucun nouveau délai ; et l'ordre soit du rôle, soit
de la remise, sera invariablement suivi pour le rapport
et le jugement.

« 15. Les parties ou leurs défenseurs seront entendus,
s'ils le requièrent, après le rapport.

« Le président est chargé de les avertir, s'il y a lieu,
qu'ils doivent se borner à proposer des observations.

« 16. Les parties ni leurs défenseurs ne peuvent avoir
la parole après le commissaire ou le substitut, si ce n'est
lorsque ceux-ci sont chargés de la défense des intérêts
propres de la nation.

« 17. Les rapporteurs remettront au greffe, le cinq de

par lui a droit de censure et de discipline sur les tribunaux d'appel et les tribunaux criminels ; il peut, pour cause grave, suspendre les

chaque décade, au plus tard, la rédaction des motifs et du dispositif des jugemens rendus à leur rapport dans la décade précédente. Ces motifs et ce dispositif seront écrits de leur main dans la minute des jugemens.

« 18. Le plumitif de chaque section est visé et arrêté tous les dix jours par le président.

« 19. Les rapports se font à un bureau particulier destiné à cet usage : dans les affaires dont le président est le rapporteur, il passe à ce bureau ; et sa place est occupée par le doyen d'âge, lequel préside jusqu'après le jugement.

« 20. Les audiences de la section civile de cassation, et celle de la section des mémoires, tiennent les 1, 2, 3 et 4ᵉ jours de chaque décade.

« 21. Les audiences de la section criminelle tiennent les 6, 7, 8 et 9ᵉ jours.

« 22. Les sections pourront indiquer des audiences extraordinaires lorsqu'elles le jugeront nécessaire, eu égard au nombre, à la nature et à l'urgence des affaires.

« 23. Le quintidi de chaque décade est destiné aux assemblées ou audiences du tribunal entier, pour l'expédition des affaires qui l'intéressent ou qui lui sont attribuées, et subsidiairement aux audiences particulières de chaque section, pour vider les partages, ou aux audiences extraordinaires.

« 24. Les audiences ordinaires des sections s'ouvrent

juges de leurs fonctions, les mander près du grand-juge, pour y rendre compte de leur conduite....

à onze heures précises du matin, et tiennent jusqu'à trois heures.

« 25. Sera soumis à la pointe, tout juge qui ne sera rendu, aux jours d'audience de chaque section, qu'après onze heures sonnées.

« 26. A chaque jour d'audience, le greffier tiendra note des juges absens ou soumis à la pointe, aux termes du précédent article. Le registre de pointe sera arrêté par le président, à l'heure fixée pour l'ouverture de l'audience.

« 27. La moitié du traitement des juges inscrits sur le registre de pointe, soit qu'ils aient ou non un congé, leur sera retranchée pour chaque jour d'absence ou de retard, et distribuée aux autres juges présens à l'audience dès l'heure marquée.

« 28. N'éprouveront aucun retranchement les absens pour cause de maladie qu'ils auront déclarée ou fait déclarer à la section; mais ils ne participeront à aucun accroissement provenant de la moitié du traitement des absens.

« 29. Il ne sera, pour toute autre cause que celle de maladie, accordé aucun congé par les sections ou le tribunal, qu'après s'être assuré que l'absence de celui qui le demande ne fera pas manquer le service.

« 30. Lorsque des assemblées générales auront été convoquées par une circulaire du président, ceux qui ne se

« *Art.* 84. Le commissaire du Gouvernement

seront pas rendus à l'heure indiquée seront soumis à la pointe.

« 31. Les règles ci-dessus établies seront observées à l'égard du commissaire et des substituts, lorsqu'ils manqueront aux assemblées générales convoquées selon l'article précédent, et pareillement lorsque l'un d'eux ne se présenterait pas au jour et à l'heure pour le service de chaque audience : la pointe, dans ce dernier cas, portera sur celui qui serait en tour de service.

« 32. Les substituts seront répartis également dans les trois sections. Ils feront auprès de chacune d'elles, successivement, le service pendant six mois de suite, de manière cependant que le passage d'une section à une autre n'ait pas lieu en même temps pour les deux substituts (*).

(*) Un décret du 1er mars 1813 a changé le mode de distribution du service du ministère public près la Cour de cassation, et porte ce qui suit : « *Art.* 1er. Notre procureur-général près la Cour de cassation portera la parole, soit aux sections réunies, soit aux audiences des sections, quand il le jugera convenable.

« 2. Nos avocats-généraux près ladite Cour porteront la parole, au nom du procureur-général, aux audiences des sections ; ils la porteront également à celles des sections réunies, lorsqu'il ne pourra pas le faire lui-même.

« Notre procureur-général les attachera à celle des trois sections où il croira leur service le plus utile ; il pourra les y employer pour le temps et pour telles affaires qu'il jugera convenables. Il est dérogé, quant à ce, à l'art. 32 de l'arrêté du Gouvernement, du 4 prairial an VIII, portant règlement pour le service de la Cour de cassation ».

« 33. Nul membre du tribunal ne peut paraître à l'audience sans être revêtu du costume prescrit pour ses fonctions.

« 34. Dans les discussions et délibérations, nul ne prendra la parole sans l'avoir obtenue du président : les opinions seront recueillies suivant l'ordre dans lequel chacun se trouvera placé.

« 35. Les noms du président du tribunal et des deux présidens de section ne seront compris dans le tirage annuel au sort, pour les mutations des sections, qu'à l'expiration de la troisième année de leur présidence.

« 36. Aux assemblées générales du tribunal, ainsi qu'aux audiences des sections réunies, si le président du tribunal est absent, la présidence appartiendra au plus âgé des deux présidens de section, ou, à leur défaut seulement, au doyen d'âge du tribunal.

« 37. La Direction de la Bibliothèque sera confiée, sous la surveillance du président du tribunal, à l'un des membres qui sera choisi à cet effet.

« Le commis du parquet sera employé, sous les ordres du directeur, au service de la bibliothèque ; et il lui sera accordé, pour ce service, un supplément de traitement, qui sera pris sur les dépenses du tribunal.

« 38. Jusqu'à ce qu'il ait été fait un règlement pour la police et discipline des greffiers, avoués et huissiers, les plaintes qui pourraient s'élever contre eux seront présentées au président du tribunal et au commissaire du Gouvernement, lesquels les règleront de concert, selon leur justice et leur prudence.

missaires près les tribunaux d'appel et les tribunaux criminels....

« *Art.* 85. Les membres du Tribunal de cassation sont nommés par le Sénat, sur la présentation du premier Consul.

« Le premier Consul présente trois sujets pour chaque place vacante ».

— Sénatus-Consulte organique du 18 mai 1804 (28 floréal an XII) :

« Tit. XIV. *De l'Ordre judiciaire.—Art.* 134. Les jugemens des Cours de justice sont intitulés arrêts.

« *Art.* 135. Les présidens de la Cour de cassation, des Cours d'appel et de justice criminelle sont nommés à vie par l'empereur, et peuvent être choisis hors des Cours qu'ils doivent présider.

« *Art.* 136. Le Tribunal de cassation prend la dénomination de Cour de cassation....

« Les Consuls de la République, vu le projet de réglement ci-dessus, présenté le 12 du présent mois par le Tribunal de cassation ; ensemble le rapport du ministre de la justice, le Conseil d'état entendu, approuve ledit règlement pour être exécuté suivant sa forme et teneur ; ordonne qu'il sera imprimé dans les lieux des séances du Tribunal, et inséré au Bulletin des Lois ».

« Le président de la Cour de cassation et celui des Cours d'appel divisées en sections, prennent le titre de Premier-Président.

« Les vice-présidens prennent celui de Président.

« Les commissaires du Gouvernement près de la Cour de cassation, des Cours d'appel et des Cours de justice criminelle prennent le titre de Procureurs-généraux-impériaux (*a*)....

Une loi du 16 septembre 1807 contient les dispositions suivantes :

« *Art.* 1er. Il y a lieu à interprétation de la loi, si la Cour de cassation annulle deux arrêts ou jugemens en dernier ressort, rendus dans la même affaire entre les mêmes parties, et qui ont été attaqués par les mêmes moyens.

« *Art.* 2. Cette interprétation est donnée dans la forme des règlemens d'administration publique (*b*).

_____

(*a*) Un arrêté du Gouvernement du 20 vendémiaire an XI, un décret du 29 messidor an XII, et un autre décret du 4 juin 1806, sont relatifs au costume des membres de la Cour de cassation.

(*b*) Comment assimiler l'interprétation de la loi aux règlemens d'administration publique ? Une telle disposition

« *Art.* 3. Elle peut être demandée par la Cour de cassation avant de prononcer le second arrêt.

« *Art.* 4. Si elle n'est pas demandée, la Cour de cassation ne peut rendre le second arrêt, que les sections réunies et sous la présidence du grand-juge.

« *Art.* 5. Dans le cas déterminé en l'article précédent, si le troisième arrêt est attaqué, l'interprétation est de droit, et il sera procédé comme il est dit à l'*art.* 2 » (*a*).

---

n'a-t-elle pas pour résultat de confondre et de déplacer les pouvoirs? Il semblerait du moins, au premier aperçu, que, si la loi a besoin d'être interprétée, elle doit l'être plutôt par les trois branches de la Puissance législative d'où elle émane, que par l'une d'elles, la Puissance exécutive, qui, comme telle, est seulement chargée de la faire exécuter. *Voy.*, au surplus, sur cette importante question, ci-après, même division, 2e part., ATTRIBUTIONS DE LA COUR SUPRÈME, etc.

(*a*) Il ne serait peut-être pas inutile de rassembler et de transcrire ici celles des dispositions du Code d'instruction criminelle, du mois de novembre 1808, qui peuvent avoir quelque rapport à l'institution et aux attributions de la Cour de cassation. Mais, comme ces dispositions sont nombreuses, et qu'un semblable extrait serait long, nous nous bornerons à les indiquer, afin qu'au besoin on puisse y recourir. *Voy.*, en conséquence, les articles suivans : « Liv. II,

La loi du 20 avril 1810, relative à la nouvelle organisation de l'Ordre judiciaire et à l'administration de la justice en général, ne fait cependant aucune mention de la Cour de cassation.

La Constitution que le Sénat avait décrétée dans la séance du mercredi, 6 avril 1814, ne contenait, relativement à cette Cour que la

---

tit. 1, chap. ɪɪ, § 3, *De l'Appel des jugemens de police,* art. 177, 208, 216. — *Ibid.*, tit. ɪɪ, chap. ɪɪ. *De la Procédure devant la Cour d'assises,* art. 296 à 302.— *Ibid.*, tit. ɪɪ, chap. ɪᴠ, section 2. *Du Jugement et de l'Exécution. Art.* 373, 374, 375.—*Ibid.*, tit. ɪɪɪ, chap. ɪ. *Des nullités de l'instruction et du jugement.* § 1. *Matières criminelles. Art.* 408 à 413. — *Ibid.*, § 2. *Matières correctionnelles et de police. Art.* 413, 414.—*Ibid.*, § 3, *art.* 415.— *Ibid.*, chap. ɪɪ. *Des demandes en cassation. Art.* 416 à 442.—*Ibid.*, chap. ɪɪɪ. *Des demandes en révision. Art.* 443 à 447.—*Ibid.*, tit. ɪᴠ, chap. ɪɪɪ, sect. 1ʳᵉ. *De la poursuite et instruction contre des juges pour crimes et délits par eux commis hors de leurs fonctions. Art.* 481, 482. — *Ibid.*, sect. 2, *art.* 485 à 503. — *Ibid.*, chap. ᴠɪ. *De la Reconnaissance de l'identité des individus condamnés, évadés et repris. Art.* 520...... — *Ibid.*, tit. ᴠ, ch. ɪ. *Des Réglemens de juges. Art.* 525 à 541.— *Ibid.*, ch. ɪɪ. *Des Renvois d'un Tribunal à un autre. Art.* 542 à 552.— *Ibid.*, tit. ᴠɪ. *Des Cours spéciales.* Sect. ɪɪ. *Instruction et Procédure antérieure à l'ouverture des débats. Art.* 567 à 572 *inclusivement.*

disposition suivante : « *Art.* 19. La Cour de cassation, les Cours d'appel et les tribunaux de première instance proposent au Roi trois candidats pour chaque place de juge, vacante dans leur sein : le Roi choisit l'un des trois.

« Le Roi nomme les premiers présidens et le ministère public des Cours et des Tribunaux».

La Charte du 4 juin 1814 renferme, au titre de l'*Ordre judiciaire*, une disposition ainsi conçue : « *Art.* 59. Les Cours et tribunaux ordinaires actuellement existans, sont maintenus.

« Il n'y sera rien changé qu'en vertu d'une loi».

Le 15 février 1815, cette disposition a été corroborée et confirmée, en ce qui concerne la Cour de cassation, par une ordonnance qui porte ce qui suit : « Les États ne fleurissent que par la justice : elle fait au-dehors la force et la gloire des empires; c'est elle qui au-dedans est la plus sûre garantie de l'honneur et de la fortune des citoyens, et le lien commun des familles.

« Le droit et les devoirs de la royauté nous prescrivent de remettre à des tribunaux l'administration de la justice, que plusieurs de nos prédécesseurs rendirent autrefois eux-mêmes à leurs sujets. Toute justice émane du roi (aux termes de l'*art.* 57 de la Charte) (*a*); mais nous en déléguons l'exercice à des juges dont la nomination nous est exclusivement réservée, et auxquels l'irrévocabilité que notre institution leur imprime, assure cette indépendance d'opinion qui les élève au-dessus de toutes les craintes comme de toutes les espérances, et leur permet de n'écouter jamais d'autre voix que celle du devoir et de la conscience.

«La plupart des magistrats de notre royaume attendent avec impatience l'institution royale qui va consacrer le reste de leur existence aux fonctions dans lesquelles nous les aurons établis ou maintenus : mais nous devions, avant tout, chercher et recueillir tous les renseignemens qui pouvaient éclairer ou diriger nos choix; nous voulions encore préparer à l'avance des fonds de retraite pour les magistrats que l'âge ou les infirmités mettaient hors d'état de continuer leurs utiles services, désirant que tous ceux qui laisseront dans nos tribu-

_____

(*a*) *Voy.*, à ce sujet, ci-dessus, entre autres, vol. viii, pag. 247 *et suiv.*; et vol. x, pag. 240 *et suiv.*

naux d'honorables souvenirs, emportent avec
eux les récompenses méritées de leurs longs
services, et que ces récompenses elles-mêmes
deviennent autant d'encouragemens pour ceux
qui les remplacent.

« Nous commençons l'institution générale
des juges par la Cour de cassation, la première
de nos Cours dans l'ordre hiérarchique des
tribunaux, où elle est spécialement chargée de
maintenir l'observation rigoureuse des lois et
des formes tutélaires de la vie, de l'honneur
et des propriétés de tous nos sujets.

« Cette Cour qui a déja rendu de grands
services, les continuera avec un nouveau zèle,
quand nous aurons définitivement réglé sa
composition, quand chacun de ses membres
tiendra de nous des pouvoirs dont notre institution aura assuré l'irrévocabilité, et qu'aucun
d'eux ne sera plus distrait de ses importans
travaux par des inquiétudes sur son avenir. La
même sécurité passera de la Cour de cassation
aux autres Cours et tribunaux de notre royaume, parce que le très-petit nombre de changemens que nous aurons faits dans les personnes, rassurera tous ceux qui pouvaient

en craindre, et, devenant comme le type des changemens qui nous resteront à faire, suffira presque pour les produire.

« A ces causes ..... *Art.* 1er. La Cour de cassation restera, telle qu'elle est réduite, au nombre de quarante-neuf membres, y compris un premier président et trois présidens.

« Le parquet restera composé d'un procureur-général et de six avocats-généraux.

«Elle continuera d'avoir un greffier en chef nommé par nous, et quatre commis-greffiers nommés par le greffier en chef.

(Les *art.* 2 et 3 contiennent les nominations et institutions des membres de la Cour et du parquet).

« *Art.* 4. Les membres de la Cour de cassation et du parquet nommés par les précédens articles, le greffier en chef et les officiers ministériels actuellement en fonctions, se rendront aux jour et heure qui leur seront indiqués, au lieu ordinaire des séances, sur l'ordre qui leur sera individuellement adressé, pour y être installés par notre chancelier, et y prêter entre ses mains le serment de nous être fidèles, de garder et de faire observer les lois du royaume, ainsi que nos ordonnances et règlemens, et de se conformer à la Charte constitutionnelle que nous avons donnée à nos peuples. Le même serment sera préalablement prêté entre nos mains par le premier président et le procureur-général.

« *Art.* 5. Il sera tenu registre de ladite prestation de serment et mention en sera faite par le greffier en chef sur les provisions signées de nous, qui seront incessamment délivrées à tous ceux qui sont compris dans la présente nomination.

« *Art.* 6. Les membres de la Cour de cassation et du parquet qui ne seront pas compris dans la présente nomination, pourront porter le titre d'honoraire, s'ils obtiennent de nous les lettres à ce nécessaires....

« *Art.* 7. Sont maintenus tous règlemens relatifs à la Cour de cassation, qui ne sont pas contraires aux présentes.... » (*a*).

(*a*) Une autre ordonnance du 24 août 1815 est ainsi conçue : « Il nous a été représenté que, par une loi du 23 septembre 1791, il avait été accordé des vacances à la Cour de cassation, comme à tous les autres tribunaux ; que des lois postérieures avaient dérogé à cette disposi-

Le sort des institutions qui sont assises sur les meilleures bases, lorsqu'elles ne sont pas

---

tion, et avaient déclaré que la Cour de cassation n'aurait pas de vacances ; que les considérations qui ont pu autoriser cette exception n'existant plus aujourd'hui, il était juste d'accorder aux membres de cette Cour une faveur dont jouissent les autres magistrats, et qui leur est nécessaire autant pour se délasser des fatigues de leurs fonctions que pour vaquer à leurs propres affaires domestiques....

« Nous avons ordonné et ordonnons ce qui suit :

« *Art.* 1er. Les deux sections civiles de notre Cour de cassation vaqueront comme les autres tribunaux civils, depuis le 1er septembre jusqu'au 1er novembre.

« *Art.* 2. La section criminelle continuera son service pendant ledit temps pour l'expédition de toutes les affaires dont la connaissance lui est attribuée.

« *Art.* 3. La même section fera de plus les fonctions de section de vacation en matière civile : en conséquence, elle connaîtra, pendant ledit temps, des demandes en règlement de juges, en renvoi d'un tribunal à un autre en matière civile, lorsqu'il y aura urgence ; dans ce cas, elle prononcera préalablement sur l'urgence.

« *Art.* 4. En cas que, par absence, maladie ou autre empêchement de ses membres, la section criminelle ne se trouvât pas composée d'un nombre de juges suffisant, elle pourra appeler, pour se compléter, des juges des sections civiles. A cet effet, chacune des deux sections civiles désignera, avant le 1er septembre, deux de ses

31.

d'ailleurs liées avec un système général d'organisation en tout point également conforme aux vrais principes, est d'être cependant attaquées et combattues même par ce qu'elles ont de plus régulier et de plus utile; et ce n'est pas toujours dans la vue de redresser et rectifier ce qu'elles pourraient encore avoir d'imparfait et de défectueux que l'on en agit ainsi contre elles, mais bien souvent dans l'intention de les détruire, s'il est possible, et d'écarter le bien qui en résulterait par la suite. L'institution du Tribunal ou de la Cour de cassation ne fut donc pas dès sa naissance, et elle n'est peut-être pas encore aujourd'hui, à l'abri de toutes hostilités. Le Directoire exécutif s'appliqua, en quelques circonstances, à restreindre ses attributions, quoiqu'on ne leur eût pas donné tout le développement et l'étendue qu'elles doivent avoir. Il y a quelque raison de croire qu'il fut dans la volonté d'un législateur dont

---

membres pour servir au besoin de suppléans dans la section criminelle.

« *Art.* 5. Pendant le temps des vacations, deux de nos avocats-généraux seront spécialement attachés au service de la section criminelle.... ».

elle pouvait entraver les projets et le plan de Gouvernement absolu, de la faire entièrement disparaître; en effet, nous venons de remarquer que la loi du 20 avril 1810 *sur l'organisation judiciaire et l'administration de la justice,* ne fit aucune mention de cette institution, tandis qu'elle eût dû en être le premier et principal objet.

Cette loi prévoyait et spécifiait, à la vérité, les cas dans lesquels les arrêts des Cours d'appel pourraient être cassés ou annulés; mais par qui devaient-ils l'être, par le Conseil d'état ou par la Cour de cassation? A cet égard, la question, d'après les dispositions de cette loi du 20 avril 1810, restait indécise; ou plutôt, si l'on considère d'une part que, dans une loi dont le but était l'organisation de l'Ordre judiciaire, l'existence même du premier Corps de la magistrature était passée sous silence, et d'autre part que l'extension des attributions du Conseil entrait nécessairement dans la conception d'un plan qui consistait à réunir tous les pouvoirs, toutes les branches de l'autorité souveraine dans une seule main, que jusque-là on avait déja travaillé assez ouvertement à accroître de plus en plus la puissance et la force de ce Conseil, on pourra en induire à peu près avec une entière certitude que l'abolition de cette Cour était résolue; et si le projet n'en fut pas mis à exécution, on pensera avec quelque apparence de fondement qu'à cette époque la manifestation de l'opinion eut encore assez d'influence pour retenir le coup qui allait frapper l'un des plus fermes appuis, l'une des principales colonnes de l'Organisation sociale ou constitutionnelle.

Du reste, l'une des dispositions de cette même loi du 20 avril 1810 renferme une contradiction assez manifeste. Elle porte : «*Art.* 7. La justice sera rendue *souverainement* par les Cours impériales ; leurs arrêts, quand ils sont revêtus des formes prescrites à peine de nullité, ne peuvent être *cassés* que pour une contradiction expresse à la loi.

« Les arrêts qui ne sont pas rendus par le nombre de juges prescrit, ou qui ont été rendus par des juges qui n'ont pas assisté à toutes les audiences de la cause, ou qui n'ont pas été rendus publiquement, ou qui ne contiennent pas les motifs, sont déclarés *nuls*.

« La connaissance du fond est toujours renvoyée à une autre Cour impériale ».

N'est-il pas tout-à-fait inexact de dire que des arrêts qui peuvent être *cassés* et pour défaut de forme et pour contradiction à la loi, qui peuvent être déclarés *nuls* en diverses circonstances, sont des arrêts rendus *souverainement* ? La loi devant toujours être conséquente et d'accord avec elle-même, il importe beaucoup qu'il existe aussi plus de précision et d'harmonie dans les termes employés pour sa rédaction ; et l'on peut dire avec vérité que l'opposition et l'incohérence de ces termes ne manque jamais d'entraîner avec elle quelque inconvénient très-réel.

Cette circonstance, entre autres, en offre un exemple.

Les Cours d'appel n'eussent bien certainement rien gagné ni en puissance ni en considération véritable à ce que la cassation ou l'annulation de leurs arrêts eût été déférée plutôt au Conseil d'état qu'à la Cour de cassation : cet autre développement, ce nouveau progrès du système despotique, ce déplacement funeste de l'un des principaux fondemens

de l'organisation du Pouvoir judiciaire n'eût
pas davantage eu pour résultat de les constituer Cours *souveraines*, d'après la juste et
exacte acception de ce mot : bien au contraire,
selon les plus fortes probabilités de droit, un
tel système devait non pas seulement restreindre la sphère de leur autorité, mais encore
porter l'atteinte la plus forte et la plus fatale
à leur inviolabilité, à leur indépendance, à tous
leurs droits (ou prérogatives) les plus sacrés.
Pour en être convaincu, il n'était même pas
besoin de posséder ces hautes notions de la
science propres à faire entrevoir et apprécier
l'avenir; il suffit de jeter un regard sur le passé,
de consulter l'histoire, même aux époques les
plus rapprochées, sous Louis XIV, Louis XV et
Louis XVI; et pour ne pas étendre ici l'observation plus loin, il suffit de rappeler qu'a-
lors le Conseil, en cassant un arrêt ou un
jugement, évoquait le procès au fond et le
jugeait; ce que jusqu'ici la Cour de cassation
n'a pas encore fait.

Cependant un résultat de cette loi du 20
avril 1810, de l'impropriété des expressions
que pourtant elle n'avait peut-être pas em-

ployées sans dessein, résultat évident pour quiconque observe, fut d'éveiller aussitôt ou de ranimer un esprit irréfléchi de retour vers l'ancien ordre de choses; et l'on vit, ainsi qu'on le voit encore aujourd'hui, des Cours d'appel ou de second degré repousser orgueilleusement l'autorité de la Cour de cassation et s'égarer au point de ne pas reconnaître, d'aller même jusqu'à nier son existence.

Elle a triomphé en partie de ces dédains affectés, de cette lutte, il faut le dire, anarchique et illégale autant qu'inconvenante et scandaleuse; et l'on doit croire que son triomphe est assuré, bien moins encore parce que l'article 69 de la Charte du mois de juin 1814 en donne une garantie assez formelle, que parce qu'elle repose sur les bases du véritable système organique et constitutionnel, parce qu'elle-même est, comme nous venons de le dire, l'un des soutiens, l'une des principales colonnes de l'édifice social, et que la renverser, ce serait le détruire (*a*).

(*a*) « L'Assemblée constituante qui consacra ses premiers travaux à la réforme des abus les plus graves s'empressa d'instituer la Cour de cassation. Nous ne devons pas

Sous un Gouvernement défectueux, mal
constitué, où les Pouvoirs seraient mal répartis et mal combinés, dans lequel le Pouvoir
législatif surtout ne trouverait pas lui-même une
triple base, d'une part dans l'existence d'une
Autorité monarchique ou royale, et d'autre
part dans le concours de deux Chambres nationales représentatives, on pourrait craindre
avec quelque raison sans doute que, par la
nature et la force même des choses, par une
suite naturelle et comme obligée de ce besoin
d'équilibre et de contre-poids qui se fait sentir
dans la constitution de tous les peuples éclairés
et craignant le despotisme, la Cour suprême,
ce sommet de l'Ordre judiciaire, ce premier
Corps de la magistrature, ne cherchât, ainsi
que le faisaient autrefois les Parlemens, à ou-
trepasser les bornes constantes et fixes de ses

_____

craindre qu'on détruise légèrement l'une des plus belles
et des plus parfaites institutions de cette Assemblée ; et
tout au contraire nous porte à espérer que la Cour de
cassation (*parvenue encore à un plus haut degré de perfection*) sera conservée comme formant la clef de la voûte
de l'Ordre judiciaire ». (*De la Magistrature en France,
considérée dans ce qu'elle fut et dans ce qu'elle doit être,*
3e part., chap. v, pag. 186).

attributions, en s'immisçant en partie dans l'exercice de la Puissance législative ou de la Puissance exécutive; et c'est bien en effet par cette raison que les Parlemens en agissaient ainsi (*a*). Mais rien de semblable n'est à redouter dans une Monarchie tellement constituée que ces deux Pouvoirs, le législatif et l'exécutif, assis et élevés sur les fondemens qui doivent leur servir de base; se soutiennent déja mutuellement et forment une balance, une force, un contre-poids bien suffisant pour résister à toutes les entreprises d'envahissement que pourrait tenter le Pouvoir judiciaire; entreprises qui raisonnablement ne peuvent même pas se présumer (*b*).

Dans l'hypothèse où nous raisonnons de cet ordre de choses constitutionnel et régulier

---

(*a*) *Voy.* ci-dessus, vol. ɪᴠ, pag. ɪo6, 47ɪ *et suiv.*

(*b*) Les réflexions suivantes viennent encore à l'appui de cette assertion: « Le Conseil des parties n'était véritablement une bonne institution que sous le rapport politique, en ce qu'il secourait le trône contre les efforts des Parlemens. Voulez-vous donc rétablir le Conseil des parties ? Commencez par démontrer que nos tribunaux menacent la sûreté et les prérogatives du trône. Car,

(dans lequel la France se trouve déja, en partie

---

avant de prouver la nécessité du remède, il faut prouver l'existence du mal : et le mal n'existe pas.

« En effet, qu'y a-t-il de commun entre les anciens Parlemens et nos Tribunaux ?

« Les Parlemens plaçaient beaucoup moins leur gloire dans la distribution de la justice que dans l'exercice de certaines prérogatives politiques qui flattaient davantage en eux la passion naturelle de l'homme, l'amour du pouvoir.

« Nos Tribunaux sont renfermés, par la loi et par l'usage, dans les fonctions de juges....

« Les Parlemens reconnaissaient la loi et la jugeaient, puisqu'ils pouvaient refuser de l'enregistrer.

« Nos Tribunaux l'appliquent et l'exécutent sans enregistrement, sans remontrances, sans murmures.

« Les Parlemens statuaient quelquefois par voie de disposition générale et réglementaire.

« Nos Tribunaux ne prononcent jamais que sur des espèces particulières.

« Les Parlemens, comme administrateurs suprêmes de la justice, exerçaient la haute police depuis réduite en art, et devenue l'un des ressorts les plus actifs de nos modernes Gouvernemens, qui n'ont pas encore eu le temps de plonger assez avant leurs racines dans nos opinions, dans nos habitudes et dans nos mœurs.

« Les Tribunaux n'exercent plus aujourd'hui que la police judiciaire, resserrée de tous côtés par les prétentions de la police administrative.

« Il était besoin que le Roi, par les arrêts de son Con-

du moins), il n'y a donc aucune raison fondée

---

seil, mît un frein aux entreprises des parlemens, où l'Opposition était retranchée, et avait voix et asile.

« Les entreprises des Tribunaux seraient à l'instant réprimées par la Puissance exécutive confiée aux mains du ministère, et par le concours empressé des deux Chambres qui verraient dans ces entreprises un attentat contre la Charte; et, crime plus grand encore! une usurpation de leurs propres pouvoirs.

« Les Parlemens n'étaient pas fâchés, jusqu'à un certain point, de voir éclater quelques troubles dans l'État, parce qu'ils en espéraient l'affaiblissement de la Puissance royale, et des occasions favorables à l'extension de leurs prérogatives.

« Nos Tribunaux, toujours victimes des suppressions, des réorganisations, des réformes et des épurations que chaque révolution amène à sa suite, voient, dans les troubles de l'État, leur propre existence mise en péril avec la sienne; et la conservation du Gouvernement actuel est leur plus cher vœu, comme leur plus réel intérêt.

« Ainsi les Parlemens, au commencement de la Révolution, ardens novateurs, se révoltèrent contre l'autorité royale, au lieu de fortifier sa faiblesse et de secourir ses besoins, et sapèrent d'une main imprudente les fondemens de ce trône qui devait bientôt les écraser dans sa chute (*).

« Mais les Tribunaux ont passé à travers nos révolu-

(*) La chute des Parlemens a précédé celle du trône; et il faut

de ne pas donner à cette institution tout le développement qu'elle doit recevoir pour qu'elle

---

tions, sans s'y mêler, sans arrêter ni sans précipiter leur
cours, tandis que les agens de l'administration, et surtout
les maires des villes et des communes royales, par leur
influence et par leur action sur des masses de citoyens,
préparaient ou consommaient les changemens de nos
destinées.

« Gardons-nous donc bien de cette grave erreur, que,
pour fortifier la prérogative royale, il faudrait remettre
la Cour de cassation dans le Conseil d'état.

« Gardons-nous bien de toucher à ce que le peuple
pense être le palladium inviolable de sa liberté civile, et
ne l'inquiétons pas sans profit dans la possession jalouse
de ce qu'il a de plus cher.

« Loin de nous plaindre que les tribunaux soient trop
indépendans, regrettons plutôt qu'ils ne le soient pas
assez. Le peuple ferait plus de cas de sa liberté, s'il voyait
le Pouvoir qui la protège plus honoré ; et la mesure de
l'estime qu'il fera d'elle sera toujours la mesure de son
attachement au Gouvernement ». (Du Conseil d'état envisagé comme conseil et comme juridiction. Tit. III, ch. VI,
intitulé : *Que l'ancien Conseil des parties ne peut être rétabli.* Pag. 117 *et suiv.* — *Voy.* encore les divers passages

---

dire à leur justification que toutes les mesures auxquelles ils s'op-
posèrent n'étaient pas également justes et utiles, et que surtout il
était contre la prudence de détruire sans réorganiser, et peut-être
même d'admettre les innovations les plus sages sans les avoir préala
blement méditées et discutées publiquement

se trouve dans un parfait rapport avec le système entier de l'Organisation judiciaire.

---

tirés du même ouvrage, et déja cités, entre autres, vol. VIII,
pag. 284 *et suiv.*).

Quant à la suprématie de la Cour de cassation sur les
autres cours et tribunaux, M. Isambert a dit récemment(*)
avec toute raison, en s'adressant aux magistrats de cette
Cour dans sa plaidoierie pour M. Catineau, imprimeur-
libraire à Poitiers, condamné à une peine correctionnelle
par la cour d'assises de cette ville : « Les tribunaux ont
au-dessus d'eux un pouvoir reviseur et régulateur ; ce
pouvoir est le vôtre. Quel législateur pourrait avoir la
pensée d'ôter aux tribunaux ce frein salutaire ?

« Dire qu'une décision judiciaire qui est contraire à la
loi n'est pas susceptible de recours, c'est nier l'existence
de la Cour de cassation, c'est proclamer l'arbitraire,
c'est secouer le frein d'une autorité légitime, c'est pro-
fesser une doctrine nouvelle et attaquer un principe fondamental de l'ancienne comme de la nouvelle monarchie.

« En France, de tous temps, les actes entachés d'excès
de pouvoir ont été annulés ; ce pouvoir a été exercé en
personne par les monarques Mérovingiens et Carlovingiens au sein des Assemblées nationales.

« S'ils ont été dépouillés un moment de cette précieuse
prérogative par la puissance féodale, Saint-Louis eut
assez de force pour la ressaisir en établissant l'appel
(*Voy.* ci-dessus, pag. 226); il fonda cette maxime, au-

(*) Audieuce de la Cour de cassation, du 6 mars 1823.

. Or, si l'on rassemble en effet toutes les parties de cette troisième puissance constitutive
de l'organisation sociale, afin de n'en former
qu'un tout, un système complet et distinct,
destiné et propre à recevoir l'application des
mêmes principes et des mêmes règles, et

---

jourd'hui si mal comprise, que toute justice émane du
Roi.

« Cela veut dire que le Pouvoir judiciaire, attribut essentiel de la souveraineté (*Voy.* ci-dessus, vol. IV, p. 72,
n. *a*), n'appartient pas aux seigneurs (*Voy.* ci-dessus,
vol. VIII, pag. 248).

« Le pouvoir qui existait dans le Conseil du roi jusqu'à
la Révolution a été transmis dans toute sa latitude à la
Cour de cassation par une loi de 1791 (27 novembre —
1er décembre 1790.—Constitution du 3 septembre 1791).

« Nier le pouvoir général de cette juridiction serait
un blasphème révoltant; et cependant que fait-on autre
chose en disant que les décisions rendues par les tribunaux ne sont sujettes à aucun recours, à aucune révision?

« On a fait de très-grands efforts pour vous persuader
que le pouvoir nouveau dont on investit gratuitement les
tribunaux était sans danger, qu'ils n'en abuseront jamais.

« Les magistrats ne sont-ils pas hommes? on respecte
leurs intentions; mais ne peuvent-ils pas se tromper? et
ne faut-il pas qu'il y ait toujours un remède légal?

« Tout pouvoir discrétionnaire nous effraie, parce que
le discrétionnaire n'est autre chose que l'arbitraire, parce

qu'ensuite on la divise, d'après une classification prise dans la nature des choses, on trouve qu'elle a nécessairement trois branches distinctes, auxquelles doivent par conséquent correspondre les trois Sections principales de la Cour suprême de justice, savoir : 1° la Cour

----

que l'arbitraire est l'absence de la loi ; parce que sans loi il n'y a plus de garanties, et que les passions des hommes peuvent ne plus connaître de frein.

« La Cour d'Amiens, qui a professé les mêmes principes que la Cour de Poitiers, a fondé sa déclaration d'incompétence sur deux moyens, l'un *légal*, l'autre *moral*. Il nous semble que les tribunaux ne doivent connaître d'autre moyen *moral* que la loi ; que, hors de la loi, il n'y a qu'*immoralité* pour eux, puisqu'ils transgressent la première loi de leur existence.

« La loi du 25 mars est une loi de compétence, et non une loi de procédure ; c'est ce que vous avez dit dans votre arrêt du 7 décembre (1822) avec une sagacité et une précision admirable.

« Vous avez à compléter dans cette circonstance, la théorie nouvelle à laquelle a donné naissance la loi du 25 mars, et à venger votre juridiction des attaques dont elle a été l'objet.

« Si la doctrine dangereuse, consacrée par l'arrêt de Poitiers, n'avait pas été sanctionnée contre vous-mêmes par la cour d'Amiens, et si la décision de cette dernière cour n'était pas soustraite à votre censure par un con-

de cassation civile et commerciale; 2° la Cour de cassation du contentieux entre l'État et les parties, et de liquidation et comptabilité; et 3° la Cour de cassation correctionnelle et criminelle.

Nous aurons à rechercher et à faire connaître par la suite les subdivisions et attribu-

---

cours de circonstances extraordinaires, vous pourriez être indulgens peut-être; mais ici vous devez être sévères. L'autorité de votre arrêt du 7 décembre est affaiblie, et l'opinion des jurisconsultes flotte incertaine à cause de la divergence des cours *souveraines* (prétendues).

« Il s'agit de fonder l'uniformité de jurisprudence, et pour convaincre les cours royales de leur erreur, il faut que vous rédigiez encore un arrêt digne de vous, qui soit un appendice et le développement nécessaire de votre arrêt précédent.

« L'arrêt que vous allez rendre fera cesser le schisme, parce qu'on y reconnaîtra la supériorité de votre raison et de vos lumières, et votre attachement inviolable aux saines doctrines; vous serez fidèles aux garanties assurées par le droit commun aux accusés de toutes les classes. Vous proscrirez de nouveau ce pouvoir discrétionnaire, qui tend à tout envahir ».

—« Sur les conclusions conformes de M. l'avocat-général Marchangy, la Cour de cassation (présidence de M. Barris), faisant droit à la demande, a cassé l'arrêt de la cour de Poitiers, et renvoyé la cause devant la cour de la Haute-Vienne ». (*Courrier français*, du 7 mars 1823, n° 66).

tions particulières et spéciales de chacune de ces trois Cours ou Sections principales; mais nous devons auparavant continuer de nous occuper de l'examen des autres principes d'organisation d'une application générale, et commune à toutes.

Quant à présent, posons en principe, reconnaissons et proclamons que la Cour suprême de justice et de cassation perfectionnée d'après les bases d'organisation que nous venons de développer, d'après celles qu'il nous reste encore à exposer, et ramenant à un point central et unique toutes les parties du système judiciaire, sera le complément indispensable de l'édification du Gouvernement constitutionnel; qu'elle constituera, bien mieux que ne le faisaient les anciens Parlemens, ce Corps dépositaire des lois dont M. de Montesquieu a parlé plusieurs fois dans l'Esprit des Lois, et dont il avait compris la nécessité pour compléter cette organisation d'un sage et bon Gouvernement (*a*).

(*a*) *Voy.* l'Esprit des Lois, entre autres, liv. II, ch. IV; et liv. V, chap. VII; et ci-dessus, vol. IV, p. 475 *et suiv.*

SECTION II.

Du Nombre des Membres de la Cour suprême
nationale ou Haute-Cour de justice et de
cassation, et du rapport qu'il doit avoir avec
la division du territoire.

Nous venons de reconnaître que l'une des
sections actuelles du Conseil d'état, le Comité
dit du Contentieux et la Cour des comptes,
devraient former l'une des trois Sections ou
Cours principales faisant partie de la Cour suprême de justice et de cassation; nous le rap-
pelons afin de rendre plus sensible l'application des faits et observations qui suivent.

Nous avons vu, dans le titre précédent, en
parlant du Conseil d'état, que le nombre de
ses membres n'était jadis déterminé par aucune loi fondamentale de la Monarchie, et
qu'il variait selon la volonté du roi; mais qu'il
augmenta tellement qu'enfin l'on reconnut la
nécessité de le fixer, qu'il fut réduit à quinze,
par l'ordonnance de 1413, porté à vingt, en
1664, et à trente par le règlement de 1693.

Lors de sa réorganisation, il fut fixé de trente à quarante par l'*art.* 1er du règlement du 5 nivose an VIII; et le Sénatus-Consulte du 16 thermidor an X porta qu'il n'excéderait jamais le nombre de cinquante, disposition qui ne fut pas long-temps observée, puisque quelques années après il fut élevé à plus de cent cinquante. Après la restauration, il fut limité, par l'ordonnance du 29 juin 1814, à vingt-cinq, non compris les conseillers en service extraordinaire; et celui des maîtres des requêtes à cinquante, non compris les maîtres des requêtes honoraires et les surnuméraires : mais cette ordonnance fut bientôt rapportée par une seconde du 23 août 1815, par laquelle il fut dit que ce nombre ne pourrait s'élever, pour les premiers au-dessus de trente, et pour les seconds, au-dessus de quarante (*a*).

En particulier, le Conseil *privé,* communément désigné sous le nom de Conseil *des parties,* parce que l'on y jugeait certaines affaires contentieuses entre particuliers, était autre-

_____

(*a*) *Voy.* ci-dessus, entre autres, vol. VIII, pag. 27 *et suiv.*

fois composé du chancelier, qui en avait la présidence, de quatre secrétaires d'état, de conseillers d'état et de maîtres des requêtes, en nombre indéterminé, et qui y servaient par quartiers; le grand-doyen des maîtres des requêtes et le garde-des-sceaux avaient aussi le droit d'y assister. L'*art.* 24 du décret du 11 juin 1806 portait : « Il y aura une Commission présidée par le grand-juge ministre de la justice, et composée de six maîtres des requêtes et de six auditeurs ». D'après l'ordonnance du 29 juin 1814, *art.* 9, le Comité du contentieux fut composé de six conseillers d'état et de douze maîtres des requêtes ordinaires; il dut être présidé par le chancelier, et en son absence, par un conseiller d'état vice-président, et put être divisé en deux bureaux. L'ordonnance du 23 août 1815 n'a pas déterminé le nombre de membres dont chacun des cinq comités du Conseil doit être composé; et l'*art.* 9 de cette ordonnance est au contraire ainsi conçu : « Le nombre des conseillers d'état et des maîtres des requêtes, composant les divers comités de notre Conseil d'état, pourra être augmenté selon les besoins du service, et sur la proposition qui nous en sera faite par notre garde-des-sceaux, sans que néanmoins le total de ce nombre puisse dépasser la limite fixée par l'*art.* 6 de la présente ordonnance » (*a*).

Dans la première section du présent paragraphe, nous venons de voir que le nombre des membres du Tribunal de cassation a été fixé à quarante-huit, par l'*art.* 58 (tit. vi) de la loi du 27 ventose an VIII; et cette même loi, *art.* 6o, 63 et 64, porte que le Tribunal se divisera en trois sections, chacune de seize juges, que chaque section ne pourra juger qu'au nombre de onze membres au moins, que tous les jugemens seront rendus à la majorité absolue des suffrages, qu'en cas de partage d'avis, on appellera cinq juges pour le vider, et que ces cinq juges seront pris d'abord parmi ceux de la section qui n'auraient point assisté à la discussion de l'affaire sur laquelle il y aura partage, et subsidiairement tirés au sort parmi les membres des autres sections. Par les dispositions des Sénatus-Consultes organiques des 24 août 1802 (16 thermidor an X)

***

(*a*) *Voy.* ci-dessus, vol. viii, pag. 1o8, 15o, 172, 184.

et 18 mai 1804 (28 floréal an XII), relatives
à l'institution et organisation de ce même Tribunal, le nombre de ses membres n'a pas été
déterminé. La loi du 20 avril 1810, sur l'organisation de l'Ordre judiciaire et l'administration de la justice, ne fait pas même mention
de cette institution. La Constitution décrétée
par le Sénat, le 6 avril 1814, portait seulement
que la Cour de cassation, ainsi que les Cours
d'appel et les tribunaux de première instance,
proposeraient au roi trois candidats, pour chaque place de juge vacante dans leur sein, et
que le roi choisirait l'un des trois; mais elle
n'en précisait pas non plus le nombre. Enfin,
la Charte du mois de juin 1814 ne prescrit rien
à cet égard qu'indirectement, en statuant, par
l'*art.* 59, sous le titre *de l'Ordre judiciaire*,
que les Cours et tribunaux alors existans sont
maintenus ou du moins (ce qui n'est pourtant
pas parfaitement synonyme) qu'il n'y pourra
rien être changé qu'en vertu d'une loi (*a*);
mais l'ordonnance du 15 février 1815 a limité
le nombre de ces membres à quarante-neuf.

(*a*) *Voy*. ci-dessus, pag. 478.

Avant la Révolution, il y avait à la Cour des comptes de Paris un premier président, douze autres présidens, soixante-dix-huit maîtres, trente-huit correcteurs, quatre-vingt-deux auditeurs, un avocat-général, un procureur-général, deux greffiers en chef, un commis au plumitif, deux commis du greffe, trois contrôleurs du greffe, un payeur des gages qui remplissait les trois offices, un premier huissier, un contrôleur des restes, un garde des livres, vingt-neuf procureurs et trente huissiers (*a*).

Les officiers de la Cour des aides étaient un premier président et neuf autres présidens; plusieurs conseillers d'honneur dont le nombre n'était pas fixe; cinquante-deux conseillers, trois avocats-généraux, un procureur-général qui avait quatre substituts, deux greffiers en chef, cinq secrétaires du roi servant près la

---

(*a*) (*Voy.* l'Ancien Répertoire de Jurispr., par Guyot, au mot *Chambre des Comptes*).

On peut consulter, sur les détails de l'organisation et des attributions de l'ancienne Chambre des comptes, ce même article du Répertoire et les articles *Auditeur, Comptable, Compte, Correcteur, Maître des Comptes,* etc., etc.; et le Nouv. Répert., par Merlin, au mot *Comptabilité.*

Cour des aides, un principal commis de l'audience publique, que l'on appelait ordinairement greffier des appellations, et qui, outre une charge de commis-greffier écrivant à la peau, réunissait encore en sa personne l'office de greffier des décrets et de premier commis au greffe des décrets; un principal commis en la première Chambre pour l'audience à huis clos et pour les arrêts rendus en la Chambre du Conseil, tant au civil qu'au criminel, que l'on appelait ordinairement greffier civil et criminel, lequel, outre deux pareils offices créés pour la seconde et troisième Chambre, réunissait encore trois offices de commis-greffiers écrivant à la peau; un greffier garde-sacs et des dépôts, un greffier des présentations et affirmations, un trésorier payeur des gages qui avait trois contrôleurs, un receveur des épices et vacations, un contrôleur des arrêts, un commis à la délivrance des arrêts, un premier huissier et sept autres huissiers (a).

(a) *Voy.* encore l'ancien Répertoire de Jurisprudence, par Guyot, au mot *Cour des Aides.*

— On peut consulter, sur l'organisation et les attributions de cette ancienne Cour, ce même article du Ré-

Par le décret des 2 et 7 septembre 1790, sanctionné le 11, et additionnel à celui du 16 août précédent sur l'organisation de l'Ordre judiciaire, il fut dit : Tit. xiv, *art.* 12, qu'au moyen de l'abolition du Régime féodal, les Chambres des comptes demeureraient supprimées aussitôt qu'il aurait été pourvu à un nouveau régime de comptabilité. Le décret du 4 juillet, scellé le 25 août 1791, avait confirmé et mis à exécution cette suppression ; mais, par un autre décret du 15 septembre, sanctionné le 23 octobre 1791, il fut établi un Bureau de comptabilité composé de quinze membres ou commissaires, qui furent divisés en cinq sections de trois membres chacune, lesquelles devaient alterner tous les ans, et « sauf, portait l'*art.* 1er de cette loi, à augmenter leur nombre si l'accélération des travaux et l'utilité publique l'exigent ». Par un autre décret du 17 septembre 1791, sanctionné le 29 du même mois, la suppression des Chambres des comptes

---

pertoire de Jurisprudence ; et *ibid.*, les mots *Aides*, *Élections*, etc.

Sa suppression a été décrétée par la loi des 7—11 septembre 1790. (*Voy. ci-dessus*).

fut rappelée, et l'établissement du Bureau de comptabilité, de nouveau confirmé d'après les bases posées par le décret du 15 (*a*).

La loi du 16 septembre 1807, portant organisation de la Cour des comptes, contient les dispositions suivantes : « Tit. 1er, *art.* 1er. Les fonctions de la comptabilité nationale seront exercées par une Cour des comptes.

(*a*) *Voy.* encore, à ce sujet, entre autres, la loi du 8—12 février 1792, également relative à l'organisation du Bureau de comptabilité; celle du 25 mars 1792 qui ordonne que les ministres devront rendre leurs comptes dans la quinzaine de la cessation de leurs fonctions; celle du 30 juillet 1793 relative à la suspension de l'alternat entre les membres des différentes sections du Bureau de comptabilité; celle du 26 vendémiaire an V, sur l'institution et organisation d'un Bureau de comptabilité intermédiaire dirigé par cinq membres; celle du 3 ventose an V, qui établit un mode de comptabilité pour les fonds mis à la disposition des ministres, et qui porte, *art.* 5, que les comptes présentés par les ministres seront rendus publics si le Corps législatif le juge convenable; et l'arrêté du 29 frim. an IX, qui porte que la Commission de comptabilité (composée de sept membres) remettra, tous les trois mois, au Gouvernement, l'état de ses travaux; et, qu'à la fin de chaque année, elle lui en présentera le résultat général, qui sera rendu public, et proposera ses vues de réforme et d'amélioration dans les différentes parties de comptabilité, etc., etc.

« *Art.* 2. La Cour des comptes sera composée d'un premier président, trois présidens, dix-huit maîtres des comptes, de référendaires au nombre qui sera déterminé par le Gouvernement, d'un procureur-général et d'un greffier en chef.

« *Art.* 3. Il sera formé trois Chambres, chacune composée d'un président, six maîtres aux comptes : le premier président peut présider chacune des Chambres.

« *Art.* 4. Les référendaires sont chargés de faire les rapports ; ils n'ont point voix délibérative. Les décisions seront prises, dans chaque Chambre, à la majorité des voix ; et, en cas de partage, la voix du président est prépondérante.

« *Art.* 5. Chaque Chambre ne pourra juger qu'à cinq membres au moins.

« *Art.* 6. Les membres de la Cour des comptes sont nommés à vie par l'empereur. Les présidens pourront être changés par année (*a*).

« *Art.* 7. La Cour des comptes prend rang

(*a*) Il fallait bien se ménager toujours quelque moyen d'influence.

immédiatement après la Cour de cassation, et jouit des mêmes prérogatives.

« *Art.* 8. Le premier président, les présidens et procureur-général, prêtent serment entre les mains de l'empereur.

« *Art.* 9. Le prince archi-trésorier reçoit le serment des autres membres.

« *Art.* 10. Le premier président a la police et la surveillance générale » (*a*).

(*a*) Cette loi contient, en outre, les dispositions suivantes :

« Tit. ii. *De la compétence de la Cour des comptes.* — *Art.* 11. La Cour sera chargée du jugement des comptes des recettes du trésor, des receveurs-généraux de département et des régies et administrations des contributions indirectes ; des dépenses du trésor, des payeurs-généraux, des payeurs d'armées, des divisions militaires, des arrondissemens maritimes et des départemens ; des recettes et dépenses, des fonds et revenus spécialement affectés aux dépenses des départemens et des communes, dont les budgets sont arrêtés par l'empereur.

« 12. Les comptables des deniers publics en recettes et dépenses seront tenus de fournir et déposer leurs comptes au greffe de la cour, dans les délais prescrits par les lois et règlemens ; et, en cas de défaut ou de retard des comptables, la Cour pourra les condamner aux amendes et aux peines prononcées par les lois et règlemens.

« 13. La Cour réglera et apurera les comptes qui lui

L'ordonnance du 27 février 1815, relative à la nouvelle institution des membres de la Cour des comptes, est conçue ainsi qu'il suit : « Occupé sans relâche de tout ce qui peut contribuer au bonheur et à la prospérité de notre royaume, nous avons reconnu que le maintien de l'ordre dans la comptabilité des finances était un moyen des plus efficaces d'atteindre ce

seront présentés ; elle établira, par ses arrêts définitifs, si les comptables sont quittes, ou en avance, ou en débet.

« Dans les deux premiers cas, elle prononcera leur décharge définitive, et ordonnera main-levée et radiation des oppositions et inscriptions hypothécaires mises sur leurs biens à raison de la gestion dont le compte est jugé.

« Dans le troisième cas, elle les condamnera à solder leur débet au trésor dans le délai prescrit par la loi.

« Dans tous les cas, une expédition de ses arrêts sera adressée au ministre du trésor, pour en faire suivre l'exécution par l'agent établi près de lui.

« 14. La Cour, nonobstant l'arrêt qui aurait jugé définitivement un compte, pourra procéder à sa révision, soit sur la demande du comptable, appuyée de pièces justificatives recouvrées depuis l'arrêt, soit d'office, soit à la réquisition du procureur-général, pour erreur, omission, faux ou double emploi, reconnus par la vérification d'autres comptes.

« 15. La Cour prononcera sur les demandes en réduction, en translation d'hypothèques, formées par des compta-

but important, comme une des plus sûres garanties du bon emploi des revenus publics.

bles encore en exercice, ou par ceux hors d'exercice dont les comptes ne sont pas définitivement apurés, en exigeant les sûretés suffisantes pour la conservation des droits du trésor.

« 16. Si, dans l'examen des comptes, la Cour trouve des faux ou des concussions, il en sera rendu compte au ministre des finances, et référé au grand-juge ministre de la justice, qui fera poursuivre les auteurs devant les tribunaux ordinaires.

« 17. Les arrêts de la Cour contre les comptables seront exécutoires; et, dans le cas où un comptable se croirait fondé à attaquer un arrêt pour violation des formes ou de la loi, il se pourvoira, dans les trois mois pour tout délai, à compter de la notification de l'arrêt, au Conseil d'état, conformément au règlement sur le contentieux.

« Le ministre des finances, et tout autre ministre, pour ce qui concerne son département, pourront faire, dans le même délai, leur rapport à l'empereur, et lui proposer le renvoi au Conseil d'état, de leurs demandes en cassation des arrêts qu'ils croiront devoir être cassés pour défaut de formes ou de la loi.

« 18. La Cour ne pourra, en aucun cas, s'attribuer de juridiction sur les ordonnateurs, ni refuser aux payeurs l'allocation des payemens par eux faits, sur des ordonnances revêtues des formalités prescrites, et accompagnées des acquits des parties prenantes et des pièces que l'ordonnateur aura prescrit d'y joindre.

« Tit. III. *Des formes de la vérification et du jugement*

« Nous nous sommes fait rendre compte des travaux des magistrats chargés de juger la

---

des comptes. — *Art.* 19. Les référendaires seront tenus de vérifier, par eux-mêmes, tous les comptes qui leur seront distribués.

« *Art.* 20. Ils formeront sur chaque compte deux cahiers d'observations ; les premières, relatives à la ligne de compte seulement, c'est-à-dire, aux charges et souffrances dont chaque article du compte leur aura paru susceptible, relativement au comptable qui le présente ; les deuxièmes, celles qui peuvent résulter de la comparaison de la nature des recettes avec les lois, et de la nature des dépenses avec les crédits.

« 21. La minute des arrêts sera rédigée par le référendaire rapporteur, et signée de lui et du président de la chambre ; elle est remise avec les pièces au greffier en chef ; celui-ci la présente à la signature du premier président, et ensuite en fait et signe les expéditions.

« 22. Au mois de janvier de chaque année, le prince archi-trésorier proposera à l'empereur le choix de quatre commissaires, qui formeront, avec le premier président, un comité particulier chargé d'examiner les observations faites, pendant le cours de l'année précédente, par les référendaires. Ce comité discute ces observations, écarte celles qu'il ne juge pas fondées, forme des autres l'objet d'un rapport, qui est remis par le président au prince archi-trésorier, lequel le porte à la connaissance de l'empereur.

« Tit. iv. *Dispositions transitoires.* Il pourra être formé

Tome X.   33

comptabilité des receveurs, payeurs, et de tous autres ayant le maniement des deniers de l'É-

---

une quatrième Chambre temporaire, composée d'un président et de six maîtres aux comptes pour les jugemens des comptes arriérés.

« Il sera pourvu par des règlemens d'administration publique à l'ordre du service de la Cour des comptes, et à toutes les mesures d'exécution de la présente ».

Cette loi du 16 septembre 1807, relative à l'organisation de la Cour des comptes, a été suivie d'un décret, sur le même objet, en date du 28 du même mois. Les dispositions de ce décret étant nombreuses et étendues, nous devons nous borner à y renvoyer nos lecteurs.

Un décret du 27 mars 1809 est relatif au mode de communication à la Commission du contentieux de pièces justificatives déposées aux archives de la Cour des comptes, dont la représentation sera jugée nécessaire dans le cas de pourvoi au Conseil d'état contre un arrêt de cette Cour.

Une ordonnance du 25 juillet 1814 avait provisoirement attribué au chancelier de France, relativement à la Cour des comptes, les attributions qui avaient été données à l'archi-trésorier. Elle est ainsi conçue : « Nous étant fait représenter les lois du 18 mai 1804 et 14 septembre 1807, ainsi que le décret du 28 septembre de la même année, nous avons reconnu que diverses dispositions de ces lois relatives à notre Cour des comptes demeureraient sans exécution, par suite des circonstances, s'il n'y était pourvu ; qu'il était cependant utile à notre service que

tat : nous avons reconnu avec satisfaction que notre Cour des comptes ayant maintenant seule

ces dispositions ne fussent pas plus long-temps suspendues.

« A ces causes, etc.

« *Art.* 1er. Le chancelier de France exercera, relativement à la Cour des comptes, toutes les attributions qui avaient été données par les lois précédentes à l'architrésorier.....».

— Une ordonnance du 29 juillet 1814 est relative à la prestation de serment des comptables directement justiciables de la Cour des comptes.

— Une ordonnance du 3 juillet 1816 accorde, pour cette année, deux mois de vacances à la Cour des comptes, et institue une Chambre des vacations pour faire le service pendant la durée de ces vacances.

— Une ordonnance du 5 août 1818 fixe à 40 jours, pour cette année, la durée des vacances de la Cour des comptes, et institue une Chambre de vacations pendant cet intervalle.

— 16 septembre 1818, ordonnance qui prescrit le mode de reddition et la vérification des comptes à rendre à la Cour des comptes par le caissier de la caisse centrale et de service du trésor royal.

— 16 septembre 1818, ordonnance qui détermine les formalités à remplir pour la production à la Cour des comptes des états finaux des receveurs-généraux....

— 11 août 1819, ordonnance qui fixe, pour cette année, la durée des vacances de la Cour des comptes, et

33.

et pour tout le royaume, l'attribution de ces sortes d'affaires, elles étaient expédiées avec une constante uniformité; que le zèle et la diligence des magistrats qui la composent, étaient parvenus à mettre au courant le jugement de tous les comptes, et que cette louable exactitude avait produit d'heureux effets, qu'il importe de maintenir et de conserver.

« Notre institution royale devant affermir l'empire des bonnes règles, et ajouter à l'autorité des jugemens rendus en notre nom, nous n'avons pas voulu différer plus long-temps de la donner à la seconde Cour de notre royaume,

---

institue une Chambre des vacations pendant l'intervalle.

— 19 mai 1819, ordonnance qui détermine le mode suivant lequel le compte des dépenses des écoles militaires pour les années 1816, 1817 et 1818, sera rendu à la Cour des comptes par le trésorier général de la dotation des invalides.

— 16 août 1820, ordonnance qui fixe à 40 jours, pour cette année, la durée des vacances de la Cour des comptes, et institue une Chambre des vacations pendant cet intervalle.

— 8 juin 1821, ordonnance relative à la forme des comptes à rendre à la Cour des comptes par le caissier général du trésor royal.

— 15 août 1821, ordonnance relative aux vacations.

et de conférer aux membres ainsi nommés par nous, une irrévocabilité dont nous sommes d'autant plus disposés à reconnaître les avantages, qu'elle est conforme à la Charte constitutionnelle que nous avons donnée à nos peuples.

« A ces causes, etc. *Art.* 1ᵉʳ. Notre Cour des comptes reste composée des membres actuellement en fonctions, et néanmoins il ne sera point nommé aux deux places de référendaires de deuxième classe qui vaqueront les premières.

« *Art.* 2. (*cet article contient la nomination et institution des membres de la Cour des comptes*).

L'art. 3 *est relatif à la nomination du procureur-général et du greffier en chef.*

« *Art.* 4. Les membres de notre Cour des comptes nommés par les précédens articles, et le greffier en chef, se rendront, aux jour et heure qui leur seront indiqués, au lieu ordinaire des séances générales, sur l'ordre qui leur en sera individuellement adressé, pour y être installés par notre chancelier, et prêter entre ses mains le serment de nous être fidèle, de gar-

der et faire observer les lois du royaume,
ainsi que nos ordonnances et règlemens, et de
se conformer à la Charte constitutionnelle que
nous avons donnée à nos peuples. Le même
serment sera préalablement prêté entre nos
mains par notre président et notre procureur-
général.

« *Art.* 5. Il sera tenu registre de ladite prestation de serment, et mention en sera faite
par le greffier en chef, sur les provisions signées de nous qui seront incessamment délivrées à tous ceux qui sont compris dans la
présente nomination.

« *Art.* 6. Aussitôt après l'installation de notre
Cour des comptes, il sera fait, par le premier
président, une nouvelle distribution des dix-
huit maîtres des comptes entre les trois Chambres; et à l'avenir, au premier janvier de chaque
année, deux membres de chaque Chambre seront par lui répartis entre les deux autres, ou
placés dans une seule, selon que le service
l'exigera.

« *Art.* 7. Sont maintenus tous règlemens relatifs à la Cour des comptes qui ne sont pas
contraires aux présentes.

« *Art.* 8. Notre amé et féal chevalier, chancelier de France, le sieur Dambray, comman-
deur de nos ordres, est chargé de l'exécution
des présentes, dont il adressera une expédition en forme au sieur Garnier, notre procureur-général, que nous chargeons de déclarer
la Cour des comptes en vacance jusqu'au moment de son installation ».

L'exposé que l'on vient de lire prouve que
jusqu'ici ces institutions judiciaires de premier
degré n'ont pas été, du moins quant à la fixation du nombre de leurs membres, sans beaucoup de variations et d'instabilité ; et peut-être
encore aujourd'hui pense-t-on assez généralement, au premier aperçu, que ce nombre
ne peut en effet être déterminé que d'une
manière arbitraire, ou que tout au plus il doit
répondre à la dignité, au lustre, à l'éclat dont
les premiers Corps de la magistrature doivent
être environnés, à la nature, à l'importance
et à la diversité de leurs fonctions. Mais, en
approfondissant davantage la question, ou en
la considérant sous un autre point de vue également essentiel, on reconnaît qu'il existe encore une autre base importante à prendre en

considération pour la solution de la question
et pour l'établissement du principe, et qu'en
admettant cette base comme point d'appui, le
nombre des membres de la Cour suprême,
aussi-bien que celui de la Représentation nationale dans les deux Chambres législatives,
devrait correspondre à la division du territoire
et au nombre des Cours d'appel (a). Nous disons, à la division du territoire et au nombre
des Cours d'appel tout ensemble : car il est
évident que, de même que celui des Chambres
départementales dans la ligne de la Puissance
législative (b), et celui des Préfectures dans la
ligne de la Puissance exécutive (c), le nombre

(a) On vient de voir, dans la section précédente, que,
par l'*art.* 2 de la loi du 27 novembre—1er décembre 1790,
sur la forme de l'élection des membres du Tribunal de
cassation, il fut dit que les départemens concourraient
successivement par moitié à cette élection ; et que, suivant
la disposition de l'*art.* 258 de la Constitution du 5 fructidor an III, le nombre des juges de ce même Tribunal
ne devait pas excéder les trois quarts du nombre des départemens : mais ces lois ne faisaient encore par là qu'une
application partielle et incomplète du principe.

(b) *Voy.* ci-dessus, vol. VII, pag. 143, 173 *et suiv.*

(c) *Ibid.*, vol. VIII, pag. 534, 546 *et suiv.*

de ces Corps de magistrature de second degré doit être mis en rapport avec cette division territoriale.

Ce n'est pas que l'on n'entende quelquefois soutenir la proposition diamétralement contraire à cet autre principe d'organisation : car, soit encore désir peu réfléchi de retour vers les institutions usées et détruites d'un régime d'organisation trop imparfait pour qu'il ait pu subsister plus long-temps, et qui surtout ne peut plus revivre, soit vanité, orgueil, présomption, ou idée entièrement fausse et erronée des véritables moyens d'assurer aux autorités judiciaires la dignité qu'elles doivent avoir et la considération dont il faut qu'elles jouissent, il se rencontre des esprits assez prévenus, pour méconnaître à cet égard les premières notions de l'utile et du vrai, les règles les plus simples et les plus incontestables de l'ordre et du droit constitutionnel.

Ainsi, bien loin de convenir que le nombre des Cours royales, de second degré ou d'appel, existantes en France aujourd'hui, doive être augmenté et égalé à celui des préfectures et des départemens, ces mêmes hommes préve-

nus osent avancer qu'il faudrait encore le réduire de beaucoup : et pour appuyer cette
opinion que rien de raisonnable ne saurait défendre, outre ces allégations vaines et vraiment
misérables motivées uniquement sur des idées
chimériques d'une splendeur, d'un éclat qui
n'aurait d'autre fondement que l'étendue plus
ou moins grande des juridictions, ils s'égarent
jusqu'à mettre en avant que l'extension du
cercle de ces juridictions serait un moyen efficace de prévenir les procès, par la raison
qu'elle en augmenterait les difficultés et les
frais. Le rapprochement des Cours royales
et du domicile des plaideurs a ce résultat,
disent-ils, que ceux-ci font un trop fréquent
usage du droit de recours par voie d'appel que
la loi leur accorde. Il n'en serait pas de même
si les juridictions de second degré (que l'on se
complaît à qualifier de *souveraines*)(a), étaient
plus étendues; et le plaideur condamné ou qui
n'aurait pas obtenu satisfaction en première
instance, découragé par le surcroît de dépenses
et d'embarras qui résulterait pour lui de la né-

(a) *Voy.* ci-dessus, vol. x , pag. 486 *et suiv.*

cessité d'aller plaider devant une Cour plus
éloignée, se déterminerait souvent à préférer
une concession même onéreuse, un abandon
volontaire de ses droits. Bizarre raisonnement!
étrange moyen à employer pour atteindre le
but, que l'on doit en effet se proposer, de
rendre les procès plus rares ! Quoi! c'est en
augmentant et multipliant les dépenses, les
embarras et les difficultés, c'est en mettant des
entraves à l'exercice d'un droit, d'un recours
à un second degré de juridiction que la loi
reconnaît juste, utile, nécessaire, et qu'en conséquence elle donne et garantit à tous les citoyens ; c'est par de tels détours, par un sub-
terfuge, par un déni véritable de justice, que
l'on prétend arriver au but, diminuer les procès, du moins en cause d'appel?

Mais, s'il se pouvait que la loi voulût ainsi,
par des moyens indirects, par des difficultés
et des obstacles prévus, médités, et créés d'a-
vance par elle, obliger à renoncer à ce droit
de recours et d'appel qu'elle accorde, pourquoi l'admettrait-elle? il serait alors beaucoup
plus simple, moins dangereux et moins injuste de le refuser; ou bien, si d'un côté la loi

reconnaît la nécessité d'un second et même
d'un troisième degré de juridiction, comment
de l'autre pourra-t-elle raisonnablement chercher à en rendre l'usage tellement difficile et
ruineux qu'il devienne en quelque sorte impraticable et illusoire? Comment ne pas comprendre que le moindre inconvénient d'un tel
système serait de mettre la balance dans une
position tout-à-fait oblique et inégale, d'accroître dans les mains du riche les moyens de
dépouiller, de ruiner, de vexer et écraser le
pauvre, de fouler ainsi la circonférence en al-
légeant le centre, de favoriser enfin le petit
nombre au préjudice du plus grand, les habitans d'un département, d'une ville ou d'un
chef-lieu de Cour royale au détriment de tous
les autres citoyens? Comment ne pas s'apercevoir qu'en faisant usage d'une pareille logique,
c'est-à-dire en poussant un peu plus loin les
conséquences de la même doctrine, il ne serait
pas plus absurde de poser en principe que la
suppression de tous les tribunaux est un moyen
simple et fort naturel de prévenir les procès
et les contestations, d'une manière infiniment
plus efficace encore?

Le véritable esprit de justice et de vérité dont le Législateur doit être animé, conduit à des résultats bien différens. Les idées de vanité et de fausse gloire ne sont rien à ses yeux; sa volonté a plus d'ensemble, d'unité, d'harmonie, et elle met par conséquent aussi plus d'ensemble et d'accord dans les dispositions qui doivent émaner d'elle. Pour écarter et prévenir les procès, le vrai Législateur ne cherche pas, par une action double et qui se pourrait qualifier autrement, à paralyser d'une main l'exercice de la faculté et du droit qu'il donne et garantit de l'autre; mais il s'attache à remonter à la source et à détruire le mal dans sa racine même, en étendant et affermissant de plus en plus le bienfait d'une législation simple, claire, elle-même concordante et uniforme; et en marchant dans cette direction, s'il n'atteint pas entièrement son but, il ne court pas du moins le danger de s'en écarter en sens diamétralement inverse et de donner ainsi naissance, par son propre fait, à une foule d'inconvéniens graves, d'injustices et d'abus. Il se gardera bien d'éloigner d'aucun point et surtout des classes que la fortune ne favorise pas, les moyens que la loi doit donner à tous pour obtenir justice, et qu'il est de son devoir de s'appliquer à rendre accessibles et égaux autant qu'il est possible qu'ils le soient; mais il regrettera de ne pouvoir en rendre l'usage encore plus libre et plus facile. Il ne croira pas devoir rendre les recours aux tribunaux ordinaires de second degré plus lents, plus embarrassés, plus difficiles et plus dispendieux, par l'éloignement du siége de la Cour royale, que ne le sont les démarches et recours au chef-lieu de préfecture en matière administrative, et, dans aucun cas il ne croira devoir porter la juridiction de ces siéges au-delà des limites qu'il aura admises pour la division territoriale du royaume en départemens et préfectures : ce qui importe d'autant plus que, comme nous avons déja eu occasion de le dire, pour qu'un État soit bien gouverné, il faut que les ressorts reconnus nécessaires au centre pour y produire le mouvement et la vie soient répétés et reproduits aux mêmes fins dans toutes les parties, de telle manière qu'en cas de nécessité, et sans jamais cesser de sentir l'utilité, le besoin de l'union, chacune de ces parties puisse cependant, et momentanément du moins, se suffire et s'administrer par elle-même. Autrement, on retombe encore dans un faux et préjudiciable système de centralisation (*a*).

Or, maintenant, si l'on se rappelle que, particulièrement en France, le nombre des préfectures et départemens pourrait être facilement porté à cent cinquante, afin que cette division départementale puisse être mise ainsi en relation avec le nombre des membres dont chaque Chambre représentative peut se composer sans inconvénient (*b*), il en résulte que le nombre de Cours royales ou d'appel sera fixé aussi à cent cinquante, que la Cour suprême ou nationale se formera d'un pareil nombre de magistrats, lesquels seront répartis également dans les trois Sections principales (*c*) de cette Cour, de ce premier Corps de magistrature, de ce point central de l'Ordre judiciaire; de sorte que chacune de ces Cours

---

(*a*) *Voy.* ci-dessus, entre autres, vol. vii, pag. 157, 173 *et suiv.*

(*b*) *Ibid.*, vol. vi, pag. 51 et 52.

(*c*) *Ibid.*, vol. x, pag. 496 *et suiv.*

ou Sections principales sera composée du tiers de ses membres, c'est-à-dire de cinquante juges, en ce non compris les maîtres des requêtes, auditeurs et référendaires que peuvent réclamer les besoins et la nature du service près de ces Cours, l'examen, la vérification des pièces et la rédaction des rapports, etc.

Et de plus, il faut observer que cette concordance, ce rapport, ce principe d'organisation relatif à la fixation du nombre des membres des trois Sections principales de la Cour suprême deviendra, par une sage application, un moyen d'encouragement, d'émulation et de récompense, dont le Législateur peut obtenir d'heureux et utiles résultats, ainsi qu'il nous sera facile de le reconnaître en traitant dans la section suivante de la Nomination de ces mêmes magistrats, membres de la Cour suprême, et des Conditions de leur éligibilité.

SECTION III.

Nomination des Membres de la Cour suprême de justice et de cassation ; et conditions de leur Éligibilité.

En traitant (1re Part., liv. 1er, chap. 1er) de la Puissance judiciaire nous, avons reconnu qu'en principe général les citoyens d'un État libre, sur la fortune, la liberté, la vie, et l'honneur desquels les membres de l'Ordre judiciaire sont appelés à prononcer, doivent naturellement concourir à la nomination de ces membres (*a*) ; c'est donc lorsque nous aurons médité sur la nature, l'étendue et l'application des attributions de la Cour suprême de justice et de cassation, et des autres cours et tribunaux, qu'il sera plus convenable de nous occuper et plus facile de nous pénétrer définitivement de l'utilité du véritable mode que le Droit prescrit d'adopter pour l'élection de ces divers membres de l'Ordre judiciaire.

(*a*) *Voy.* ci-dessus, vol. IV, pag. 102.

Quant à présent, il suffit de rappeler le principe et de remarquer que, si l'on reconnaît généralement que la magistrature doit être indépendante (a), il est évident que les règles constitutionnellement prescrites aujourd'hui pour la nomination des membres du premier Corps de cette magistrature sont loin d'être assez efficaces pour la garantir et la préserver; et nous pouvons aussi reconnaître dès actuellement comme l'une des dispositions constitutionnelles et fondamentales qu'il convient d'adopter relativement à l'organisation du Pouvoir judiciaire en général, et particulièrement de la Cour suprême et de cassation, qu'aucun de ses membres ne doit être admis, s'il ne réunit en sa personne au moins plusieurs des qualités que nous avons précédemment considérées comme étant propres à garantir l'indépendance des membres de la Représentation dans les Chambres législatives, telles, par exemple, que celles qui résultent de l'âge, de la qualité d'homme marié ou de père

---

(a) *Voy.* ci-dessus, vol. x, pag. 240 *et suiv.*

de famille, et peut-être plus particulièrement
encore de l'avancement progressif et graduel
recommandé par tous les publicistes éclairés
comme l'un des plus puissans véhicules d'encouragement et d'émulation, comme l'un des
plus actifs et efficaces mobiles de l'ordre et de la
justice dans un Gouvernement véritablement
constitué pour le bien et la prospérité de la
chose publique (*a*). On peut encore appliquer
ici et à ce sujet la réflexion suivante de M. Bérenger dans son Traité de la justice criminelle
en France : « Lorsqu'on donne un immense
pouvoir à un homme, dit-il, on tâche de trouver dans son caractère et dans ses vertus des
qualités propres à modérer l'usage qu'il pourrait en faire. Il est à cet égard des règles que
la raison indique et qui sont de tous les temps.
Ainsi, l'âge mûr aura plus de circonspection
et de prudence que la jeunesse ; le père de
famille sera plus disposé aux sentimens de
bienveillance et d'humanité que le célibataire ;
l'homme vieilli dans les fonctions publiques,

_____

(*a*) *Voy.* ci-dessus, entre autres, vol. vi, p. 104 *et suiv.*

sera moins vain, moins orgueilleux de l'autorité qu'on lui confèrera, que celui qui les exercera pour la première fois » (a).

Et M. Necker a dit aussi : « On doit aux habitans d'un pays de leur donner pour arbitres de leur fortune et de leur honneur, non pas seulement des hommes dignes d'une pareille fonction, non pas seulement des hommes qu'un petit nombre d'électeurs, guidés par différens motifs, y auront appelés ; mais des hommes qui, par un long exercice des vertus judiciaires, parviennent à fonder et à élever d'une manière éclatante la réputation d'un tribunal : précieuse renommée qui répand le calme dans l'intérieur de la vie civile, et qui nous avertit bien avant le temps où nous aurons besoin de justice, qu'au jour où nous pourrons la requérir, elle nous sera faite par des magistrats en état de la connaître, et environnés de la considération nécessaire pour la soutenir et pour la défendre » (b).

_____

(a) Traité de la justice criminelle en France, tit. II, chap. I, § 4, pag. 370.

(b) Du Pouvoir exécutif dans les grands États, par M. Necker, ch. VIII, *Pouvoir judiciaire.* — OEuvres com-

C'était sans doute d'après de semblables considérations, par des motifs analogues, qu'à Athènes il fallait avoir été archonte et d'une conduite irréprochable pendant l'exercice de cette charge, pour être admis dans le sein de l'Aréopage (a); qu'à Venise aucun noble ne parvenait aux premières magistratures qu'après s'être acquitté des moindres à la satisfaction de ses concitoyens (b); qu'en France autrefois, suivant les dispositions des édits des mois de décembre 1665, août 1669, février 1672, on ne devait être reçu dans les charges de président de la Chambre des comptes, non plus que dans celles de président au parlement ni des autres cours, qu'à l'âge de quarante ans accomplis et qu'après avoir précédemment exercé pendant dix années un office de judicature dans une cour supérieure (c);

---

plètes publiées en 1820, par M. le baron de Staël, tom. viii, pag. 119 et 120.

(a) *Voy.*, entre autres, Mesnard. Traité des mœurs et usages des Grecs.

(b) *Voy.* ci-dessus, vol. vi, pag. 166.

(c) *Voy.* le Répertoire de jurisprudence, par Guyot, au mot *Chambre des comptes.*

mais ces règles étaient alors à peu près insignifiantes, parce que, toutes sages qu'elles étaient, le Roi en dispensait souvent et quand bon lui semblait (a).

(a) Voici ce qu'on lit encore dans l'ancien Répertoire, au mot *Office* : « L'ordonnance de Blois veut que, pour être reçu dans un office de judicature de Cour souveraine, on soit âgé de ving-cinq ans accomplis, et qu'on ait fréquenté le barreau et les plaidoiries. Elle fixe l'âge des présidens des Cours souveraines à quarante ans, et veut qu'ils aient été auparavant conseillers de Cour souveraine, ou lieutenans-généraux de bailliage pendant dix ans, ou qu'ils aient fréquenté le barreau et fait la profession d'avocat si longuement et avec telle renommée, qu'ils soient estimés dignes et capables de cet office. Pour les bailliages, elle fixe l'âge des lieutenans à trente ans, celui des conseillers à vingt-cinq, et veut qu'ils aient fréquenté le barreau pendant trois ans.

« La déclaration du mois de novembre 1661 veut que les officiers des Cours souveraines justifient de leur majorité; qu'ils apportent leur matricule d'avocat et une attestation d'assiduité au barreau; que les présidens aient été dix ans officiers des Cours : mais le roi se réserve de donner des dispenses d'âge et de service dans les occasions importantes.

« L'édit du mois de juillet 1660 exige quarante ans pour les offices de présidens de Cours souveraines, trente-sept ans et dix de service pour les maîtres des requêtes; trente

La loi du 16 août 1790 sur l'organisation judiciaire, sanctionnée par le Roi le 24 du même mois, renferme la disposition suivante : « Tit. II, *art.* 9. Nul ne pourra être élu juge,

---

ans pour les avocats et procureurs-généraux ; et vingt-sept ans pour les conseillers, avocats et procureurs du roi.

« Ces lois ont été confirmées par l'édit du mois de février 1672, qui a ajouté que les dispenses seraient accordées séparément des provisions.

« Par une Déclaration du 30 décembre 1679, l'âge pour être reçu dans les offices de baillis, sénéchaux, vicomtes, prévôts, lieutenans-généraux, civils, criminels ou particuliers des siéges et justices qui ne ressortissent pas nûment au parlement, avocats et procureurs du Roi de ces siéges, a été fixé à vingt-sept ans.

« Enfin, par la Déclaration de novembre 1683, l'âge des conseillers des Cours supérieures et des avocats et procureurs du roi des présidiaux, a été réduit à vingt-cinq ans ; celui des maîtres des requêtes à trente-un, et six ans de service ; celui des maîtres, correcteurs, auditeurs des comptes, à vingt-cinq ans.

« Les conseillers qui sont reçus par dispense avant l'âge de vingt-cinq ans, n'ont point voix délibérative, si ce n'est pour les affaires dont ils sont rapporteurs.... ».

—Et au mot *Age* : « Les chefs des compagnies de judicature, comme les présidens dans les présidiaux, les lieutenans-généraux et criminels dans les bailliages qui res

suppléant, ou (même) chargé des fonctions du
ministère public, s'il n'est âgé de trente ans

---

sortissent nûment aux Cours supérieures, doivent être
âgés de trente ans, conformément à l'édit du mois de
juillet 1669. Il en est de même des avocats et procureurs-
généraux des Cours supérieures.

« Les conseillers des différentes Cours de justice, soit
supérieures, soit inférieures, les avocats et procureurs du
roi des présidiaux, des bailliages et des sénéchaussées, et
en général tous les officiers des mêmes siéges, tels que
les greffiers, les notaires, les procureurs et les huissiers,
doivent avoir au moins vingt-cinq ans accomplis, conformément à l'édit du mois de novembre 1683.

« Le 30 décembre 1679, le Roi donna une déclaration
par laquelle, en interprétant l'édit du mois de juillet 1669,
et en dérogeant à l'article 107 de l'ordonnance de Blois,
de 1579, sa majesté régla que pour posséder les charges
de baillis, sénéchaux, vicomtes, prévôts et lieutenans-généraux, civils, militaires ou particuliers des siéges qui ne
ressortissent pas nûment au parlement en matière civile, il
suffirait d'avoir atteint l'âge de vingt-sept ans accomplis.

« A l'égard des lieutenans-généraux de police, quoique
ressortissans nûment au parlement, ils peuvent être
pourvus de leurs offices à l'âge de vingt-cinq ans, sans
qu'il leur faille obtenir des dispenses. Il en est de même
des maitres particuliers et des procureurs du roi des
maîtrises des eaux et forêts.

« Les maitres des requêtes ne sauraient être reçus sans
dispense avant l'âge de trente et un ans ; il faut même

accomplis, et s'il n'a été pendant cinq ans juge

suivant l'édit du mois de novembre 1683, qu'ils aient possédé un office de judicature dans une Cour supérieure pendant six ans.

« Les présidens des Cours et compagnies supérieures doivent être âgés de quarante ans, suivant l'édit du mois d'août 1669, enregistré au parlement le 13 du même mois; mais le Roi déroge souvent à ces règles par les dispenses qu'il accorde.

« Les officiers des justices seigneuriales doivent avoir vingt-cinq ans accomplis, pour pouvoir exercer leurs fonctions : c'est ce qui a été jugé par arrêt du 9 juillet 1658, rapporté au journal des audiences.

« Toutes les dispenses d'âge qui s'accordent relativement aux offices doivent être expédiées séparément des provisions, et signées en commandement. On a coutume d'insérer dans ces dispenses, que l'officier ne pourra opiner avant l'âge de vingt-cinq ans, ni présider avant l'âge requis par les ordonnances, si c'est un chef de compagnie : c'est pourquoi, par arrêt du 4 juin 1712, il a été jugé qu'un tel chef de compagnie ne pouvait même présider dans aucune assemblée ou cérémonie publique, ni porter la parole au nom de la compagnie.

« Cependant, malgré la restriction portée dans la dispense d'âge, la Déclaration du 20 mai 1713 permet à l'officier mineur ainsi pourvu de rapporter des procès, et lui accorde dans ce cas voix délibérative.... ».

Enfin, au mot *Dispense :* « En France, le Roi accorde des dispenses d'âge, soit pour être reçu dans un office, soit pour prendre des degrés dans une université, etc. ».

ou homme de loi (a) exerçant publiquement près d'un tribunal ».

La loi du 27 novembre—1er décembre 1790, relative à l'élection des membres du Tribunal de cassation, portait aussi : « Pour être éligible lors des premières élections, il faudra avoir trente ans accomplis et avoir exercé pendant dix ans les fonctions de juge dans une cour supérieure ou présidial, sénéchaussée ou bailliage, ou avoir rempli les fonctions d'homme de loi pendant le même temps, sans qu'on puisse comprendre au nombre des éligibles, les juges non gradués des tribunaux d'exception.

« Lors des élections suivantes, il faudra pour

(a) Le Décret du 2 septembre 1790, faisant suite à celui du 16 août, concernant l'organisation de l'Ordre judiciaire et l'éligibilité aux fonctions judiciaires, portait : « Art. 5. La qualité d'homme de loi, ayant exercé pendant cinq ans auprès des tribunaux, ne s'entend provisoirement, et pour la prochaine élection, que des gradués en droit qui ont été admis au serment d'avocat, et qui ont exercé cette fonction dans des siéges de justice royale ou seigneuriale, ou plaidant, écrivant ou consultant. L'Assemblée nationale se réserve de statuer ultérieurement sur cette condition d'éligibilité lorsqu'elle s'occupera de l'enseignement public ».

être éligible avoir exercé pendant dix ans les fonctions de juge ou d'homme de loi, dans un tribunal de district ; l'Assemblée nationale se réservant de déterminer par la suite les autres qualités qui pourront rendre éligible».

La Constitution du 5 fructidor an III (au titre VIII, *Du Pouvoir judiciaire ; Dispositions générales*) contenait aussi la disposition suivante : « *Art.* 209. Nul citoyen, s'il n'a l'âge de trente ans accomplis, ne peut être élu juge d'un tribunal de département, ni juge de paix, ni assesseur de juge de paix, ni juge d'un tribunal de commerce, ni membre du Tribunal de cassation, ni juré, ni commissaire du Directoire exécutif près les tribunaux » (*a*).

Lorsqu'un Gouvernement despotique et absolu cherche à prendre racine, il ne faut plus guère s'attendre à lui voir adopter de sembla-

---

(*a*) La loi du 4 messidor an IV, relative à la composition du Tribunal de cassation porte aussi : « *Art.* 3. Nul citoyen ne pourra désormais exercer au Tribunal de cassation les fonctions de juges, même provisoirement, s'il ne réunit les conditions d'éligibilité prescrites par l'Acte constitutionnel, et notamment s'il n'a trente ans accomplis ».

bles principes. car, par la raison même qu'ils sont des garanties réelles et solides de l'ordre et de la justice, ils sont aussi des entraves à l'envahissement de l'arbitraire ; et, quoique l'arbitraire soit pour tous les Gouvernemens un germe funeste de dissolution et de ruine, le despotisme cependant ne saurait s'en passer(a). L'Acte dit *Constitutionnel*, du 23 décembre 1799 (22 frimaire an VIII), le Sénatus-Consulte *organique* du 16 thermidor an X, gardèrent donc le silence sur ce point; celui du 18 mai 1804 (28 floréal an XII) statua formellement (Tit. XIV, *art.* 13) que les présidens de la Cour de cassation, des cours d'appel et de justice criminelle, seraient nommés par l'empereur, et pourraient être choisis hors des cours qu'ils devaient présider.

Cependant, comme il est toujours difficile et périlleux de renverser brusquement les règles de droit déja reconnues, admises et consacrées, le pouvoir ambitieux et envahisseur les attaque, les brise ou les écarte successivement et par degrés ; ainsi la loi du 27 ventose

---

(a) *Voy.* ci-dess., entre autres, vol. IV, p. 229 *et suiv.*

an VIII, sur l'organisation judiciaire, portait encore : « *Art.* 4. Nul ne pourra être juge, suppléant, commissaire du Gouvernement près les tribunaux, substitut, ni greffier, s'il n'est âgé de trente ans accomplis ».

Le décret impérial du 16 mars 1808, portant création d'un corps de juges-auditeurs près de chaque cour d'appel, renfermait même aussi les dispositions suivantes :

« *Art.* 2. La nomination des juges-auditeurs sera faite par nous, sur le rapport de notre grand-juge ministre de la justice, auquel nos cours d'appel présenteront, pour chaque place vacante, trois candidats pris parmi ceux qui auront été reçus avocats, et qui auront suivi le barreau pendant deux ans au moins ; ils devront avoir en propre, ou en pension assurée par leurs parens, un revenu annuel de trois mille francs au moins.

« *Art.* 4..... Ils pourront être chargés des enquêtes, des interrogatoires et autres actes d'instruction qui appartiennent au ministère des juges, et suppléer nos procureurs-généraux, pourvu qu'ils aient atteint l'âge de vingt-deux ans accomplis.

« Ils pourront aussi suppléer les juges, s'ils ont atteint l'âge de trente ans »....

« *Art.* 6. La carrière de la magistrature judiciaire et de la magistrature administrative (*a*) sera ouverte aux juges-auditeurs. A cet effet, le tiers des places qui viendront à vaquer dans chaque cour d'appel, tribunal de première instance, ou conseil de préfecture, établi dans le ressort, leur sera affecté, sans néanmoins que l'ancienneté suffise pour les obtenir; nous réservant de choisir ceux qui nous seraient indiqués comme ayant mérité cette distinction; nous réservant aussi de choisir, lorsque nous le jugerons convenable, parmi les juges-auditeurs pour remplir les places de préfet, de sous-préfet, de président et de procureur-impérial près les tribunaux de première instance».

Et la loi du 20 avril 1810 porte: « Chap. II.

(*a*) Confusion qui n'avait rien de surprenant à cette époque, mais qui suffirait seule pour rendre sensible le système de despotisme que l'on suivait et ses résultats peu sages. Y a-t-il analogie assez réelle entre les fonctions judiciaires et les fonctions administratives, pour que l'étude des unes puisse indistinctement ouvrir la carrière des unes et des autres ?

Lorsque les juges-auditeurs auront atteint l'âge de vingt-sept ans, ils auront voix délibérative dans toutes les affaires....

« *Art.* 14. Nul ne sera nommé aux fonctions de conseiller-auditeur près une cour impériale, s'il n'a exercé pendant deux ans celles de juge-auditeur dans un tribunal....

« Chap. vii, *art.* 64. Nul ne pourra être élu juge ou suppléant d'un tribunal de première instance, ou procureur impérial, s'il n'est âgé de vingt-cinq ans accomplis, s'il n'est licencié en droit, et s'il n'a suivi le barreau pendant deux ans, après avoir prêté serment à la cour impériale, ou s'il ne se trouve dans un cas d'exception prévu par la loi.

« Nul ne pourra être président, s'il n'a vingt-sept ans accomplis.

« Les substituts des procureurs-impériaux pourront être nommés lorsqu'ils auront atteint leur vingt-deuxième année, et s'ils réunissent les autres conditions requises.

« *Art.* 65. Nul ne pourra être juge ou greffier dans une cour impériale, s'il n'a vingt-sept ans accomplis, et s'il ne réunit les conditions exigées par l'article précédent.

« Nul ne pourra être président ou procureur-général, s'il n'a trente ans accomplis.

« Les substituts du procureur-général pourront être nommés lorsqu'ils auront atteint leur vingt-cinquième année ».

Cette même loi (même chap. VII) contient de plus cette autre disposition : « *Art.* 63. Les parents et alliés, jusqu'au degré d'oncle et neveu inclusivement, ne pourront être simultanément membres d'un même tribunal ou d'une même cour, soit comme juges, soit comme officiers du ministère public, où même comme greffiers, sans une dispense de l'empereur. Il ne sera accordé aucune dispense pour les tribunaux composés de moins de huit juges.

« En cas d'alliance survenue depuis la nomination, celui qui l'a contractée ne pourra continuer ses fonctions sans obtenir une dispense de sa majesté » (*a*).

Mais on sait que, quelques années plus tard, il ne fallait pas plus compter sur l'observation

---

(*a*) Sous l'ancien régime, lorsque celui qui avait obtenu l'agrément d'un office avait dans sa compagnie son père, ou un frere, ou un beau-frère, ou un neveu, il était de même obligé d'obtenir une dispense de parenté, mais nonob-

de ces diverses dispositions organiques que sur aucune autre; plusieurs même ne furent jamais mises à exécution, telles, entre autres, que celle qui supposait l'installation de juges-auditeurs près les tribunaux de première instance, laquelle n'eut pas lieu. Et les choses en vinrent enfin au point que, non-seulement de fait, aucune règle, aucun principe n'était assez sacré pour pouvoir être opposé à la volonté du despote, mais qu'il fut audacieusement avancé qu'en droit il ne pouvait pas y avoir d'autre loi que cette même volonté d'un seul homme.

Les personnes sont changées; nous devons croire que les choses le sont aussi; des anciens

---

stant cette dispense, on ne comptait les voix de ces parens que pour une.

« Quant aux cousins-germains, la dispense n'était pas nécessaire, et leurs voix étaient comptées; mais les parties avaient la liberté d'évoquer ou de récuser. (*Voy.* le Répert. de jurisp., par Guyot, au mot *Dispense*).

Là Constitution du 5 fructidor an III portait : « Tit. viii, *art.* 207. L'ascendant et le descendant en ligne directe, les frères, l'oncle et le neveu, les cousins au premier degré, et les alliés à ces divers degrés, ne peuvent être simultanément membres du même tribunal ».

usages, ceux qui se trouvaient être conformes aux vrais principes de la règle et du droit, suffisamment rappelés au commencement de cette section (a), durent revivre sans doute et prendre avec la restauration une nouvelle vigueur : et néanmoins la Charte du 4 juin 1814 n'en rappelle aucun relativement à l'objet qui nous occupe ; elle laisse à cet égard un champ non moins vaste à l'arbitraire : et, depuis, l'expérience nous a appris, chaque jour encore elle donne assez à connaître, si l'on en use.

_____

(a) *Voy.* ci-dessus, entre autres, vol. x, p. 529 *et suiv.*; et précédemment, vol, IV, pag. 102 *et suiv.*

SECTION IV.

Incompatibilité, Exercice et Durée des fonctions judiciaires, dans la Cour suprême de justice et de cassation.

Nous pourrions rappeler ici que la distinction des trois Pouvoirs est le principe fondamental d'un Gouvernement bien constitué (*a*); que la Cour suprême de justice et de cassation, si l'on veut qu'elle ne puisse devenir redoutable et dangereuse pour les deux autres Pouvoirs, doit se trouver exactement renfermée dans la sphère des attributions qui lui appartiennent (*b*); que le temps d'ailleurs a ses limites et que les facultés de l'homme elles-mêmes ne sont ni indéfinies ni universelles (*c*): et nous en conclurions avec toute vérité que les membres de cette Cour ne doivent jamais

I*.
Incompatibilité des fonctions de la Puissance judiciaire.

(*a*) *Voy.* ci-dessus, entre autres, vol. iv, p. 56; vol. v, pag. 484.

(*b*) *Voy.*, entre autres, vol. x, pag. 490 *et suiv.*

(*c*) *Voy.* vol. vi, pag. 201; vol. viii, pag. 45. *Voy.* aussi vol. vii, pag. 220; et vol. viii, pag. 562 *et suiv.*

35.

être admis à remplir quelques fonctions relatives à l'exercice soit de la Puissance législative, soit de la Puissance exécutive.

Mais cela est au surplus évident par soi-même. En effet, si ces membres du premier Corps de la magistrature, spécialement chargé de maintenir l'uniformité de la jurisprudence dans tout le Royaume et de faire concorder entre eux les divers points de cette jurisprudence, au lieu de méditer et d'étudier avec une attention soutenue le véritable esprit des lois existantes, afin de n'en faire jamais qu'une application exacte et semblable à elle-même, abandonnent ces fonctions importantes pour se livrer à de tout autres soins, pour créer, proposer, discuter des projets de lois nouvelles, contrôler et combattre des mesures de finances et autres actes d'administration ; en un mot, s'ils descendent de leurs sièges pour monter à la tribune et y usurper la place du législateur, ou bien encore pour s'emparer des premières fonctions administratives, faudra-t-il donc que les législateurs ou les ministres viennent à leur tour administrer la justice pour eux ? On conçoit que par là nul n'étant à sa place, rien non plus ne sera ni sagement conçu, ni utilement conduit et bien exécuté.

Nous ajouterons ensuite que l'incompatibilité entre les fonctions de la magistrature dans la Cour suprême, et celles qui se rattachent à l'exercice de la Puissance législative et de la Puissance exécutive, est un des moyens les plus efficaces de garantir et de préserver l'indépendance morale de ses membres, et que par cela seul, la Loi constitutionnelle d'un bon Gouvernement doit s'empresser de l'admettre, de la proclamer comme principe. Ces membres de la Cour suprême de justice et de cassation occupant le faîte de la hiérarchie judiciaire, leur indépendance et leur impartialité sont d'autant plus importantes et plus précieuses, et il est d'autant plus essentiel de ne pas les laisser sans garanties et sans défense. «Le cœur du magistrat ambitieux, disait M. D'Aguesseau aux chambres du parlement assemblées, est un temple profane; il y place la fortune sur l'autel de la justice, et le premier sacrifice qu'elle lui demande est celui de son repos : heureux si elle ne veut pas exiger celui de son innocence ! Mais qu'il est à craindre que des yeux toujours ouverts à la fortune, ne se ferment quelquefois à la justice, et que l'ambition ne séduise le cœur pour aveugler l'esprit ! » (a).

En Angleterre, les douze grands juges ne peuvent être élus membres de la Chambre des communes : ils ne siègent à la chambre-haute que comme conseils, et n'y ont pas voix délibérative (b), et l'on peut à ce sujet citer cette réflexion de M. Necker : « Ainsi, la nation anglaise a pris autant de soin de l'indépendance des magistrats, que nous avons négligé cette importante considération dans toutes les circonstances de notre constitution judiciaire»(c).

Cependant quelques-unes de nos lois, entre autres la loi du 14-18 décembre 1789, *art.* 14, la loi du 16-24 août 1790, tit. II, *art.* 13, ont reconnu et déclaré assez positivement le principe de l'incompatibilité des fonctions judiciaires avec les fonctions administratives : mais

***

(a) Mercuriale de 1763. *Sur l'amour de son état.*

(b) *Voy.* Blackstone. Commentaires, entre autres, vol. 1, liv. 1, chap. 2, pag. 293 et 315. *Traduction de M. Chompré.*

(c) Du Pouvoir exécutif dans les grands États, tom. VIII, pag. 119.

cela ne suffisait pas ; il n'est pas moins nécessaire de proclamer la même incompatibilité
entre les fonctions judiciaires et les fonctions
législatives. Un décret de la Convention nationale, du 24 messidor an III, déclare que
les commissaires nationaux près les tribunaux
n'ont point le droit de remplacer ni les juges
ni les suppléans, et une loi du 24 messidor
an IV, relative à la composition du Tribunal de
cassation, contient cette disposition : « *Art.* 11.
L'acceptation d'une autre fonction publique
législative, administrative ou judiciaire, de la
part d'un citoyen nommé juge au Tribunal de
cassation, est une démission de la fonction
de juge à ce Tribunal ».

Il est même convenable que la Constitution ne
permette pas aux membres du premier Corps
de la magistrature d'accepter aucuns dons ou
faveurs émanant de la Puissance exécutive ;
les titres, dignités et distinctions étrangers à
l'éclat dont brillent par elles-mêmes leurs augustes fonctions, leur doivent être interdits :
rien à leurs yeux ne peut être plus élevé et
plus grand que d'exercer exclusivement un si
noble sacerdoce ; et le remplir dignement doit

être en quelque sorte leur unique récompense. Les aréopagites ne participaient point aux récompenses publiques ; l'éminence de leur charge faisait en effet toute leur récompense. Les anciens membres du parlement cherchaient à conserver leur indépendance et à se préserver des séductions de la vanité, par l'usage de ne porter jamais ni titres ni décorations ; et l'ordonnance du mois de mars 1356, à la vérité par plus d'un motif, contenait la disposition suivante qu'il serait bon de faire revivre, en partie du moins : « *Art.* 47. Nous ferons jurer au chancelier, aux maîtres des requêtes et aux autres officiers qui sont autour de nous, comme aux chambellans et autres, que par-devers nous ils ne procureront ne à eux, ne à leurs amis, aucuns dons de l'argent de nos coffres, ne autrement ; ne requerront de passer graces, ne remission ; mais si aucunes choses nous veulent demander pour eux ou pour leurs amis, ils nous requerront en audience, présent notre grand-conseil ou la plus grande partie » (*a*).

(*a*) *Voy.* aussi de l'Autorité judiciaire, par M. Henrion de Pansey. *Introduction*, § 8, pag. 73.

Suivant la loi des 7 et 8 avril 1791, les membres du Tribunal de cassation ne pouvaient être promus au ministère ni accepter aucunes places, dons, pensions, traitemens ou commissions du Pouvoir exécutif ou de ses agens, pendant la durée de leurs fonctions, et pendant quatre ans après en avoir cessé l'exercice.

La Constitution du 3—14 septembre 1791, (tit. iii, chap. ii, sect. 4, *art.* 2), contenait une disposition semblable, en réduisant cependant, à deux années au lieu de quatre, le délai de prohibition après la cessation des fonctions.

Nous avons déja eu l'occasion de remarquer que l'indépendance des membres des anciens parlemens était encore garantie par la vénalité même de leurs charges (*a*) ; mais nous avons vu aussi (*b*) que cette vénalité des charges en général est un abus qui choque et contrarie l'un des principes élémentaires du Droit public ; forcer ceux qui servent l'État à le payer pour

II°.
Exercice des fonctions de la Magistrature dans le sein de la Cour suprême de justice et de cassation.

_____

(*a*) *Voy.* ci-dessus, entre autres, vol. x, pag. 265.

(*b*) Entre autres, 1re Part., vol. 1er, liv. 1er, pag. 140 et suiv.

les services qu'ils lui rendent, c'est une chose qui offense le bon sens et la raison. Aussi cette violation de la justice et du droit ne fut-elle jamais sans entraîner une foule d'autres abus non moins contraires à l'ordre, à l'équité et à la prospérité publique. Elle donnait naissance, par exemple, à des priviléges, exemptions et immunités pareillement contraires au principe d'une juste et sage égalité ; elle motivait et justifiait en quelque sorte certaines épices ou émolumens tout à la fois ruineux pour les parties, auxquelles la société, sous un Gouvernement bien constitué, doit rendre la justice gratuitement, et déshonorans pour la magistrature. L'empereur Alexandre-Sévère, et Louis XII, après lui, disaient avec raison que « l'homme vénal vend en détail le plus chèrement qu'il le peut ce qu'il a acheté en gros ».

Sous un Gouvernement constitutionnel, ce sera donc en donnant aux membres de la Cour suprême de justice et de cassation un traitement honorable et proportionné à l'éminence de leurs places, à l'importance de leurs fonctions, et non pas en entachant ces mêmes fonctions d'un caractère odieux et méprisable de vénalité, que la loi fondamentale de l'État cherchera à environner ces premiers magistrats d'une nouvelle garantie d'impartialité, d'indépendance et de majesté. Dans la séance de la Chambre des Députés, du 28 mai 1819, un ex-ministre, à cette époque membre de la Chambre (*a*), disait, conformément à ce qu'il s'agit de reconnaître et d'admettre ici en principe, que « si la considération dont est entouré le magistrat tient à ses vertus personnelles, elle tient aussi à la manière dont il peut soutenir son rang » (*b*).

Quoiqu'un Corps de magistrature institué d'après ces règles d'organisation soit assurément de nature à donner une espérance bien fondée que jamais il n'y aura lieu à réprimer

---

(*a*) M. Pasquier, aujourd'hui pair de France.

(*b*) Nous avons vu que la Loi du 27 ventose an VIII, sur l'organisation judiciaire, porte, *art.* 71, que les membres du Tribunal de cassation, le commissaire du Gouvernement et ses substituts recevraient un traitement égal à l'indemnité des membres du Corps législatif. L'*art.* 72 ajoute : « Le président du Tribunal et le commissaire du Gouvernement recevront chacun un supplément annuel de cinq mille francs ; les présidens de sections, un supplément de deux mille francs chacun ».

dans ses membres aucune infraction aux obligations, injonctions ou défenses que ces mêmes règles leur prescrivent, cependant la loi
fondamentale doit s'occuper encore de prévoir
ce qui serait à pratiquer, dans ces cas extraordinaires et rares, mais non pas impossibles.
Les membres de l'aréopage eux-mêmes étaient
soumis à la censure; et chez les Romains, les
magistrats pouvaient du moins être accusés
après leur magistrature (a). « La toge, dit l'auteur du Traité de la Justice criminelle en
France, n'est pas un talisman qui rende infaillible celui qui en est revêtu; et le juge,
pour en être couvert, n'oublie pas toujours
qu'il est homme » (b).

III°.
Durée des
fonctions judi-
ciaires dans la
Cour suprême
de justice et de
cassation.

Nous l'avons déjà pressenti dans ce titre
même (c), il existe encore un autre principe
dont l'observation est propre à garantir l'indépendance de la magistrature s'il n'est pas

---

(a) *Voy.*, entre autres, Denys d'Halicarnasse, liv. IX.
Affaire du Tribun Genutius. — Montesquieu, *Esprit des
Lois*, liv. V, chap. VII; et liv. XI, chap. VI.

(b) De la Justice criminelle en France, par M. Bérenger,
chap. II, part. 1re, sect. 1re, pag. 3o.

(c) *Voy.* ci-dessus, vol. X, pag. 262.

employé isolément, c'est l'inamovibilité ; principe, en plusieurs cas, admis même dans les anciennes républiques, à Lacédémone, à Athènes, à Rome, à Carthage ; principe dont l'utilité et la sagesse ont été démontrées par les plus habiles publicistes modernes ; en vigueur depuis long-temps déja dans tous les États monarchiques, en France, en Angleterre ; principe que les Constitutions doivent désormais consacrer et irrévocablement adopter, dans le sens et avec les restrictions ou explications que nous avons eu aussi l'occasion de développer, en traitant de la durée des fonctions représentatives (*a*).

En ce qui se rattache aux fonctions judiciaires dans la Cour suprême, ne peut-on citer ici, comme autorité, le passage suivant de l'auteur de l'Esprit des Lois : « On a douté, dit-il, si les membres du Sénat dont nous parlons (*b*) doivent être à vie, ou choisis pour un

---

(*a*) *Voy.*, entre autres, vol. VI, p. 252 ; vol. VII, p. 230.

(*b*) L'analogie de ce Corps ou Sénat dont M. de Montesquieu parle en cet endroit, avec l'institution de la Cour suprême de justice, est sensible sous plus d'un rapport.

temps. Sans doute qu'ils doivent être choisis pour la vie, comme cela se pratiquait à Rome (*a*), à Lacédémone (*b*), et à Athènes même. Car il ne faut pas confondre ce qu'on appelait le sénat à Athènes, qui était un corps qui changeait tous les trois mois, avec l'aréopage, dont les membres étaient établis pour la vie, comme des modèles perpétuels.

« Maxime générale. Dans un sénat fait pour être la règle, et pour ainsi dire, le dépôt des mœurs, les sénateurs doivent être élus pour la vie ; dans un sénat fait pour préparer les

---

(*a*) « Les magistrats, remarque ici M. de Montesquieu, y étaient annuels, et les sénateurs pour la vie »; mais il observe encore ailleurs que les préteurs, en effet, y étaient annuels, et que les juges n'y étaient pas même pour un an, puisqu'on les prenait pour chaque affaire ; tandis qu'à Carthage, le sénat des cent était composé de juges qui l'étaient pour la vie. (*Voy.* l'Esprit des Lois, liv. xi, chap. xviii ; et Tit. Liv. lib. lxiii).

(*b*) « Lycurgue, dit Xénophon (*de Republ. Lacedæm.*), voulut qu'on élût les sénateurs parmi les vieillards, pour qu'ils ne se négligeassent pas même à la fin de la vie ; et en les établissant juges du courage des jeunes gens, il a rendu la vieillesse de ceux-là plus honorable que la force de ceux-ci ».

affaires (*a*), les sénateurs doivent changer » (*b*).

L'auteur de l'Abrégé de la République de Bodin s'étend davantage et s'explique plus clairement à ce sujet. Après avoir exposé les motifs qui peuvent s'opposer à ce que les offices soient perpétuels, il examine et développe dans les chapitres suivans, les raisons contraires. En thèse générale, il expose d'abord ce qui suit : « On dit qu'il est plus conforme au bien public de laisser les magistrats pendant leur vie, que de les déplacer lorsqu'ils commencent à peine à connaître quelles sont leurs véritables fonctions ; que le commandement se trouvera toujours dans des mains peu capables et peu expérimentées, si celui qui le prend ne le connaît pas, et le quitte avant même de l'avoir bien connu : la vie de l'homme suffit à peine pour apprendre à commander.

« Outre l'art de commander, chaque nature de charge a un objet particulier de commandement qui demande des connaissances parti-

---

(*a*) Nous entendrions par là un Corps investi d'attributions analogues à celles que doit avoir le Conseil d'état. *Voy.* ci-dessus, vol. VIII, pag. 88 *et suiv.*

(*b*) Esprit des Lois, liv. V, chap. VII.

culières; un coup-d'œil, un moment de réflexion de l'homme consommé dans l'exercice,
voit plus de choses, trouve plus de ressources,
que le nouveau magistrat, avec plus de capacité et moins d'expérience, ne ferait en plusieurs jours. Le génie ne suffit pas : être bon
magistrat ou bel esprit, sont deux choses
bien différentes. Les plus sages marchent avec
crainte, c'est le temps et l'habitude qui faci-
litent leurs démarches et qui les assurent.

« Si l'on suppose que celui qui ambitionne
une charge, en apprend les fonctions; qu'il
étudie ceux qui en exercent de semblables;
qu'il en examine le fort et le faible; qu'il a
passé par des états qui l'ont conduit par degrés à acquérir les lumières les plus convenables; si l'on suppose, en un mot, qu'il a les
talens et l'expérience que l'on doit desirer,
c'est un malheur pour la république qu'il exerce
peu de temps... Changer souvent les magistrats,
c'est ensemencer des terres, et les semer de
nouveau sans attendre la maturité des fruits....
Un pouvoir qui doit durer autant que la vie,
donne d'autres sentimens que le pouvoir pas-
sager. On doit attendre du premier la fermeté

pour défendre les intérêts du peuple contre une force qui voudrait l'opprimer. On a vu des magistrats résister avec une constance respectable aux entreprises des mauvais princes, et les étonner par leur courage....

« On ne manque, pour ce sentiment, ni d'exemples, ni d'autorités ; les monarchies en fournissent un grand nombre : et Platon a fait les officiers perpétuels dans sa République....

« C'est faire un tort véritable au public, répète le même auteur, de changer un magistrat digne de l'être ; un second choix serait sujet à l'incertitude. On ne doit pas craindre que l'émulation s'éteigne ; le desir de parvenir à commander apprendra toujours le chemin qui doit y conduire. La vertu ne périra que lorsque l'on verra donner les charges sans discernement. Ainsi, dans la monarchie, la perpétuité (*a*) des officiers n'est point une injustice ; elle n'est

---

(*a*) C'est l'inamovibilité et non pas la perpétuité qu'il faut dire : car la perpétuité pourrait aussi donner à entendre l'hérédité ; et l'on conçoit que les raisons mêmes qui servent de fondement au principe de l'inamovibilité sont des motifs très-péremptoires d'exclusion à l'égard de la perpétuité ou hérédité.

point nuisible à la vertu ; elle ne doit causer ni haines ni jalousies, encore moins le renversement de l'État; ce sont des craintes particulières aux républiques : il est vrai qu'il faut supposer que le mérite règle le choix, et c'est un système qui n'est pas toujours suivi.....».

L'auteur, faisant ensuite une application spéciale de ces vérités aux charges de judicature, continue ainsi : « Ce serait surtout une chose préjudiciable aux citoyens, si les charges où l'on attache le droit de juger en dernier ressort, étaient sujettes à des destitutions et à des remplacemens continuels. C'est là où l'étude et l'habitude de la vie la plus longue suffisent à peine pour servir dignement le public....

« Si, comme je l'ai déja supposé, les places sont données au mérite; si les choses sont bien, il est inutile de les changer, et il y a un inconvénient sensible à le faire....

« En France, la perpétuité des offices n'a point souffert de variation depuis le règne de Louis XI. Ce roi, à son avènement à la couronne, changea les principaux officiers qui avaient servi sous le roi son père. Ce grand nombre de personnes accréditées et mécontentes, lui suscita des affaires si fâcheuses, qu'il s'en fallut peu qu'il ne succombât sous le poids. Il craignit pour son fils un sort semblable ; cette crainte le détermina à déclarer par une loi toutes les charges perpétuelles. Il ordonna que ceux qui en seraient pourvus, ne pourraient être destitués ; qu'elles ne pourraient être vacantes que par résignation, par forfaiture, *ou par mort* (*a*). Par un édit suivant, vérifié le 20 septembre 1482, il voulut, en interprétant le premier, que la forfaiture ne pût être déclarée que par une procédure juridique » (*b*).

A l'appui du même principe, interprété dans le sens et renfermé dans les bornes que nous lui reconnaissons ici, nous pouvons invoquer aussi l'opinion de l'auteur du traité de l'Autorité judiciaire (M. Henrion de Pansey).

(*a*) En les déclarant perpétuelles et non pas seulement inamovibles, il eût outrepassé, méconnu et choqué de même le principe ; il eût agi par faiblesse et par crainte et non suivant le droit et la raison.

(*b*) Abrégé de la République de Bodin, *attribué à M. de Lavy*, *président à Bordeaux*, liv. iii, chap. xii et xiii, pag. 429, 438, 442 *et suiv.*

36.

Voici comment il s'exprime : « Dans les monarchies, où les plus hautes dignités sont encore à une distance incommensurable de la
dignité suprême, où la loi de l'État élève entre
le prince et ses sujets une barrière que les
ambitions les plus audacieuses sont forcées de
respecter, non-seulement la stabilité du Gouvernement n'est pas menacée par l'inamovibilité des places, mais il est nécessaire que les
offices de judicature jouissent de cette prérogative, et même c'est elle qui constitue principalement les Monarchies tempérées.

« S'il en était autrement, si la crainte des
destitutions arbitraires planait sur les tribunaux, on pourrait craindre que le prince s'im-
misçât dans l'exercice de l'autorité judiciaire ;
car celui qui dispose des juges est facilement
soupçonné de disposer des jugemens.

« A ce motif d'inquiétude s'en joindrait un
autre.

« Où il y a un prince, il y a une cour, c'est-
à-dire, des intrigans, et des grands, que leur
naissance, leurs dignités et leur service asso-
cient à l'exercice du pouvoir suprême ; et ils
peuvent en abuser. Sans doute cette pensée

est bien au-dessous d'eux, et les juges sont trop au-dessus de pareilles craintes ; mais l'o-pinion en sera effrayée, et l'on dira : Comment l'homme isolé, l'homme que rien ne recom-mande, osera-t-il lutter contre un adversaire qui a dans sa main les destinées de celui au-quel il demande justice ? Et le juge lui-même, quelle serait sa position, si son existence pou-vait être à tous les instans compromise par l'intrigue et par la calomnie ? *Alors qui serait le sujet qui le respecterait, qui le craindrait, qui lui obéirait ? Au contraire, si l'état est perpétuel, il assurera et commandera avec dignité ; il fera tête aux méchans, il prêtera l'épaule aux gens de bien, il vengera les ou-trages des affligés, il résistera à la violence des tyrans, sans peur, sans crainte, sans frayeur qu'on le dépouille de son état, s'il n'a for-fait (a).*

« Aussi, relativement à la durée des fonctions judiciaires, le principe est qu'elles doivent être conférées en commission dans les Gouverne-mens despotiques ; en charge dans les Répu-

------

(a) Républ. de Bodin, liv. ɪᴠ, chap. ɪᴠ.

bliques; en titre d'office dans les monarchies tempérées....

« Louis XI, réfléchissant sur les causes de cette redoutable conspiration (la ligue dite du bien public), crut l'apercevoir dans ces destitutions trop nombreuses et trop légèrement prononcées qui avaient signalé son avènement à la couronne (a); et, pour ôter à ses successeurs jusqu'à la tentation de commettre la même faute, il donna le célèbre édit de 1467, qui déclare les juges inamovibles, et convertit leurs commissions en offices.

« Sur cet édit, sur les évènemens qui le préparèrent, sur les solennités dont le roi crut devoir l'environner, il y a un très-beau passage dans le Traité des Offices du savant et judicieux Loyseau. Je vais le transcrire : Le premier roi qui rendit en France les officiers perpétuels et non destituables, fut Philippe-le-Bel, qui, en l'an 1302, après une recherche et réformation générale, destitua ceux qui avaient malversé, et confirma les autres officiers, ordonnant qu'ils ne pourraient être destitués....

_____

(a) Voy. ci-dessus, pag. 253.

«De fait, deux des plus accorts de ses successeurs ont heurté lourdement à cette pierre d'achoppement, et tous deux ont vu leur État en hasard, pour avoir trop hardiment destitué leurs officiers. « L'un est Charles V, dit le Sage, qui, pendant la captivité du roi Jean, son père, désappointa (par l'avis néanmoins des trois États) plusieurs des principaux officiers du Royaume, dont il accrut fort le parti du roi de Navarre, son ennemi, qui fut cause qu'incontinent après il les rétablit tous ; et, pour ce faire, alla exprès au parlement, où il prononça lui-même un arrêt par lequel il déclara cette privation avoir été faite contre raison et justice, et comme telle la cassa et annula.

« L'autre fut Louis XI, lequel, à son avènement, changea la plupart des principaux officiers du Royaume, qui fut l'une des principales causes de cette mémorable guerre civile, nommée *bien public* : ce qu'ayant bien reconnu, il ordonna, en l'an 1467, que désormais les officiers de France ne pourraient être destitués sans forfaiture jugée ; même connaissant, par expérience, la grande utilité de cette sienne ordonnance, et craignant qu'après son décès elle ne fût non plus observée que celle de Philippe-le-Bel, il s'avisa, quinze ans après qu'elle fut faite, et étant au lit de la mort, de la faire jurer par Charles VIII, son fils et successeur, lui remontrant, dit l'histoire, que l'observation d'icelle serait une des grandes assurances de son État; et, non content de la lui avoir fait jurer, il envoya tout à l'instant au parlement l'acte de ce serment, pour y être publié et enregistré (a).

« Cet édit de 1467, qui nous présente un roi donnant lui-même des bornes à son autorité, en renonçant à une prérogative dont personne ne lui contestait l'exercice, est sans contredit l'un des plus beaux monumens de notre législation » (b).

Aujourd'hui, la législation française est conforme en un sens au principe. Déja la Constitution du 3-14 septembre 1791 portait : « Tit. v, *art.* 2, que les juges ne pourraient être destitués

---

(a) Loiseau. Des Offices, liv. 1, ch. iii, numéros 96, 97, 98, 99 et 100.

(b) De l'Autorité judiciaire, par M. Henrion de Pansey, chap. ix, pag. 157, 161 *et suiv.*

que pour forfaiture dûment jugée, et suspendus que par une accusation admise; celle du 5 fructidor an III contenait, tit. VIII, *art.* 206, une disposition semblable ; l'Acte constitutionnel du 22 frimaire an VIII, porte textuellement, « tit. v, *art.* 68. Les juges, autres que les juges de paix, conservent leurs fonctions toute leur vie, à moins qu'ils ne soient condamnés pour forfaiture, ou qu'ils ne soient pas maintenus sur la liste d'éligibles » (*a*) ; et la Charte du 4 juin 1814, *art.* 58, « Les juges nommés par le roi sont inamovibles ». Cependant il convient de rappeler ici ce que nous avons précédemment exposé sur la nécessité de limiter la durée de toutes fonctions inamovibles à l'époque de la vie où les facultés physiques et intellectuelles s'affaiblissent et déclinent sensiblement (*b*) ; et parvenus à ce terme, une retraite honorable doit de même être assurée aux magistrats membres de la Cour su-

---

(*a*) *Voy.*, au sujet de ces listes d'éligibles, le tit. 1er du même acte constitutionnel du 22 frimaire an VIII ; et ci-dessus, vol. x, pag. 456 et 457.

(*b*) *Voy.* ci-dessus, vol. VI, p. 250 *et suiv.* ; et vol. VII, pag. 229 *et suiv.*

prême, et leur donner le moyen d'achever, dans la paix et la sécurité d'une modeste fortune, une carrière jusque-là remplie si utilement pour la société.

A l'égard de l'Angleterre, voici ce que dit Blackstone : « Pour assurer à la fois la dignité et l'indépendance des juges dans les cours supérieures, il fut réglé par le statut 13 W. III, c. 2, que leurs commissions seraient valables, et leurs émolumens, fixes et assurés, non, comme auparavant, tant qu'il plairait au roi, *durante benè placito*, mais tant qu'ils se conduiraient bien, *quamdiù benè se gesserint;* et néanmoins, qu'en conséquence d'adresses des deux Chambres du parlement, ils pourraient être révoqués légalement. Aujourd'hui, cette loi se trouve noblement améliorée par le statut 1. Geo. III, c. 23, rendu sur la recommandation urgente du roi lui-même séant sur le trône : les juges sont maintenus dans leurs offices tant qu'ils n'ont pas démérité, et nonobstant la transmission de la couronne, qui antérieurement était regardée comme entraînant immédiatement la vacance de leurs siéges ; et le paiement de leurs gages leur est

assuré pour toute la durée de leurs commissions. Le Roi voulut bien déclarer « qu'il regardait l'indépendance et l'élévation des juges
comme étant essentielles à l'administration impartiale de la justice, comme étant l'une des
meilleures garanties des droits et libertés de
ses sujets; et comme important beaucoup à
l'honneur de la couronne. » (a).

L'auteur de la Science de la Législation dit
aussi : « Dans le temps que la constitution
de l'Angleterre était encore plus défectueuse
qu'elle ne l'est aujourd'hui, le Roi décidait
souvent seul des différens qui s'élevaient entre
les citoyens; il jugeait lui-même leurs procès.
Le seul exercice de ce droit fit tout-à-coup
sentir les funestes conséquences qui en pouvaient résulter. Il fut donc réglé que la puissance judiciaire serait dorénavant exercée au
nom du roi par les tribunaux, et que ceux-ci
seraient les dépositaires immédiats des lois.
Dans la suite, on ôta encore au roi le droit de

_____

(a) *Voy.* Commentaires, liv. 1, chap. VII, pag. 489
et 490, de la Traduction de M. Chompré. — Journal des
communes, 3 mars 1761.—Et ci-dess., vol. VIII, p. 305;
et vol. X, pag. 253.

déposer à son gré les membres des tribunaux. En remettant ainsi entre les mains des magistrats l'exercice de la puissance judiciaire, on avait eu pour but d'enchaîner l'injustice et l'oppression de celui qui était chargé de faire exécuter les lois ; on s'occupa ensuite à en rendre l'observation plus constante et plus sûre. Le statut 13 (chap. 2) de Guillaume III dit que les magistrats exerceront leur ministère tant qu'ils le rempliront avec exactitude, et non tant qu'il plaira au roi.

« Cet établissement, ainsi que la suppression de la Chambre *étoilée*, assurent d'une certaine manière, en Angleterre la vigueur et l'empire des lois » (*a*).

(*a*) (FILANGIERI. Science de la Législation, vol. 1, liv. 1, chap. XI, pag. 166).

— « La Chambre *étoilée*, à la différence des autres Tribunaux qui ne connaissent pour loi que la loi-*commune*, ou, si l'on veut, *immémoriale*, et les actes du parlement, reconnaissait les proclamations particulières émanées du Conseil du roi, et en faisait la base de ses jugemens. Tant que cet abus a subsisté dans la constitution britannique, la Loi a-t-elle pu être une sauve-garde suffisante pour l'innocence du citoyen ? » (*Ibid.*).

SECTION V ET DERNIÈRE.

Inviolabilité, Indépendance, Publicité de la Cour suprême de justice et de cassation.

Il ne servirait encore à rien de s'être scrupuleusement appliqué à garantir par tous les
moyens possibles l'indépendance individuelle
des membres du premier Corps de la magistrature, si, d'accord avec l'opinion publique,
la Loi constitutionnelle et fondamentale ne
proclamait et ne garantissait formellement
l'indépendance et l'inviolabilité du Corps entier. Quel scandale, quel désordre, quel notable préjudice, ne résultaient pas autrefois
en France des exils des parlemens ! « Le ministère de Louis XV voulait les renverser ; il fut
vaincu ; les parlemens, un moment abattus,
se relevèrent aux acclamations publiques, et
les fantômes dont on avait garni leurs bancs
révérés, disparurent » (a).

L'administration ne saurait être ni paralysée, ni suspendue, ni même arrachée à son

[margin: 1°. 11°. Inviolabilité, Indépendance de la Cour suprême.]

(a) *Voy.* ci-dessus, vol. IV, pag. 478, note (a).

cours ordinaire pour être livrée à des commissions temporaires et de circonstance, sans
que la constitution de l'État ne soit ébranlée,
et par conséquent sans que la fortune publique et tous les droits individuels, la propriété,
la liberté, la vie des citoyens ne soient grave-
ment compromis.

Ces mesures violentes et pernicieuses pouvaient être provoquées, sous un Gouvernement défectueux, par l'existence d'un système
d'opposition mal concerté, par une balance
trop imparfaite du pouvoir, par un contre-
poids dangereux en cela même qu'il n'occupait
pas la place qui lui convient (a); ces coups
d'autorité pouvaient alors être déterminés par
des prétentions plus ou moins mal fondées,
exorbitantes et exagérées, par des tentatives
d'usurpation et d'envahissement sur le domaine des attributions de la puissance législative et de la puissance exécutive, malheureusement aussi réunies et confondues dans une
seule main; mais de semblables prétentions,
de pareilles tentatives ne sont plus à craindre,

(a) *Voy.* ci dessus, vol. IV, pag. 106 *et suiv.*

ne peuvent pas exister sous un Gouvernement
où la nature, les caractères distincts et les véritables limites des attributions de chacun des
grands Pouvoirs seront reconnus et formellement déterminés par la Constitution, dans un
Gouvernement où les attributions de la Puissance législative seront exercées simultanément par deux Chambres représentatives soli-
dement instituées et par un Roi fort de leur
appui.

Sans doute, aucun Corps de magistrature
ne doit sortir du cercle des attributions de la
Puissance judiciaire pour contrôler la loi et
pour s'opposer à son exécution (*a*); mais l'essence et la forme du Gouvernement constitutionnel, la vérité, l'ordre, la concordance
et la régularité des bases principales et de tous
les détails secondaires de son organisation en
général, la sagesse et la force de l'opinion
publique qui doivent être l'un de ses plus
heureux résultats, sont des moyens certains
et infaillibles pour mettre obstacle à ce que le
plus éminent même de ces Corps judiciaires

(*a*) *Voy.* ci-dessus, entre autres, vol. IV, pag. 493.

puisse concevoir le projet de s'en écarter. Et quoique ce système complet d'organisation constitutionnelle soit encore loin, sous plus d'un rapport, du degré d'amélioration où il doit parvenir, quoique par suite l'opinion publique ne soit pas non plus assez généralement éclairée pour avoir toute l'autorité et la puissance qu'elle peut obtenir, nous avons déja eu occasion de le dire et nous aurons peut-être lieu par la suite de le faire de nouveau remarquer, bien éloignée de cet esprit d'insubordination et de révolte dont on peut penser que les parlemens furent plus d'une fois animés, la Cour de cassation qui est aujourd'hui le Corps judiciaire dont l'institution se rapproche le plus de celle de la Cour suprême qu'il s'agit d'établir, n'a réellement pas donné, depuis l'origine même de sa création, un juste sujet de crainte fondé sur de semblables motifs; elle a toujours reconnu, ainsi que l'un de ses principaux membres (a) s'est plu à le proclamer, comme un point de doctrine fondamentale sur lequel repose son institution, cette maxime salutaire

---

(a) M. TARGET, président de la Cour de cassation.

et qui désormais doit toujours être révérée, que « l'autorité du magistrat ne doit être que la soumission à l'autorité de la loi ».

A l'égard de l'application du Principe de la Publicité à la tenue des audiences de la Cour suprême, nous croyons qu'il doit suffire de renvoyer à ce que nous avons précédemment établi, en traitant, sous un point de vue général, de la publicité des audiences et des jugemens : car il en résulte clairement qu'il n'existe en effet aucun motif fondé de déroger à ce principe et d'en éloigner l'observation, même en ce qui concerne l'une des trois Sections principales de ce premier Corps de la hiérarchie judiciaire, savoir, celle qui doit remplir les fonctions de la Cour des comptes et les fonctions qui sont aujourd'hui attribuées à l'une des sections du Conseil d'état, dite le Comité contentieux de ce Conseil (*a*).

III°. Publicité des audiences de la Cour suprême de justice et de cassation.

***

(*a*) *Voy.* ci-dessus, vol. x, pag. 292 *et suiv.* ; et ci-après, *Des Attributions de la Chambre du Contentieux entre les parties et l'administration.*

FIN DU TOME DIXIÈME.

ERRATA DU TOME X.

Page 17, lig. 2; régence   *lisez* régence.
— 33, — 1; occasioné   — occasionné
— 95, — 18; des susdits   — dessus dits;
— 99, — 17; *art.* XVI   — *art.* 16
— *ibid.*, — 20; *art.* XVII   — *art.* 17
— 115, — 6; du sénatus   — de ce même
                                      sénatus

— 155, — 14; reine-mère   — reine mère
— 162, — 18; a   — à
— 166, — n. *a.* par l   — par le
— 271, — 8; sujet   — sujet,
— 302, — 23, 24 peremptoires   — péremptoires
— 314, — 2; défendre   — défendre ».
— 410, — 5; connaître   — reconnaître
— 419, — 3; de son   — son
— *ibid*, — 4; de son....de sa   — son....sa
— 460, — 13; 63   — 65
— 465, n. *a.* ajoutez : *Voy.* aussi liv. II, tit. XIX, *art.* 363
                         et suiv.; et ci-après, vol. XI.
— 488, — 14; il suffit   — il suffisait
— *ibid*, — 18; il suffit de   — bornons-nous à
— 510, — 18; départemems   — départemens;
— 529, — 6; nous,   — ; nous
— 567, — 5; ce L'un   — L'un
— 571, — 2; ce qu'il   — qu'il

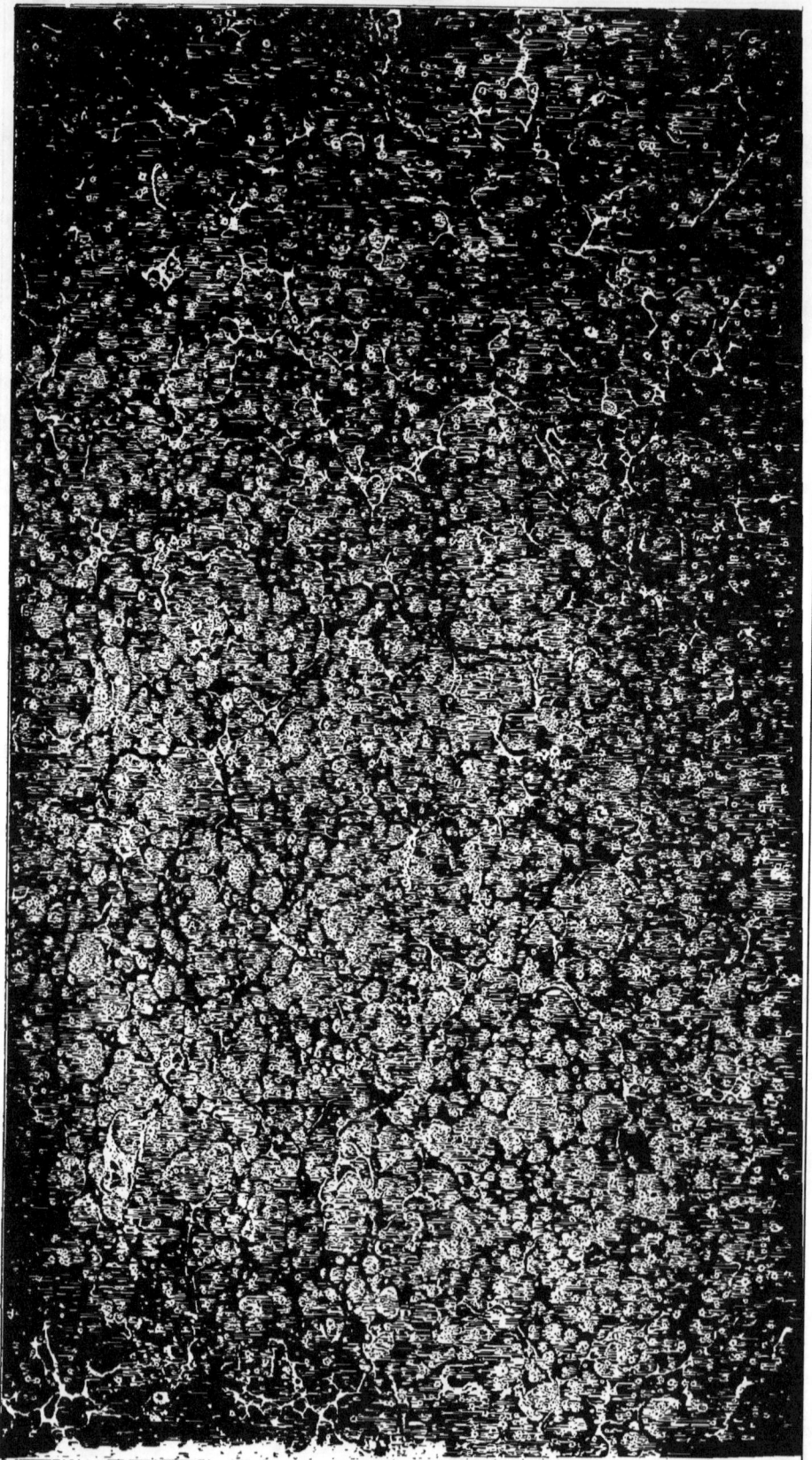